Architekten Behnisch & Partner
Arbeiten aus den Jahren 1952–1987

Behnisch & Partners, Architects
Designs 1952–1987

CIP - Kurztitelaufnahme der Deutschen Bibliothek

Architekten Behnisch & [und] Partner:
Arbeiten aus d. Jahren 1952–1987; [anläßl. von Ausstellungen in d.
Goethe-Inst. Rom, Mailand, Neapel, Palermo, Triest; dt./engl.] =
Behnisch & [and] Partners / [Katalogbearb. u. Red.: Christian Kandzia.
Engl. Übers.: Rigby-Fachübers., Stuttgart]. – Stuttgart: Ed. Cantz, 1987.
   ISBN 3-922 608-53-1

NE: Kandzia, Christian [Bearb.]; Goethe-Institut <Roma>;
Behnisch und Partner <Stuttgart; München>; PT

Behnisch & Partner
Freie Architekten BDA

Günter Behnisch
Winfried Büxel
Manfred Sabatke
Erhard Tränkner

Gorch-Fock-Straße 30
D-7000 Stuttgart-Sillenbuch
Telefon 0711/47 50 71
Telefax 47 76 06

Unser Architekturbüro besteht seit 1952. Damals hatte ich mit Bruno Lambart ein Büro gegründet. Wir hatten den Architektenwettbewerb für ein Schulgebäude in Schwäbisch Gmünd gewonnen. Später trennten wir uns; Bruno Lambart übernahm unser Büro in Düsseldorf, ich blieb in Stuttgart.

1966 traten Mitarbeiter als Partner ins Büro: Fritz Auer, Winfried Büxel, Erhard Tränkner, Karlheinz Weber, und 1971 kam Manfred Sabatke hinzu.

1980 trennten sich die Partner in zwei Büros: Auer + Weber und Behnisch & Partner – Behnisch, Büxel, Sabatke, Tränkner. Das ist das wesentliche vom äußeren Rahmen her.

Die Aufträge für unser Büro haben wir vorwiegend aufgrund der Erfolge in Architekten-Wettbewerben bekommen.

Erst in letzter Zeit kommt hin und wieder ein Auftrag direkt zu uns, glücklicherweise. Die Art unserer Architektur hat sich von dem, was heute üblich ist, etwas entfernt. Die Erfolge in Wettbewerben sind dadurch nicht gleichermaßen häufig wie früher.

Wir waren von Anfang an stark an der Praxis orientiert. Unsere theoretischen Grundlagen haben sich in diesem Kontext entwickelt. Auch die in unserem Büro üblichen Darstellungstechniken sind mit vom praktischen Nutzen her bestimmt.

Bis ca. 1960 haben wir vorwiegend handwerkliche Techniken und natürliche Materialien angewandt. Das war in Stuttgart so üblich. Die ›Schwächen‹ dieser natürlichen Materialien und handwerklichen Techniken ließen genügend Raum für andere Momente von Architektur, für räumliche Ausformungen, für das Einfügen in die Landschaft, für gesellschaftspolitische, humane Ansätze usw.

Schwierigkeiten traten auf, als wir mit den vorhandenen schwachen Kräften des Handwerks mehr und größere Bauwerke schneller realisieren

Our office was set up in 1952. It was then that I – Günter Behnisch – founded an office with Bruno Lambart. We had won an architectural competition for a school building in Schwäbisch Gmünd. Later we went our separate ways: Bruno Lambart took over our office in Düsseldorf and I stayed in Stuttgart.

In 1967 a number of people joined the office as partners: Fritz Auer, Winfried Büxel, Erhard Tränkner, Karlheinz Weber, and in 1971 Manfred Sabatke.

In 1980 Auer and Weber founded their own office. As far as the outer framework is concerned, these are the most important details.

Most of our briefs came from winning competitions. It was not until recently that – fortunately – people started to come to us. To some extent the kind of architecture we produce has evolved away from what is usual today. And as a result we do not win competitions as often as in the past.

From the very beginning our work was largely based on practical considerations, and it is in this context that our theoretical principles have developed. Even the illustration techniques we use are largely dictated by practical requirements.

Until about 1960 our designs mainly called for the use of artisanal methods and natural materials, as was customary in Stuttgart. The "weaknesses" of these natural materials and artisanal methods left sufficient freedom for other architectural considerations, for spatial development, for integration into the landscape, for sociopolitical, humane approaches etc.

wollten. Das brachte uns dazu, uns mit Vorfertigungstechniken und industriellen Baumethoden zu beschäftigen. Es entstanden erste Bauten, komplett vorgefertigt, z.B.: Fachhochschule Ulm, dann auch Bausysteme und Typenentwürfe.

In der 2. Hälfte der 60er Jahre wurde erkennbar, daß unser Weg in die Irre führen müßte, wenn wir weiter akzentuiert Fertigungstechniken und Konstruktionstechniken einen hervorragenden Platz einräumen würden, daß die so entfesselten starken Kräfte die Freiräume verschließen würden, in denen sich andere, schwächere Kräfte bisher entwickeln konnten.

Es entstanden Entwürfe, die handwerklich und/oder industriell zu realisieren waren, deren Gesicht jedoch nicht zuerst von den Techniken her bestimmt war. Der Olympiapark in München wäre hier zu nennen, der Kindergarten in Stuttgart-Neugereut u.a.m.

1981 hatte ich unsere Position beschrieben; ich meine, das gilt auch heute noch. Vielleicht neigen wir heute etwas stärker zu Experimenten – auch im Formalen:

Wir haben erfahren, daß das Produkt unserer Arbeit weitgehend von der Art bestimmt wird, in der wir arbeiten, daß dort, wo Macht sich aufbaut, totalitäre Tendenzen in Architektur nahe sind und daß offenes und von Rücksicht bestimmtes Arbeiten offene und rücksichtsvolle Architektur ermöglicht, daß Architektur vielfältig wird, wenn sie von vielen Seiten her bedacht und bearbeitet wird und wenn viele Kräfte mitwirken können. In fast 30 Jahren haben wir manche Arbeitsweise kennengelernt. Heute versuchen wir, einen Weg zu gehen, bei dem diejenigen, die an den Projekten arbeiten, für Architektur zuständig sind – von Partnern betreut, nicht bestimmt.

Schon von diesem Ansatz her ist es verständlich, daß die fertigen Bauten aus unserem Büro nicht von ›einer Hand‹ sein können.

Dennoch sind viele Verwandtschaften erkennbar: Wir arbeiten in einer gemeinsamen Bandbreite; einige Prinzipien werden von allen akzeptiert, z.B.: Die Hinweise zur Lösung anstehender Aufgaben suchen wir nicht zuerst in der eigenen Individualität, eher in der Aufgabe selbst, ihrem Material, ihren Teilen und Aspekten. Wir versuchen, Zwänge der Realität vor Architektur aufzulösen oder wenigstens zu mildern und so Freiraum = Spielraum für uns, für Architektur, zuerst jedoch für die von unseren Planungen Betroffenen zu gewinnen.

Im Zweifelsfalle sind wir für das Besondere und weniger für das Allgemeine. Wir arbeiten für den Einzelnen und nicht für die Gesellschaft zuerst. Wir versuchen in Architektur tendenziell Mensch und Dinge frei

Problems began to crop up when we tried to build more and bigger buildings faster, still using "weak" artisanal methods. So we started looking at prefabrication techniques and industrial building methods. This resulted in our first fully prefabricated buildings, e.g. the Fachhochschule in Ulm, and subsequently also building systems and standard designs.

In the second half of the 1960s it became clear to us that if we continued to give pride of place to manufacturing and construction techniques we would be on the wrong track; and that the powerful forces thus unleashed would occupy the freedom which had hitherto existed for other, weaker forces to develop.

We produced designs which could be implemented using either artisanal or industrial methods, but whose appearance was not dictated from the start by the techniques employed. Examples of these, among others, are the Olympic Park in Munich and the kindergarten in Stuttgart-Neugereut.

In 1981 I defined our position, and I believe it still applies today, although now, perhaps, we may be more inclined to experiment, also as regards questions of form.

We have learned that what we produce is largely determined by the way we work, that where there is a build-up of power totalitarian tendencies in architecture are not far away, and that work characterized by openness and considerateness makes it possible to produce open and considerate architecture; that architecture becomes many-facetted when it is considered and worked on from many angles, and when many forces can play a part in it etc. In almost 35 years we have got to know quite a few methods of working. Today we are trying to tread a path where those who work on the projects are responsible for the architecture, with partners to look after them, though not to give them orders.

Even if we consider only this approach, it is clear that the buildings which originate in our office cannot be uniform.

Nevertheless, it is clear that we have much in common: we work on the same wavelength. Some principles are accepted by all of us, e.g. the fact that we do not first look to our own individuality for guidance in coping with a job, but rather to the job itself, its material, its elements and aspects. We try to eliminate, or at least reduce, the constraints imposed on architecture by reality, and so for us freedom equals a gain in room for maneouvre, a gain for architecture, though first and foremost a gain for those affected by our designs.

zu sehen. Wir meinen, daß von daher eine gewisse Leichtigkeit und Gelöstheit in Architektur sein könnte – nicht als Selbstzweck, eher im Ergebnis.

Das Ergebnis unserer Arbeit sollten wir so lange wie möglich offenhalten. Solange dieses noch nicht fixiert ist, sind wir auf Entdeckerreise.

Wir machen nicht Architektur, wir suchen in unserer Arbeit die Aufgabe. Dabei müssen wir ihre Teile und Aspekte aufspüren und studieren. Hin und wieder sind wir überrascht, wenn wir diese Aufgabe erstmals komplex und differenziert im fertigen Gebäude, in der fertigen Anlage erkennen.

Zeichnungen sind Mittel, nicht Zweck unserer Tätigkeit. Auch Zeichnungen haben Eigengesetzlichkeiten – wie alles andere auch. Ihnen sollten wir nicht verfallen, wenngleich auch wir gerne schön zeichnen.

Auch die Geometrie hat eigene Gesetze. Wenn wir diesen nachgehen, erstarrt die Zeichnung schon im frühen Stadium in Quadraten, Kreisen, Kuben, Achsen usw. Es bedarf außerordentlicher und dauernder Kraft, sich dieser Eigengesetzlichkeit und scheinbaren Klarheit geometrischer Körper und Flächen zu erwehren, Architektur offenzuhalten und damit auch schwächeren Kräften die Möglichkeit zu bieten, sich zu entfalten.

In unserer Zeit, in der ethische Normen nicht verbindlich sind, in der vielmehr Gesetze Nichtzulässiges ausschließen, Normen Mindestanforderungen benennen, in der Verfahren regeln, wie wir Probleme angehen, wird auch Architektur in solchem Rahmen entstehen. – Eine formal vorbestimmte Architektur kann in diesem Rahmen nicht gelingen. Wir müssen mit offenem Ende arbeiten. Gerade so wird Architektur fähig, den Veränderungen, denen wir alle unterworfen sind und die wir ja selbst produzieren, zu entsprechen. Selbstverständlich müssen wir, die wir im Architekturgeschehen Macht ausüben, diese Macht auch persönlich, und das heißt: vor unserem Gewissen, verantworten. Diese Verantwortung sollten wir nicht – und auch nicht nur zum Teil – an einen Formenkanon, an eine Behörde, ein Finanzierungssystem oder an andere Mächtige abtreten.

Wir meinen, daß wir in solcher Art alle Teile und Aspekte von Architektur durchdenken, immer wieder in Frage stellen und weiterdenken müssen, daß wir mit allen Aufgaben und allen Aspekten, die wir durchdenken, die Welt vielfältiger, interessanter und weniger eindeutig erleben. Das muß sich in Architektur widerspiegeln.

Günter Behnisch

If we are in any doubt we prefer the specific to the general. We work primarily for the individual, not society. We try to see people and objects without prejudice. We believe that this could lead to a certain lightness and relaxedness in architecture – not as an end in itself, but rather in the result.

We should keep the results of our work open for as long as possible. As long as they are not fixed we are on a journey of discovery.

We do not produce architecture; we look for the assignment in our work. And in the course of looking we have to identify and study its elements and aspects. From time to time we are surprised when we recognize our task, complex and differentiated, in the finished building.

Drawings are the means, not the end of our work. And like everything else, drawings are subject to their own laws. We have to be careful not fall prey to them, even though we may enjoy creating fine drawings.

Geometry also has its own laws, and if we give way to them our drawings will become petrified in squares, circles, cubes, axes etc. at an early stage. It needs an unusual and lasting effort to resist this law unto itself, this seeming clarity of geometric bodies and areas, if we are to keep architecture open and thus give weaker forces a chance to develop.

Our age is one in which we are not bound by ethical norms; instead, we have laws to rule out what is not permissible, standards to prescribe minimum requirements, procedures to regulate how we tackle problems. Architecture is also affected by these conditions. But in such circumstances architecture which is formally predetermined cannot succeed. Our architecture must be open-ended. Only thus will it be capable of reflecting the changes to which we are all subjected and which, of course, we ourselves engender. It goes without saying that we who exercise power in the architectural sphere must also answer for it, i. e. to our consciences. We should not relinquish this power – not even a part of it – to a formal canon, to an authority, a financing system or to others who hold power.

We believe that we must think through all the elements and aspects of architecture in this way, always questioning them, and that we must think ahead; that with each assignment and each aspect we think out, we experience the world as a more varied, a more interesting, a less unequivocal phenomenon.

It is this that architecture must reflect.

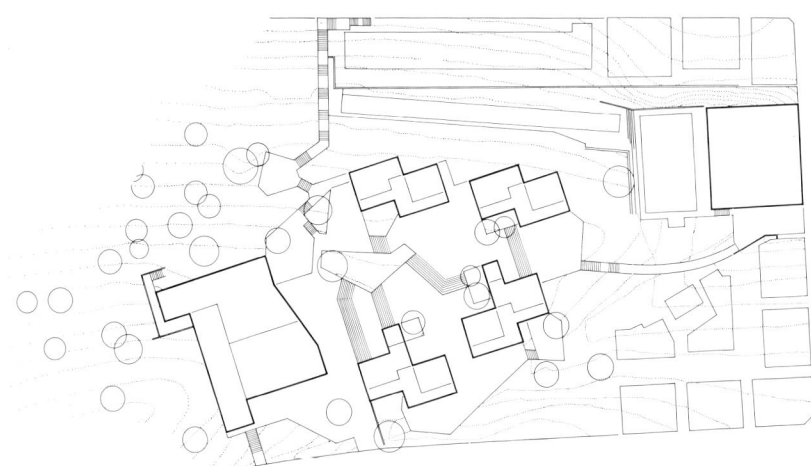

Vogelsang School, Stuttgart

Im Stadtbild Stuttgart haben große städtebauliche Planungen kaum Spuren hinterlassen. Das Tal, in das man von allen Seiten einsehen und eindringen konnte, stand den herrschaftlichen Planungen wohl eher entgegen. Bürger haben das Bild der Stadt geprägt. Bürgerlich-ländlich waren Stuttgarts Werte. Der Talkessel, mit seinem engen, gewundenen Talboden, den bewegten Hängen mit den Nebentälern, das dichte Grün, in dem während des Sommers nur die Dächer der Wohnhäuser sichtbar waren, die kleinen Grundstücke, die vielen kurvigen und wenigen geraden Straßen, die Staffeln senkrecht zum Hang, die Brunnen und Plätzchen, das ›südliche‹ Klima und die Sorgsamkeit und Sparsamkeit der Bürger, deren Gärten und Äcker.

Vieles davon wurde zerstört, im Krieg und nach dem Krieg.

Teile der Stadt sind jedoch verschont geblieben. In einer solchen alten Hangsituation im Westen von Stuttgart entstand 1957 die Vogelsangschule.

Sie ist geprägt von dem, was einst den Charakter der Stadt und der dortigen Situation noch bestimmte:

Der bewegte Hang, die Staffeln, Bäume und Sträucher, die Aussicht und der sorgsame, sparsame Umgang mit diesen Dingen. Die Schulbauten dieser Zeit waren um Stuttgart herum geprägt von liberalen Tendenzen. So meinte man z.B., daß es angemessen wäre, wenn jede Klasse ein eigenes Haus bekäme.

Ergänzt wurde die Anlage durch ein größeres Gebäude, welches eine Halle umschloß, in der alle Mitglieder der Schule sich versammeln können.

Handwerkliche Konstruktionen und weitgehend natürliche Materialien wurden beim Bauen angewandt. Das war seinerzeit üblich. Diese handwerklichen Konstruktionen und natürlichen Materialien neigen von sich aus nicht dazu, sich in ihrer Eigenart in den Vordergrund zu drängen; sie lassen Spielräume für andere Einflüsse; hier für solche, die aus gesellschaftspolitischen Ansätzen kamen, aus der landschaftlichen Situation, aus dem Grün usw.

The city landscape of Stuttgart has hardly been altered by major urban development schemes. The valley, into which one could look – and intrude – from all sides, was probably an obstacle to the plans of the city's rulers. It is the citizens who have left their mark on this city. Stuttgart's values were bourgeois-rural. The valley basin, with its narrow, twisting valley floor, the undulating hillsides with the tributary valleys, the dense green through which in summer only the roofs of the houses were visible, the small parcels of land, the many winding and few straight streets, the steps climbing straight up the hillsides, the fountains and little squares, the "southern end" climate and the meticulousness and thrift of the inhabitants, their gardens and fields.

Much of this was destroyed during and after the war.

However, some parts of the city were spared. It was on a hillside in one of these areas, in the west of Stuttgart, that the Vogelsangschule was built in 1957.

It bears the stamp of that which once determined the character of the city and conditions in that area:

The undulating hillside, the flights of steps, trees and bushes, the view, and the careful, economical treatment of these things. At that time the schools around Stuttgart reflected liberal trends. For example, it was thought appropriate to provide each class with a building of its own.

The complex was complemented by a larger building which included an assembly hall big enough to accommodate everyone belonging to the school.

As was customary at the time, artisanal constructions and mainly natural materials were used for the building. It is in the nature of these artisanal constructions and natural materials that they do not steal the limelight; they leave room for other influences, and in this case for influences deriving from sociopolitical stimuli, from the environs, from the green etc.

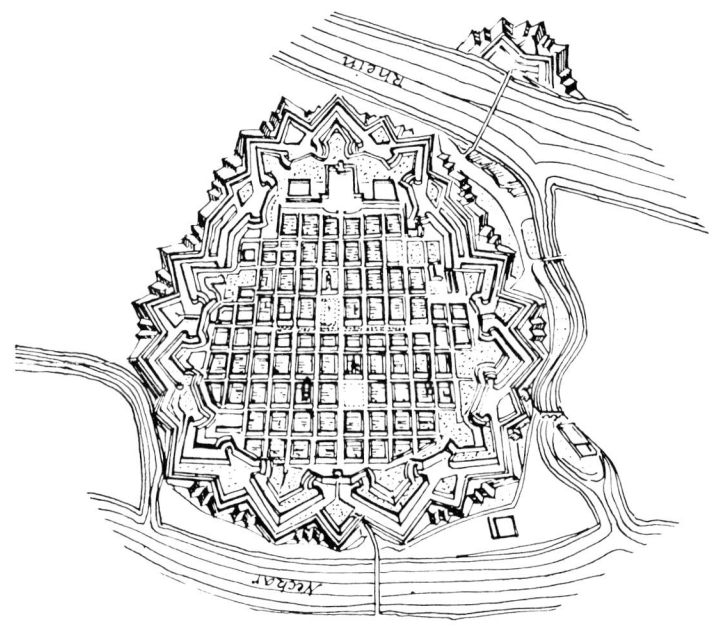

Der Stadtgrundriß Mannheims wurde im 17. Jahrhundert angelegt. Senkrecht sich kreuzende Straßen begrenzen innerstädtische Baublöcke, sogenannte Quadranten. Die Straßen selbst sind mit Nummern und Buchstaben bezeichnet. Umschlossen war das Ganze von Festungsmauern. Die Ordnung der Straßen diente dazu, möglichst direkt, sicher und schnell an die ›Fortifikationen‹ gelangen zu können. Eine Festungsstadt also.

Die Gebäude der Stadt wurden im Zweiten Weltkrieg zerstört. Die Stadt ist in der Nachkriegszeit stark gewachsen. Dadurch hat sich vieles verändert. Die Ordnung der Straßen im Zentrum der Stadt wurde jedoch erhalten.

Auf einem zentral gelegenen Quadranten sollte für den repräsentativen Teil der Stadtverwaltung ein Gebäude entstehen, ein Rathaus.

Aus dem Charakteristischen dieses Stadtgrundrisses, weiterverfolgt in die 3. Dimension, haben wir ein Gebäude entwickelt, welches plastisch sichtbar das Wesen des Stadtgrundrisses zeigt, die Geschichte und das Wesen des Stadtgefüges repräsentiert.

The plan of the town of Mannheim was laid out in the 17th century. Streets crossing at right-angles form the boundaries of blocks of buildings, known as quadrants. The streets themselves are identified by numbers and letters. The whole town was surrounded by walls. The arrangement of the streets was designed to afford direct, safe and rapid access to the "fortifications". In other words, it was a city stronghold.

The buildings in the city were destroyed in World War II, and in the post-war years the city grew rapidly. Much changed as a result, but the street layout in the city centre remained intact.

On a quadrant in the city centre, it was planned to build a town hall for the representative bodies of the city's administration.

Starting with the characteristic elements of the layout of the city and continuing them into the third dimension, we developed a building which interprets the plan of the city in plastically visible form, representing the history and the essence of the urban complex.

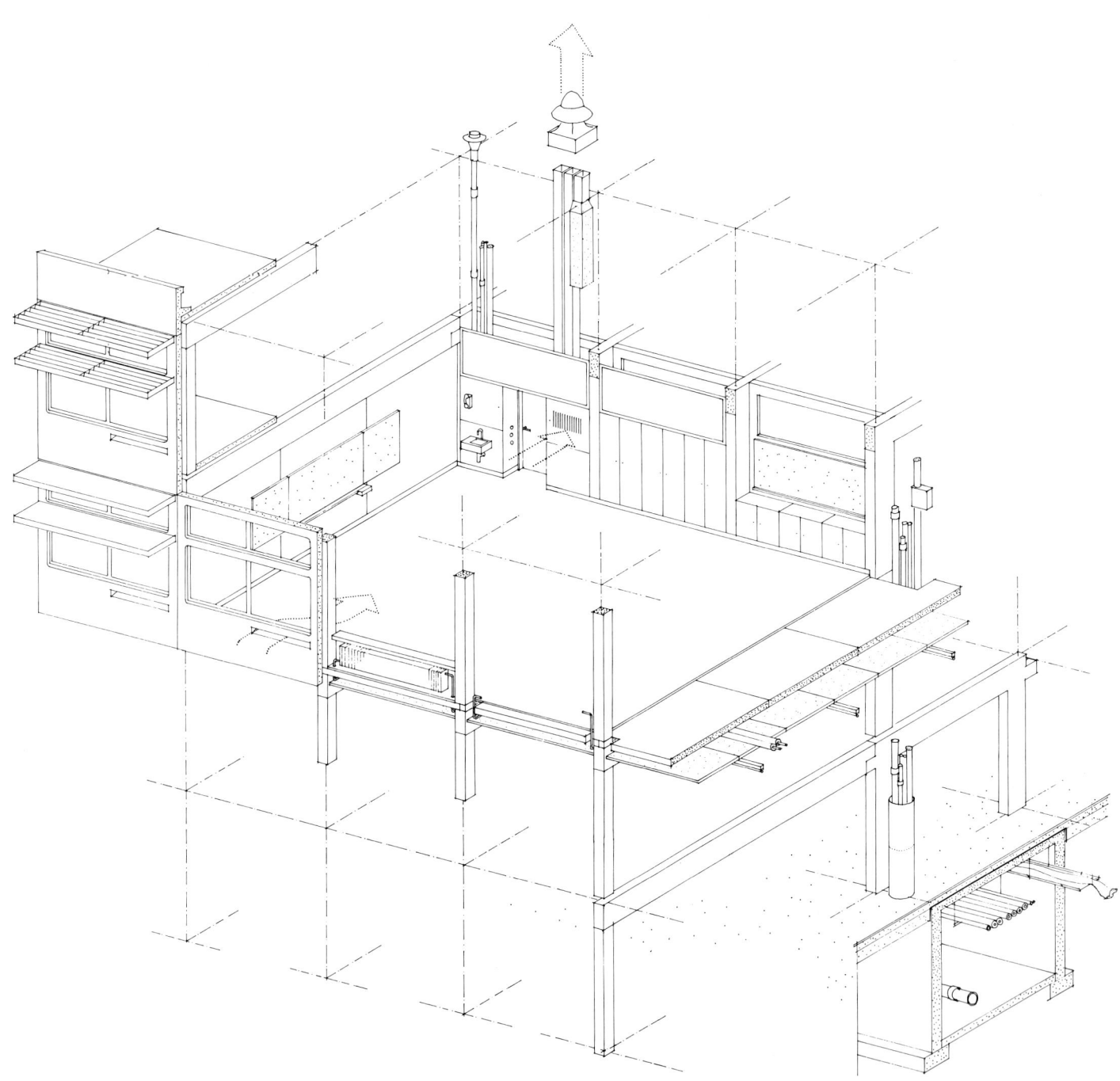

Auf einem die alte Reichsstadt Ulm umgebenden Hügel, auf dem Gelände eines vom preußischen Festungsbaumeister von Prittwitz erbauten Forts stehen heute die Gebäude der ehemaligen Staatlichen Ingenieurschule. Flachere Bauten, in denen Labors und Zeichensäle untergebracht sind, liegen zu ebener Erde und verbinden sich mit der Landschaft. Die beiden höheren Baukörper stehen über dem Gelände und über den Baumkronen. Von hier aus bietet sich ein imposanter Ausblick auf die Stadt Ulm, auf den Verlauf der Donau und weit über die Landschaft.

Die Gebäude der Fachhochschule in Ulm wurden seinerzeit industriell vorgefertigt und in sehr kurzer Zeit montiert. Diese Gebäude sind die erste große öffentliche Anlage in der Bundesrepublik, welche komplett industriell gefertigt wurde.

Der aus einem Architektenwettbewerb hervorgegangene Entwurf hatte genügend architektonische Substanz, um diese Prozedur zu überstehen. Auch dann, als alle Teile und alle Konstruktionen nach den Prinzipien der industriellen Vorfertigung überarbeitet worden waren, ist eine Anlage von großem, etwas spröden architektonischen Reiz entstanden.

On a hill on the ourskirts of the old Free Imperial City of Ulm, on the site of a fort built by the Prussian military architect Von Prittwitz, stand today the buildings of the former State College of Engineering. Lowish buildings, housing laboratories and technical drawing rooms, standing on level ground and merging with the landscape. The two higher buildings tower over the site, rising above the treetops. From here there is an impressive view over the city of Ulm, the Danube, and a broad landscape.

The buildings of the Fachhochschule in Ulm were industrially prefabricated, and erected within a very short time. This was the first major public building complex in the Federal Republic to be prefabricated.

The design, which was based on an architectural competition, had sufficient architectural substance to survive this procedure. Even after all the components and all the constructions had been revised according to industrial prefabrication principles, the buildings turned out to have a great, though somewhat cool appeal.

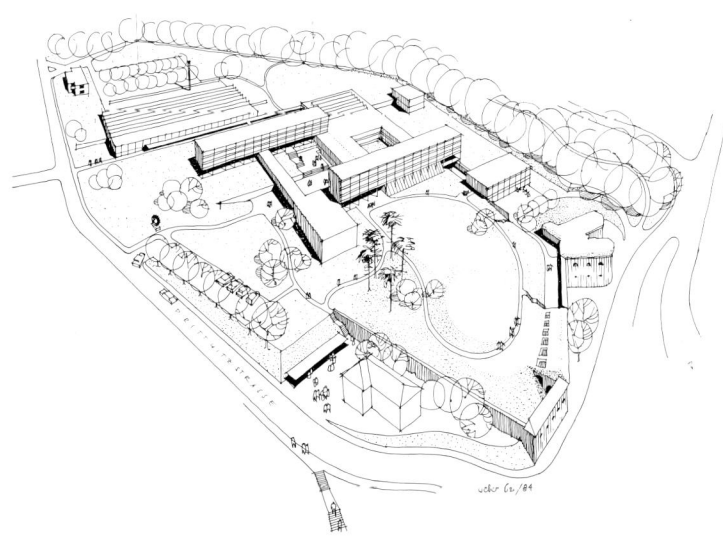

Äußerlich einfach, innerlich kompliziert sind industriell gefertigte Produkte, auch Bauteile. Mit ihren genormten Maßen, der modularen Ordnung, den festgelegten Toleranzen und Anschlüssen erzeugen sie in scheinbarer Logik zwingend richtige, oft rechthaberische Gebäude.

Die Bedingungen eines spezifischen Systems bestimmen das ganze Bauwerk. Alle anderen Bauteile unterwerfen sich diesem System, dem lastabtragenden oder dem raumumschließenden – oft jedoch auch dem haustechnischen System, z.B. der Klimaanlage.

Die einzelnen Bauteile können so ihre Aufgabe nur noch im Rahmen dieses einen Systems, nach dem sich alles richtet, erfüllen.

Architektonischer Raum verbleibt als Rest dazwischen.

Die Systeme können aber auch voneinander getrennt und vorwiegend ihren eigenen Bedingungen unterworfen werden und so ihre eigene Gestalt finden:

Tragende, raumbildende, funktionale, farbliche, ausstattende und andere Systeme.

So kann ein neues Ganzes entstehen, aus sich überlagernden Strukturen. Diese ergänzen einander, zwingen sich nicht – vielschichtig, lebendig, durchsichtig.

Diese bei der Ingenieurschule in Aalen entwickelten und im Ansatz vorhandenen Überlegungen haben uns später weitergeholfen; z.B. bei der Planung der Olympischen Anlagen in München.

Wir nannten das additive Planung.

Damit konnten wir Probleme nacheinander, ihrer Wichtigkeit entsprechend und unter Berücksichtigung ihrer speziellen Eigenart lösen.

Die einzelnen Bauteile – nur für diese spezielle Forderung entworfen – konnten jetzt die ihnen zukommende Gestalt annehmen. Es bestand kein Zwang dazu, die Bauteile zu uniformieren.

So bildete sich eine architektonische Gesamtgestalt, aus vielen sinnvollen Einzelgestalten bestehend, selbständige Wesen, einander respektierend in innerer – nicht äußerlicher geometrischer oder formaler – Abstimmung.

Die Fachhochschule in Aalen wurde präzise geplant und mit hoher Qualität realisiert. Die im Rahmen dieses Ansatzes mögliche Freiheit der architektonischen Ordnung und der Einzelteile im Ganzen wurde bei nachfolgenden Bauten weiterentwickelt.

Industrially manufactured products, including building components, are externally simple but internally complex. With their standardized measurements, modular order, fixed tolerances and joints they create seemingly logical, necessarily correct, often dogmatic buildings.

The conditions governing a specific system determine the entire construction. All the other components of the building are subjected to this system, be it the load transfer or the space-enclosing system, though often it is a building services system, for example air conditioning.

Thus, the individual components can only fulfil their functions within the context of this system, on which everything depends.

Somewhere among them is architectural space: a left-over, a remnant.

But systems can also be separated from one another and subjected primarily to their own conditions. In this way they can find their own form: loadbearing, space-creating, functional, decorative, furnishing and other systems.

Thus, a new entity can come about, the result of overlapping structures. They complement one another without coercion – complex, lively, transparent.

We developed these ideas during our work on the technical college in Aalen; so as an approach, they were already extant and later helped us, for example when we designed the Olympic Games facilities in Munich.

We referred to this as additive design.

In this way we were able to solve problems consecutively, according to their importance and taking their typical characteristics into account.

The individual elementss – designed solely for this specific requirement – were then able to assume an appropriate form. There was no need for uniformity.

The result was an architectural combination comprising many meaningful individual forms, independent entities respecting one another in inner – not outward geometric or formal – harmony.

The college in Aalen was designed with precision and executed in high quality. The freedom of architectural order and of the individual parts in the whole which was made possible by this approach was developed further in subsequent buildings.

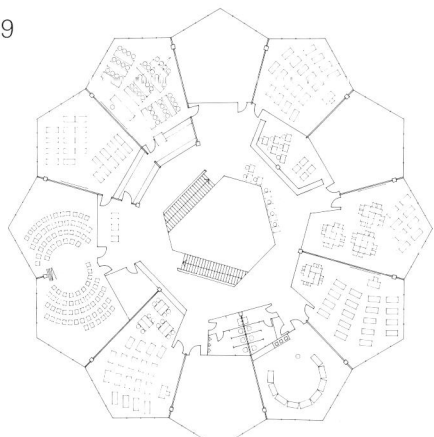

In Baden-Württemberg wurden in der Regel für öffentliche Gebäude, Rathäuser, Schulen usw. Architektenwettbewerbe ausgeschrieben. So kommt es, daß hierzulande auch in kleineren Gemeinden besondere oder wenigstens auffallende Gebäude zu finden sind.

Mehrere kleinere Gemeinden hatten sich zusammengetan, um gemeinsam ein neues Schulgebäude zu bauen. In diesem Gebäude sollten die Unterrichtsräume veränderbar, teilbar, erweiterbar sein; eine damals neue Forderung, um mögliche Änderungen der Art und Weise der Lehre auch in Zukunft entsprechen zu können.

Es war auch die Zeit, in der sehr große Schulgebäude entstanden. Deren Qualitäten wurden gemessen nach ›quantifizierbaren‹ Werten, nach Wegelängen, also danach, ob Nebenräume mehrfach genutzt werden könnten usw. So entstanden sehr komprimierte, rationell angelegte Grundrisse. Besondere räumliche Qualitäten gingen diesen Entwürfen jedoch ab, Qualitäten, die unserer Meinung nach für den Einzelnen und für die Schulgesellschaft von größerer Bedeutung sind. Jugendliche verbringen viele Jahre in diesen Gebäuden. Sie werden hier erkennen, welcher Platz in der Gesellschaft ihnen zugebilligt werden wird.

Durchaus im Widerspruch zu den Tendenzen in dieser Zeit wollten wir ein Schulgebäude planen, in dem der Einzelne als Individuum sich erkennen könnte und auch als Glied in der Gesellschaft.

Den Mittelpunkt des Gebäudes bildet eine große runde Halle, in der sich alle Schüler und Lehrer versammeln können. Um diese Halle herum scharen sich in zwei Geschossen – auf der Hallen- und Galerieebene – je zwölf Klassenräume. Diese Klassenräume selbst sind fünfeckig ausgeformt. Sie fördern so freiere Unterrichtsformen und machen den alten Frontalunterricht etwas schwieriger. Diese Klassenräume lassen sich nun unterteilen oder addieren oder mit der Halle zu einem sehr großen Raum zusammenfassen. So bildete sich ein zweigeschossiger ›Stern‹, dessen Ebenen das Gelände des Wiesenhanges aufnehmen.

In Baden-Württemberg it is customary to organize architectural competitions for new public buildings, town halls, schools etc. This is why there are some rather special, or at least striking buildings to be found even in smaller communities in this area.

Like almost all our work, the original design for the school "In den Berglen" was an entry for a competition of this kind. A number of smaller communities had joined forces to build a new school. The classrooms had to be alterable, divisible, extensible. At the time this was a new requirement, intended to make provision for possible changes in teaching methods in the future.

It was also a time during which very large school buildings were being constructed. Their qualities were measured on the basis of "quantifiable" values, on the basis of travelling distances, that is, according to whether ancillary rooms could be used for a variety of purposes etc. The result was very compact layout plans, designed for efficiency. But these designs were devoid of any particular spatial qualities – qualities which in our opinion are very important for the individual and for the school community. Young people spend many years in these buildings. It is here that they will become aware of the place which will be accorded to them in society.

We wanted to design a school building in which the individual could recognize himself both as an individual and also as a member of society. This certainly ran counter to the trend at that time.

A large round hall big enough for assemblies of all the pupils and staff forms the central point of the building. Clustered around this hall, on two floors, are the classrooms – twelve each at the levels of the hall and the gallery. The classrooms are pentagonal, thus encouraging freer forms of teaching and making the old-fashioned "frontal" method of teaching more difficult. The classrooms can be divided, or combined, or opened up to enlarge the hall, creating a very large room. Thus, a "two-tiered star" was created, whose levels follow the terrain of the hillside meadow. Simple spatial relationships and simple, natural materials in the interior make the design and construction comprehensible.

Olympiapark in München
Wettbewerbsentwurf · 1967 · Fertigstellung 1972

>Olympiade im Grünen, Olympiade der kurzen Wege, der Musen und des Sports<, unter diesen Leitworten wurden die Sommerspiele der XX. Olympiade nach München vergeben. Die Voraussetzungen für die Verwirklichung solcher Ideen waren günstig: Hier war zunächst die Stadt München selbst, die >Weltstadt mit Herz< mit ihrem robusten Charm, die Pforte zur weiträumigen Erholungslandschaft des Alpenvorlandes; und inmitten dieser Stadt ein ausgedehntes, flaches Stück Land, gekennzeichnet durch einen Trümmerberg und den hohen Fernsehturm. Hier auf diesem Gelände sollten die wichtigsten Olympiaanlagen entstehen: Die Hauptsportstätten, das Olympische Dorf, eine Hochschulsportanlage, ausgedehnte Trainingsplätze und das für die Erschließung und Verbindung erforderliche Wege- und Straßennetz.

Wir haben versucht, die vorformulierten Leitsätze direkt in Architektur zu übersetzen:

>Olympiade im Grünen< hieß, daß die Landschaft das tragende Element des Entwurfes werden sollte. Und >Olympiade der kurzen Wege< hieß, daß die Wege abwechslungsreich, interessant und dadurch kurzweilig sein sollten. Und beim Begriff >Olympiade der Musen und des Sports< dachten wir zunächst an Musestunden, an >Amusement< im ursprünglichen Sinne, als Ausgleich oder auch als Gegensatz zu dem sich doch oft recht ernst gebenden Wettkampfritual. Selbstverständlich mußten die Forderungen bezüglich Funktionen der Sportveranstaltungen erfüllt werden. Darüber hinaus sollte die Anlage jedoch ein jugendlich-fröhliches, dreiwöchiges Sommerfest inspirieren, in dessen zwangloser Atmosphäre Menschen aus aller Welt sich treffen und wohlfühlen konnten ... und für München sollte nach den Spielen eine den traditionellen Parkanlagen der Stadt ebenbürtige, vielseitig genutzte Erholungslandschaft verbleiben.

Den Olympiapark haben wir zusammen mit dem Landschaftsarchitekten Günther Grzimek geplant.

Inzwischen ist der Olympiapark neben dem Englischen Garten das beliebteste Naherholungsgebiet der Stadt München geworden.

Olympic Park in Munich
Competition Design · 1967 · Completed 1972

"Olympics in the Green, Olympics with short routes, Olympics of the muses and of sport". Thus ran the motto under which the XXth Olympic Summer Games were awarded to Munich. And the environment chosen for them lent itself especially well to putting such ideas into practice. There was Munich itself, the "metropolis with a heart" as it calls itself, not only a city with down-to-earth appeal, but at the same time the gateway to the pre-Alpine region, a vast landscape ideal for recreation; and, in the midst of the city, a broad expanse of flat land, distinguished by a mound of rubble from the war and the tall TV tower. It was on this site that the principal Olympic facilities were to be created: the main sports arenas, the Olympic village, a university sports centre, extensive training facilities and the necessary network of roads and walkways to provide access and links.

We attempted to translate the preformulated principles directly into architecture:

"Olympics in the Green" indicated that the landscape was to be the fundamental element of the design. While "Olympics with short routes" meant that the walkways had to be varied and interesting. And the description "Olympics of the muses and of sport" led us initially to think of time spent musing – of "amusement" in its original sense, as a compensation for or a contrast to the ritual of competition, so often performed in all seriousness. Of course, the requirements relating to the actual functioning of the sporting events had to be satisfied. But over and above this, it was intended that the Olympic Park should be an inspiration for a joyful, youthful three-week summer festival, in whose unconstrained atmosphere people from all over the world could meet and be at their ease together... And after the Games, the site was to become a recreation landscape for a wide variety of leisure activities, equal in every respect to the city's other parks.

For the planning of the Olympic park we collaborated with the landscape architect Günter Grzimek. It has since become, together with the Englischer Garten, the most popular local recreation area in Munich.

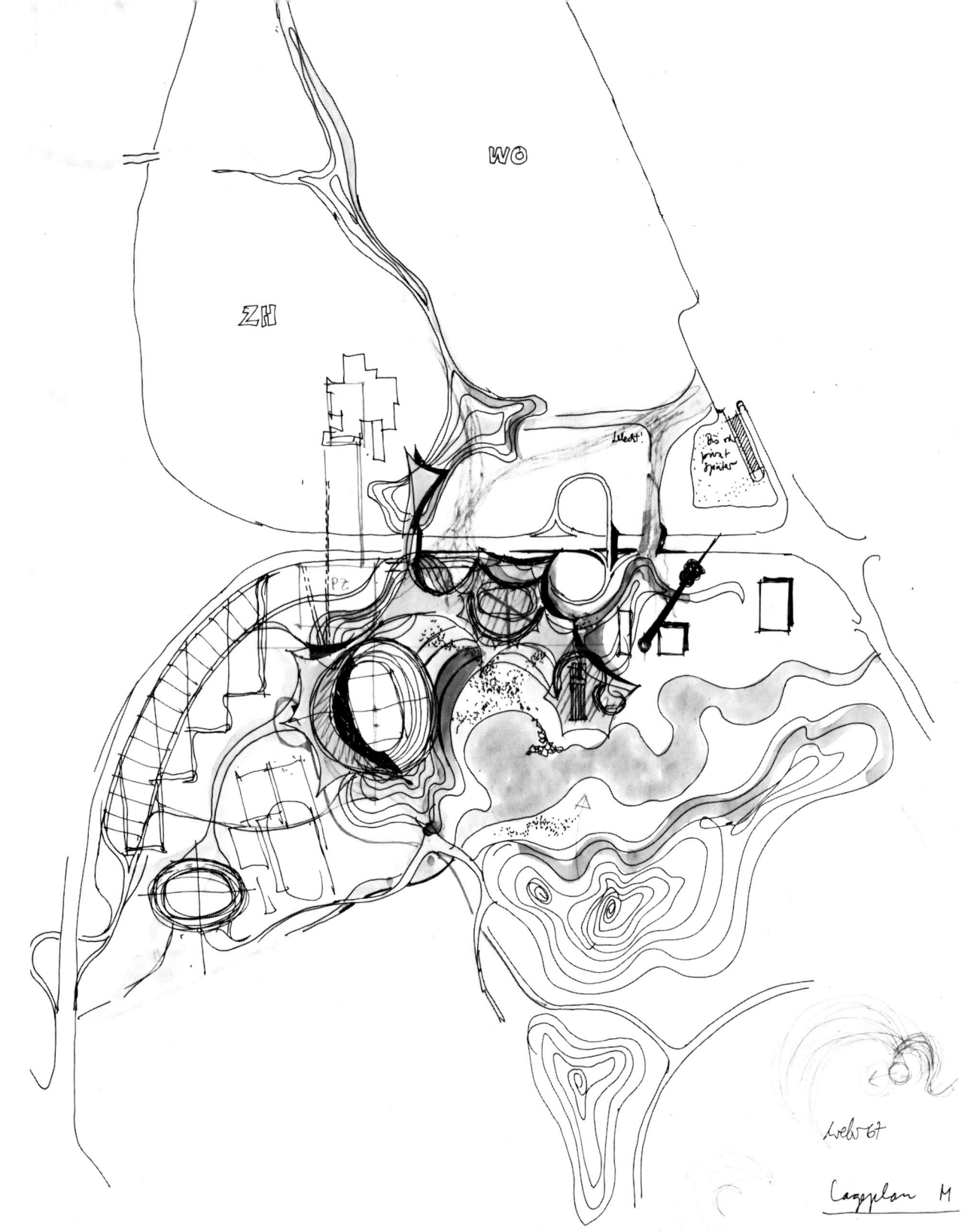

WO

ZH

Lageplan M

23

MILBERTSHOFEN

24

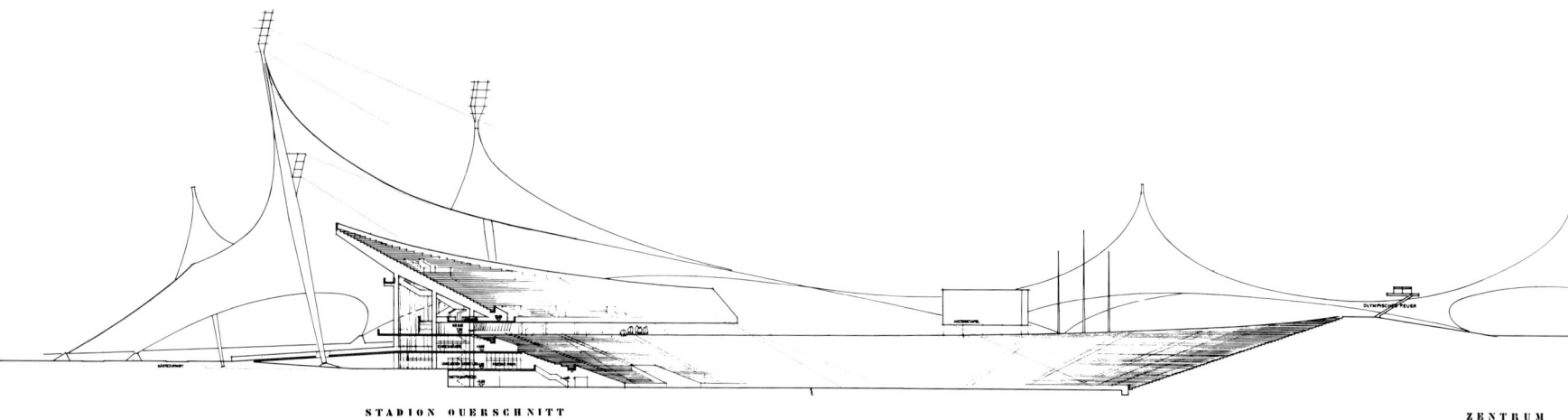

STADION QUERSCHNITT   ZENTRUM

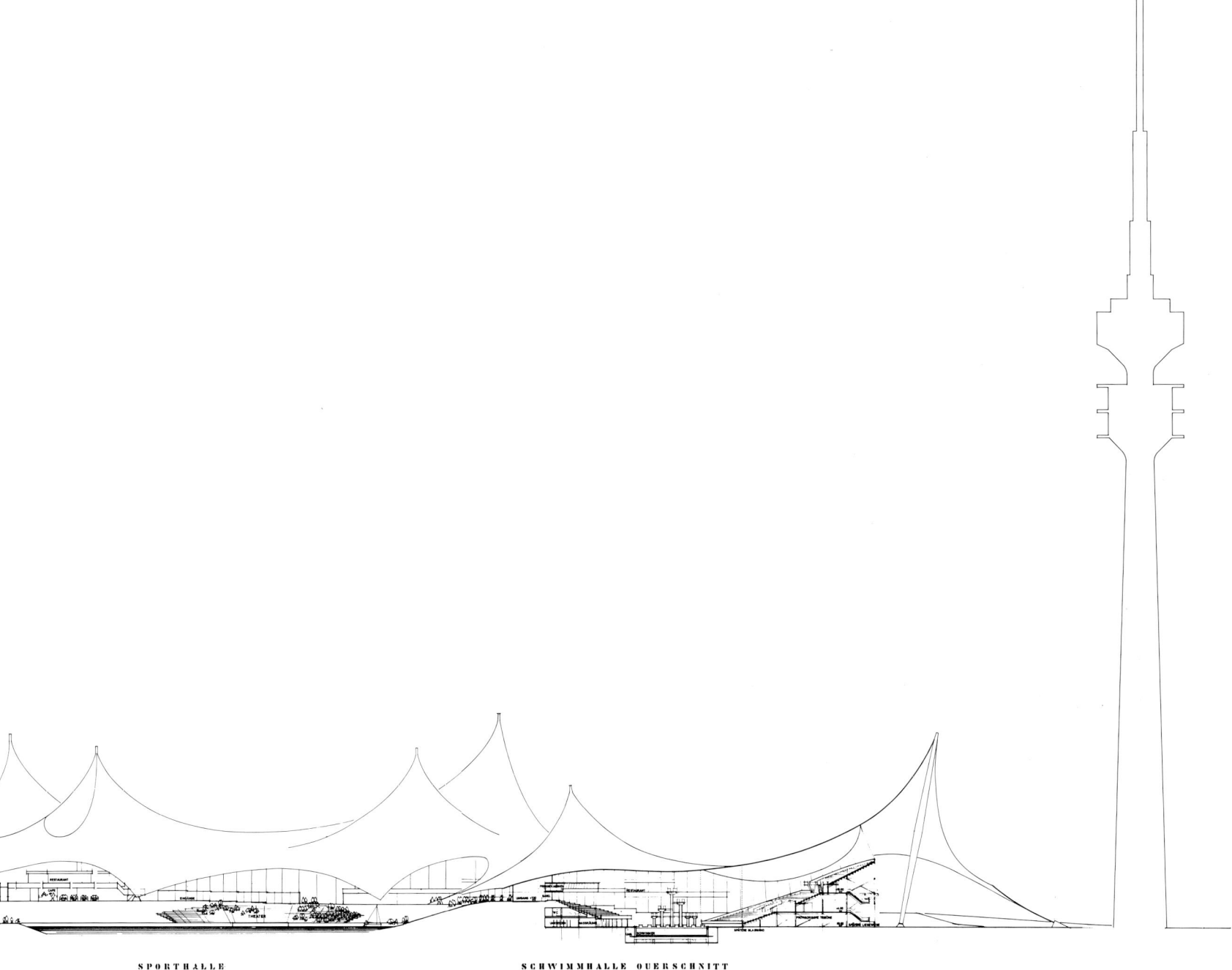

SPORTHALLE

SCHWIMMHALLE QUERSCHNITT

27

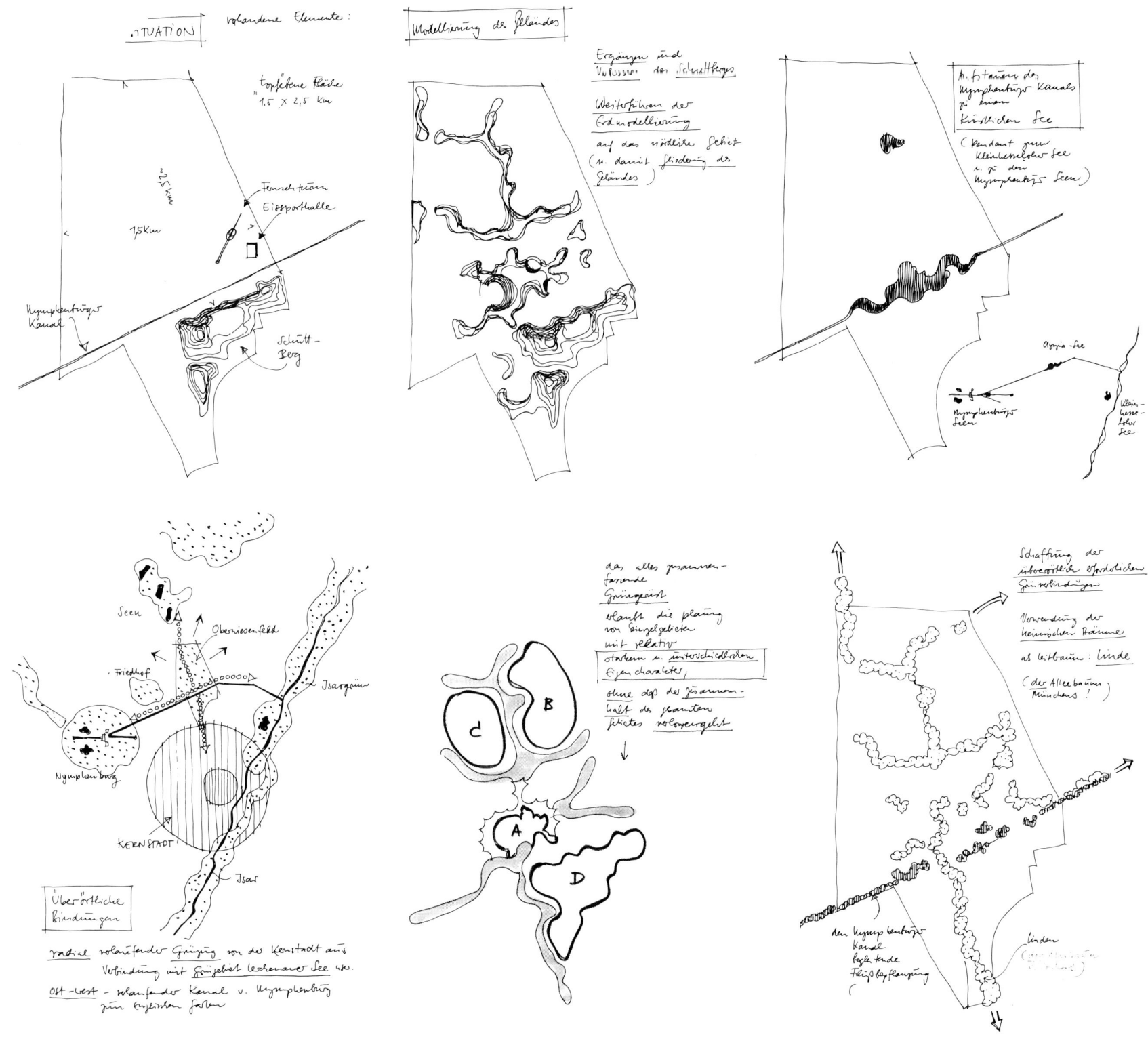

28

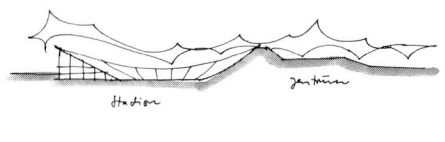

die einzelnen Gebäude
(= Geländemulden)
und Teile der Landschaft
überspannt
das alles zusammenhaltende
gleiche Dach ...

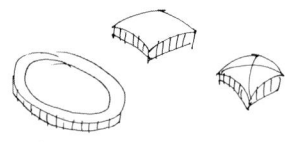

Keine Einzelbauten

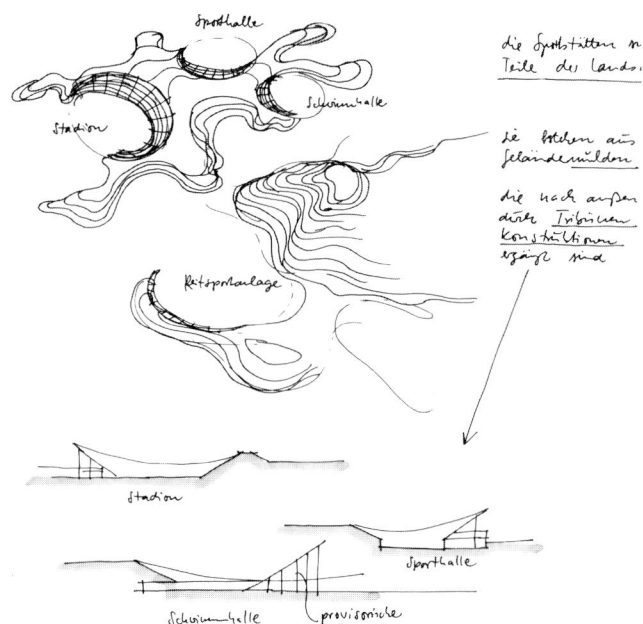

die Sportstätten n
Teile des Lands.

die stecken aus
Geländemulden

die nach außen
durch Tribünen
konstruktionen
erzogen sind

Die Sportstätten werden nicht
als Einzelbauten

sondern als Teile der gestalteten
Landschaft geplant

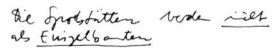

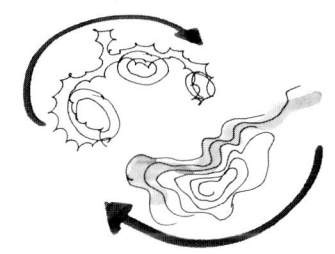

das die Einzelgebäude
zu einer Großform
vereinigt

und zusammen mit
der Großform des
Bergs

einen Groß-Raum
das Olympische Zentrum
bildet

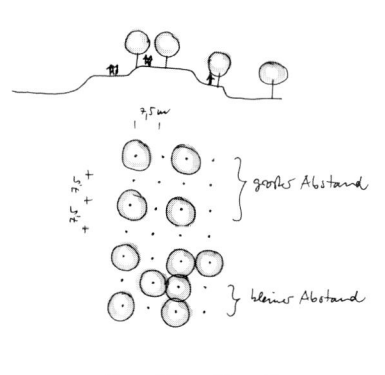

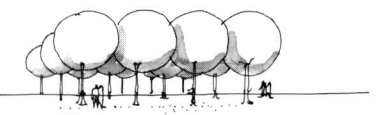

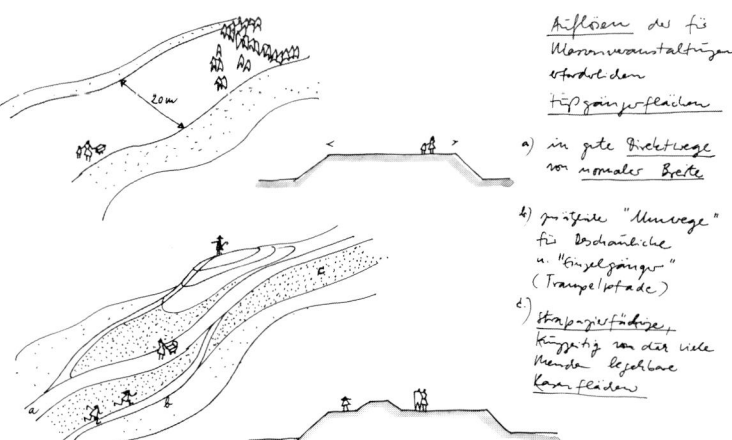

Auflösen der für
Massenveranstaltungen
erforderlichen
Fußgängerflächen

a) in gute Direktwege
von normaler Breite

b) größere "Umwege"
für beschauliche
u. "Einzelgänger"
(Trampelpfade)

c) strapazierfähige,
kurzzeitig von der viele
Mende begehbare
Rasenflächen

an anderen Stellen entstehe durch die enge
Pflanzung schattige Haine
(→ Residenzcafé)

29

Olympiapark in München · 1972   Olympic Park in Munich

Olympiapark in München · 1972
linke Seite: Stadion, rechte Seite: Aufwärmhalle

Olympic Park in Munich
Left: stadium with hill; right: warming-up hall

34

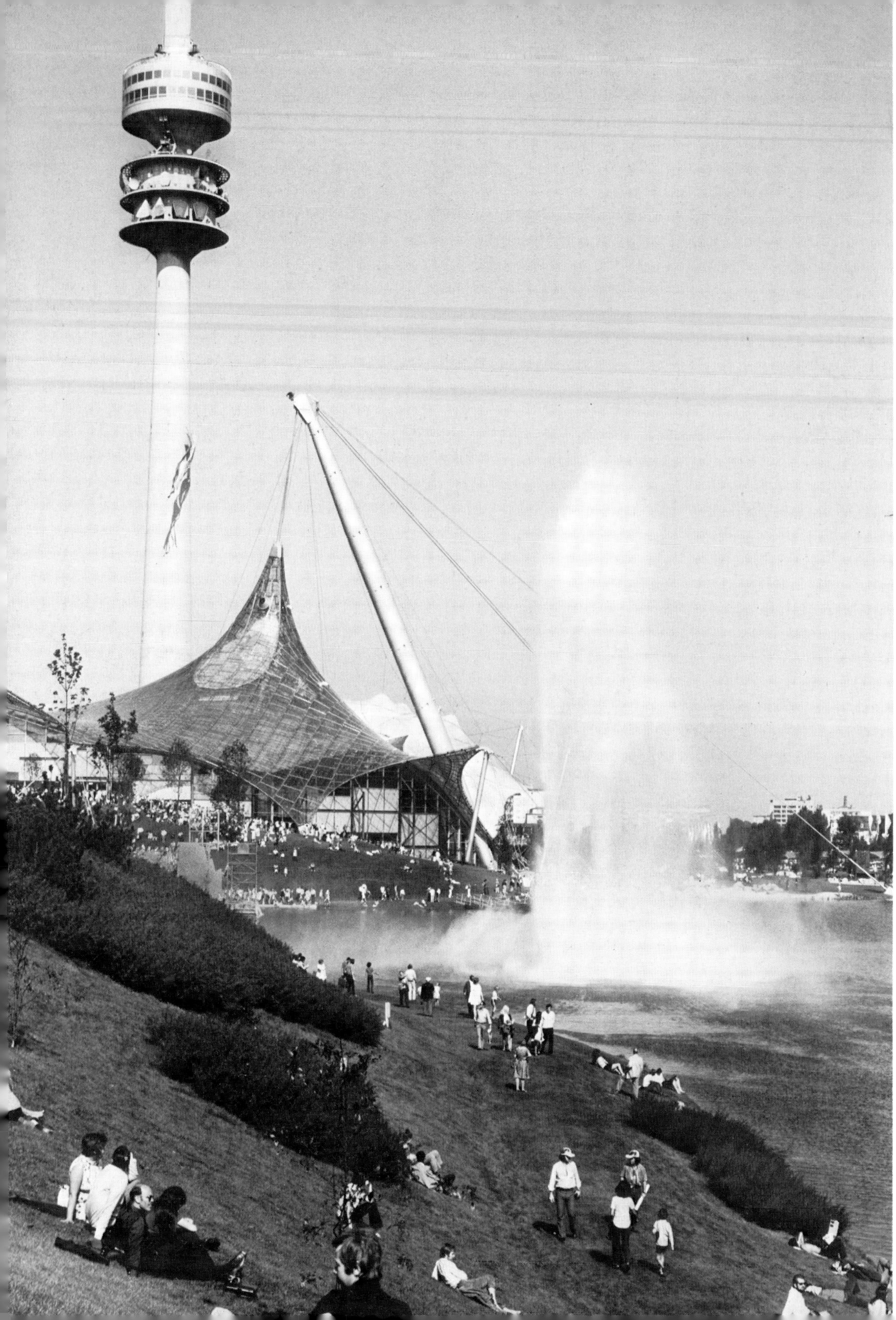
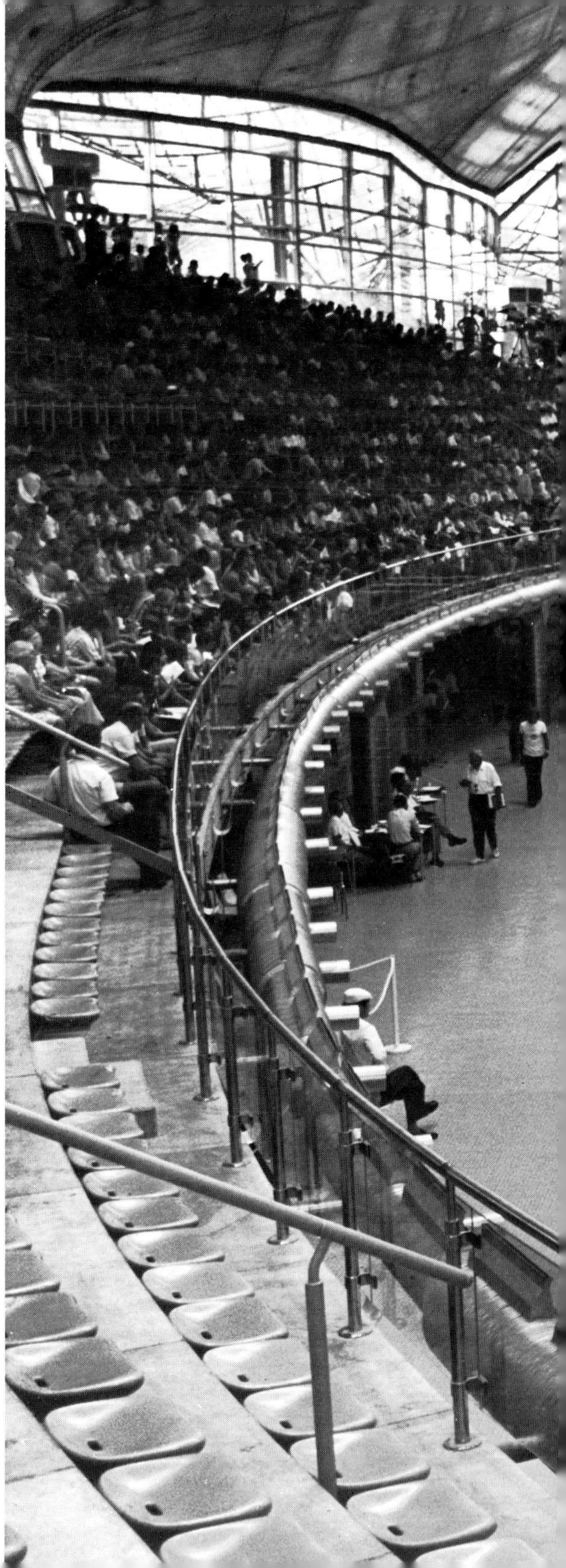

Techniken und Materialien haben eigene Strukturen und eigene Gesetze.

So kommt Stahl gegossen in auch komplizierte Formen, gewalzt als lange, gerade Linie oder als dünne Fläche, eben, gefaltet oder gepreßt, immer jedoch leistungsfähig zu uns.

Konstruktionen aus Stahl werden schon dadurch leistungsfähig, scharfkantig, flächig verkleidet, strukturell gegliedert und nicht plastisch bestimmt sein. Der Raum ist hierbei tendenziell offen und unbegrenzt.

Der scheinbar amorphe Lehm hingegen wurde zu dicken, eng beieinanderstehenden Wänden gestampft. So bildeten sich massive, plastische, weichere Bauwerke mit kleineren Öffnungen und geschlossenen Räumen.

Weniger offensichtlich ist der Zusammenhang zwischen Papier, Stiften, Dreieck, Modellmaterial und der architektonischen Lösung.

Wenn wir zu früh und zu fest und zu endgültig zeichnen, verfestigen wir eine möglicherweise gerade erst sich entwickelnde Lösung, schneiden wir damit Lösungsmöglichkeiten ab.

Es müßte also sinnvoll sein, wenn wir zunächst ohne Zeichenmaterial und ohne Modellmaterial suchen, wenn wir dann die ersten Skizzen tatsächlich mit dem 6B-Stift, mit Kohle oder weichem Filzschreiber auf weißem, dünnen Papier machen und danach erst Schritt für Schritt zu exakteren und festeren Zeichentechniken und Zeichenmaterialien übergehen. In unscharfen Skizzen schlagen sich auch Gedanken nieder, deren wir uns noch nicht bewußt waren.

Jede Stufe der Planung hat ihre Materialien und ihre Techniken. Alles Material von Architektur hat seine Gesetze und seine Geschichte: Reißschiene, Dreieck und harte Stifte machen Isometrien und dreidimensional rechteckigen Bauten; Bauformen, die geschichtlich bedingt einer bestimmten Stufe der sich entfaltenden Technik und des erwachenden Bewußtseins entsprechen. Die drei Koordinaten sind jedoch nicht die einzige Möglichkeit, Räume zu erfassen, sondern ein Sonderfall. Damit wird ein relativ primitives Schema gebildet.

Pappmodelle lassen pappige, flächige, unkörperliche Häuser entstehen; aus Holzklötzchen wird eine Klötzchenarchitektur, und Plasteline zieht relativ freie plastische Gebilde nach sich.

Der Entwurf für den Olympiapark in München wurde vorwiegend anhand eines Sand-Modells entwickelt. Dieser Sand entsprach am ehesten dem auf dem Gelände anstehenden tiefen Kies; am wenigsten vorgeprägt durch eigene Strukturen war er offen für landschaftliche Entwürfe.

Techniques and materials have their own structures and are subject to their own laws. Cast steel, for example, is supplied in complicated shapes; when rolled it arrives in the form of long straight lines or in thin sheets that are flat, folded or pressed, but always ready for use in the form in which they are supplied.

Steel constructions are therefore efficient, sharp-edged, provided with a planar outer skin, and with structural differentiation rather than plasticity. Space created with this material tends to be open and unlimited. On the other hand, apparently shapeless clay was pounded into thick close-set walls. This resulted in massive structures with a soft plastic qualitiy, smaller openings and enclosed spaces.

The connection, however, between the architectural result on the one hand and paper, pencil, drawing triangle and modeling material on the other is less immediately apparent.

If we resort to the drawing board at too early a stage, or if our drawings are too precise and definitive, we may crystallize concepts that are still at the development stage and so bar the way to further alternatives. It therefore makes sense for us to experiment initially without drawing or modeling material, and then to use a 6B pencil, charcoal, or a soft felt-tipped pen and a sheet of thin white paper for the first sketches; only then should we move on to more exact and durable drawing techniques and materials. In rough sketches we can capture ideas of which we may not even have been consciously aware. There are materials and techniques peculiar to each design stage. All material used for the purposes of architecture is subject to its own laws and has its own history: the T-square, the drawing triangle and hard pencils produce isometric drawings and three-dimensional rectangular buildings; architectural shapes that, due to their history, correspond to a certain stage of developing technology and of an awakening consciousness. The three coordinates, however, are not the only means of creating space; rather they are a special case with the capacity only to produce a relatively primitive pattern.

Cardboard models give rise to flabby, two-dimensional and insubstantial buildings. Wooden blocks result in a blocklike architecture, while modeling clay engenders relatively free plastic shapes.

The design for the Olympic Park in Munich was to a large extent developed on the basis of a sand model. The sand came closest to the deep gravel actually on the site. Of all materials, shapes made with sand are the least predetermined by its structure and therefore the most flexible for landscape design.

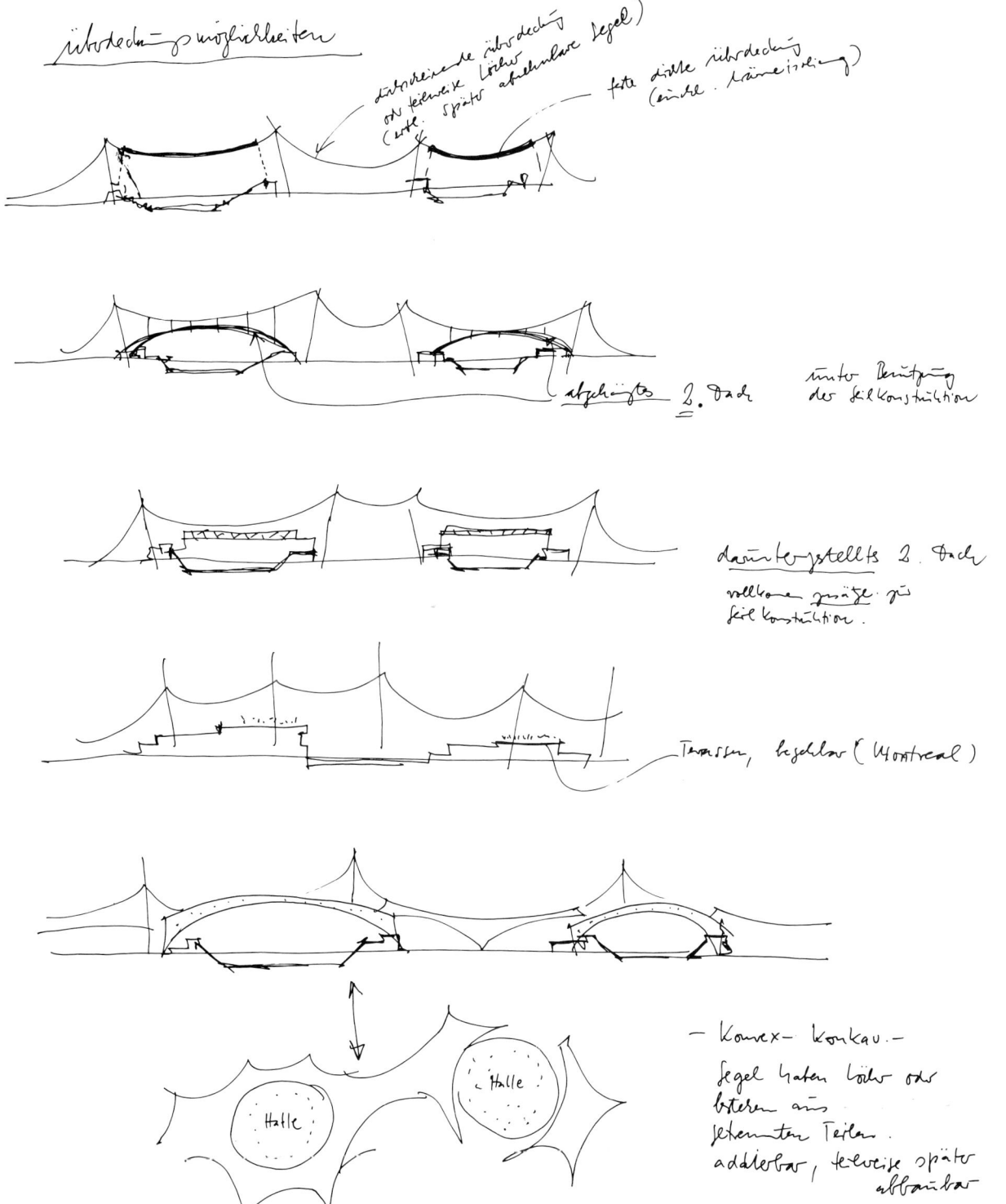

41

Frei Otto: Untersuchungen für das Zeltdach im Olympiapark München
Frei Otto: studies for the tent roof of the Munich Olympic Park

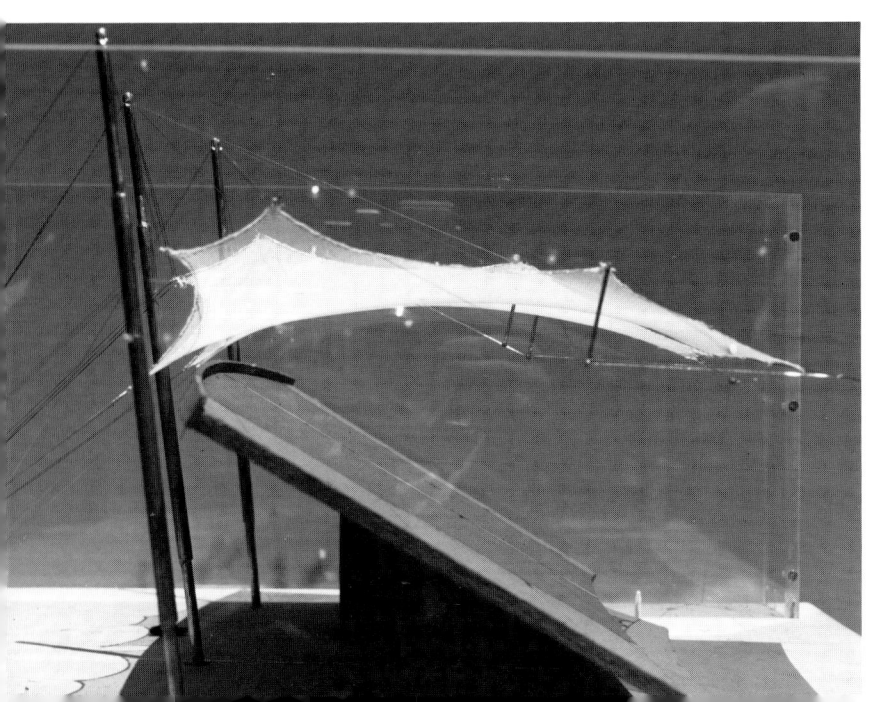

Die architektonische Antwort auf die Forderungen ›Olympiade im Grünen‹ hieß ›Olympische Landschaft‹. Diesem Ansatz unterstellt waren alle Teile des Entwurfes, auch die Sportstätten. Geländemulden ähnlich liegen sie im Olympiapark, vereint mit dem Berg, dem See, den Wegen, den Bäumen.

Sport in Geländemulden also, nicht Sport in Häusern. Die üblichen Überdachungen von Sportstätten schieden in diesem Zusammenhang aus. Ihre starre Geometrie, ihr sichtbarer Materialaufwand, die ihnen anhaftende Assoziation zu Einzelgebäuden hätte das Prinzip Landschaft im entscheidenden Teil, im Schwerpunkt der Landschaft zerstört.

Dennoch, auch diese Sportmulden mußten vor Wind und Wetter geschützt werden. Ein leichter, auf ein Minimum an materiellem Aufwand bestehender Schirm schien uns angemessen. Dieser Vorstellung kam ein leichtes, vorgespanntes Flächentragwerk aus Stahlnetzen mit einer lichtdurchlässigen Wetterhaut am nächsten.

Diejenigen Fachleute, die auch am Dach des Deutschen Pavillons in Montreal geplant hatten – Frei Otto und Leonhardt + Andrä – waren bereit, an der Überdachung der Sportstätten in München mitzuarbeiten.

Im Laufe der Planung zeigte sich allerdings, daß der Schritt vom temporären Pavillondach in Montreal zu dieser weitgespannten, dauerhaften Überdachung in München doch sehr groß war. Neue Planungsmethoden, neue Berechnungsmethoden, neue Fertigungstechniken, neue Details und vieles andere mußten für das Dach in München erfunden werden. Außerordentliche Ingenieurleistungen waren erforderlich und wurden erbracht.

Einzelne Teile der Überdachung sind stabiler geworden als wir zunächst dachten. Sicherheitsforderungen, Anforderungen an die Dauerhaftigkeit der Überdachungen und wahrscheinlich auch die recht kurze Planungszeit haben dies bewirkt. Insgesamt jedoch: Die Überdachung der Sportstätten ist in vielem so geworden wie wir alle uns sie vorstellten: transparent, überraschend, innovativ, ungewöhnlich ...

Im Bild des Olympiaparkes hat sich die Überdachung stärker in den Vordergrund geschoben als dies zunächst geplant war. Ihrer sichtbaren, auffälligen Form wegen, wohl auch wegen der seinerzeit öffentlich diskutierten Probleme, wegen der Kosten möglicherweise und auch aufgrund der Tatsache, daß fast alle anderen Teile in die Landschaft integriert sind, also nicht als Gebäude, Konstruktionen usw. erkennbar sind. So übersieht man leicht, daß das Wesentliche unseres Entwurfes unter und neben dem Dach liegt; es ist die Sport- und Spiellandschaft, der Münchner Olympiapark.

The architectural response to the demand for "Olympics in the Green" was an "Olympic Landscape". All parts of the design were subordinated to this approach, including the sports facilities. They resemble depressions in the landscape of the Olympic Park, forming a unity with the hill, the lake, the paths, the trees.

Thus, it was a question of sport in hollows rather than in buildings. Consequently, the kind of roof usual for sports stadia was out of the question. Their rigid geometry, their visible expenditure of materials, the associations with individual buildings which they evoke would have destroyed the "landscape" principle in its key element, at its focal point.

Nevertheless, these sports "hollows" had to be protected from wind and weather. We felt that a lightweight umbrella construction made with a minimum of material would be appropiate, and the closest approach to this idea was a light, prestressed areal structure of steel nets with a translucent weatherproof skin.

The engineers who had been instrumental in the design of the German Pavilion in Montreal – Frei Otto and Leonhardt + Andrä – agreed to collaborate on the roof for the Munich sports facilities.

However, as design work progressed it became clear that it was, after all, a big step from the temporary pavilion roof in Montreal to this widespanned, permanent roof in Munich. New design methods, new calculation methods, new production methods and much more besides had to be invented for the Munich roof. Exceptional engineering achievements were called for – and produced.

Certain components of the roof ended up being heavier than we had at first thought. This was due to safety requirements, criteria for the durability of the roof, and probably also the rather short time available for design work. But even so, in many of its aspects, the roof over the arenas turned out as we had all imagined it: transparent, surprising, novel, unusual...

In the overall appearance of the Olympic Park, the roof asserted itself more powerfully than had originally been intended; because of the obviousness of its form, probably also because of the problems involved, which were a subject of public debate at the time; perhaps because of the cost, and also because of the fact that almost all other parts of the facilities are integrated into the landscape and thus not recognizable as buildings, structures etc. Hence it is easy to overlook the fact that the essential element of our design is beneath and beside the roof: the setting for sports and games, the Munich Olympic Park.

Tragwerk der Stadionüberdachung

A) Umlenkpunkt mit Abspannung des Randkabels (Stadioninnenseite)
B) Umlenksattel aus Gußstahl
C) Fußpunkt einer Luftstütze

Loadbearing structure of the stadium roof

A) Redirection point with guying of border cable (in interior of stadium)
B) Cast steel redirecting saddle
C) Foot of an aerial column

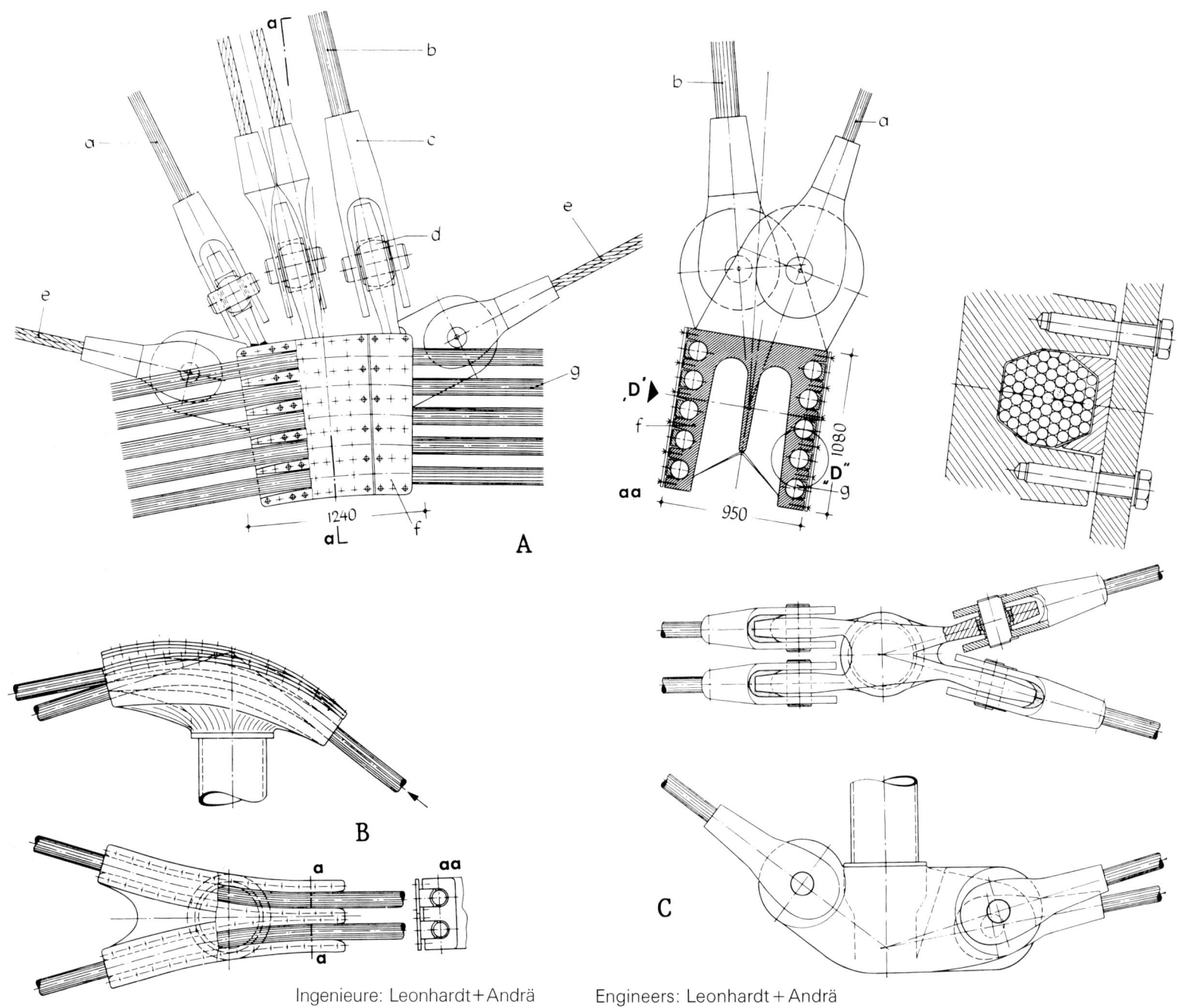

Ingenieure: Leonhardt + Andrä
Leitender Ingenieur: Jörg Schlaich

Engineers: Leonhardt + Andrä
Engineer-in-chief: Jörg Schlaich

Rothenburg ist die alte, mittelalterliche Stadt schlechthin. Großteile der Stadt wurden wohl während des letzten Krieges zerstört, dann jedoch dem Original angenähert wieder aufgebaut.

Eine neue Turnhalle sollte direkt vor den Mauern dieser mittelalterlichen Stadt Rothenburg gebaut werden – das war nicht zuerst ein konstruktives oder funktionales Problem. Sollte sich die Halle anpassen? Sollte sie sich gegenüber der mächtigen Stadtmauer und der markanten Stadtsilhouette behaupten?

Es schien sinnvoll, sich in dieser Situation zurückzuhalten. Die Masse des neuen Baukörpers und des Materials wurde knapp gehalten. Das so ›Minimierte‹ wurde dem ›Massigen‹ der mittelalterlichen Stadtmauer gegenübergestellt. Das Lineare, Strukturelle, Durchsichtige, Leichte hebt sich ab von dem Massigen, Kubischen, Schweren.

Stadtmauer und neue Turnhalle sind charakteristische Gestalten aus der jeweils eigenen Zeit. Ihre ästhetischen Werte ähneln sich: offensichtlich, redlich, werkgerecht, sich der Situation anpassend.

Die Halle wurde in den Boden abgesenkt. Die geschlossenen Räume liegen so unter der Erde. Über der Erde schwebt ein dünnes, flaches Dach. Körperlichkeit wurde vermieden. Man kann durch die Halle hindurchschauen auf die Stadtmauer. Durch die ringsumlaufende Glasfassade wird die relativ kleine Halle gut belichtet.

Gymnasium, Rothenburg ob der Tauber

Rothenburg is the old, medieval town par excellence. Admittedly, large sections of the town were destroyed during the last war, but then rebuilt to approximate the original.

A new gymnasium was to be built just outside the walls of this medieval town of Rothenburg. This was not primarily a problem of construction or function. Should the gymnasium be in a matching style? Or should it stand out against the massive town wall and the town's striking silhouette?

The situation seemed to call for reserve. The mass of the new building and the materials used were kept to a minimum. Thus, the "minimized" was contrasted with the "massive" apprearance of the medieval town wall. Linearity, structure, transparency, lightness are quite distinct from the massive, cuboid, heavy elements of the town.

The town wall and the new gymnasium are each characteristic forms of their own age. Their aesthetic values are similar: obvious, honest, appropriate for their materials and for the situation.

The gymnasium was let into the ground, with the result that the closed rooms are below ground level. Above ground level there hovers a thin, flat roof. Substantiality was avoided. It is possible to look through the gymnasium at the town wall. The gymnasium is relatively small, and is well lit thanks to its continuous glass façade.

In einer Obstbaumwiese, an einem leichten Südhang, entstand neben den Neubauten eines Gymnasiums und einer Realschule eine Turnhalle. Drei Sport- und Spielflächen wurden unter einem Dach zusammengefaßt:

Talseits die große Halle, hangaufwärts zwei kleinere Hallen. In der Mitte dazwischen liegen auf einem oberen Deck Umkleideräume, darunter Geräteräume usw.

Der Zugang zur Halle liegt zu ebener Erde. Umkleide- und Duschräume auf dem oberen Decke ähneln eher Möblierungen. Sie reichen nicht bis zur Dachdecke, die ohne Unterbrechung den gesamten Hallenraum überspannt.

Die Halle wurde etwa 3 Meter abgesenkt. Ihre Außenwände sind weitgehend verglast. Die große, ebene Dachfläche mit ihren weiten Dachüberständen liegt in der Höhe der Kronen der Bäume auf der Obstwiese. Die Übergänge von innen nach außen erscheinen fließend. Innen- und Außenraum fallen ineinander.

In an orchard on a gentle south-facing slope a gymnasium was built next to the new buildings of a grammar and a secondary school. Three sports and games areas were combined under one roof:

On the valley side the large gymnasium, and on the uphill side two smaller halls. Centrally located between them on an upper floor are the locker rooms, and below this are the rooms for apparatus etc.

The entrance to the gymnasium is at ground level. The locker rooms and showers on the upper floor are rather like furniture: they do not extend up to the roof, which is continuous over the entire space enclosed by the gymnasium.

The gymnasium was sunk some three metres into the ground. The exterior walls have large glazed areas. The large, flat roof area with its long overhangs is at the level of the treetops in the orchard. The transitions from interior to exterior appear fluid; the interior and exterior spaces merge into one another.

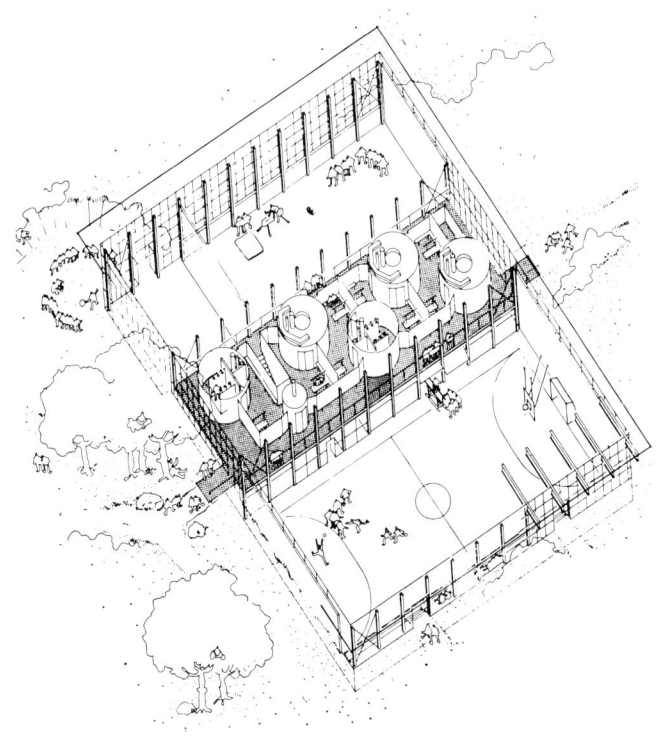

Das Schäfersfeld liegt auf Hügeln direkt am Rande des Remstales; eigentlich noch im Stadtgebiet. Von hier aus bietet sich ein imposanter Überblick über die Stadt Lorch, das Remstal, die gegenüberliegenden Hänge und Berge und das angrenzende romanische Kloster. Der südliche Teil des Schäfersfeldes ist den Schulen, der Freizeit und dem Sport vorbehalten. Dieses Gebiet verbindet zwischen Land und Landschaft, Berg und Tal, Stadtkern, Kloster und neuerer Bebauung.

Es war vorgesehen, auf den im Norden angrenzenden Feldern, zwischen Schule, Götzenbachtal und Waldrand Wohnhäuser zu bauen, mit Gärten, wohnlichen Straßen, kleinen Plätzen. Spazier- und Wanderwege sollten das ganze Gebiet durchziehen.

Dieser Plan wurde aufgegeben. Für absehbare Zeit werden auch im Norden des Schulgeländes Wiesen, die als Schafweiden genutzt werden, bleiben.

Zunächst hat man ein Gebäude für ein Progymnasium errichtet, auf einem schönen Platz, schnell erreichbar von der Stadt, vom Bahnhof her; mit Ausblick auf das Remstal, auf Lorch, aufs Kloster, auf die Kaiserberge.

Die der Planung der Schule ›in den Berglen‹ zugrundeliegenden Gedanken wurden hier weiterentwickelt. Es kann einfach nicht gleichgültig sein, wie ein Schulort aussieht. Heiter oder ernst, geordnet oder ungeordnet, individuell oder eingefügt ins Ganze … Hier muß das richtige Maß gefunden werden. Im Ganzen und im Einzelnen, im Baukörper, in den Fassaden, an der Treppe, bei der Beleuchtung, bei Schränken, bei Wegen und Pflanzen.

The "Shepherds' field" is on a group of hills right on the borders of the Rems valley area; in fact it is within the municipal boundary. From here there is an impressive view of the town of Lorch, the valley of the Rems, the hillsides and mountains across the valley and the neighbouring Romanesque monastery. The southern part of the Schäfersfeld is reserved for the schools and recreation and sports areas. This area forms a link between the land and the landscape, mountain and valley, the town centre, monastery and more recent developments.

It was originally planned to build residential properties with gardens, pleasant streets, little plazas on the adjoining fields to the north, between the school, the valley of the Götzenbach and the edge of the forest. And the area as a whole was to be criss-crossed with paths for strollers and ramblers.

This plan has been relinquished. For the foreseeable future the pastureland to the north of the school site will continue to be used for grazing sheep.

The first building to be constructed here was a grammar school, on a pleasant site which can be reached quickly from the town and the station; with a view of the Rems valley, Lorch, the monastery and the mountains known as the Kaiserberge.

The ideas on which the design of the "In den Berglen" school was based were taken a stage further here. The appearance of a school site simply cannot be unimportant. Cheerful or serious, ordered or haphazard, individual or integrated into the whole... It is important to find the right measure, both in the whole and in individual aspects. In the building structure, the façades, the stairs; as regards lighting, furniture, paths and plants.

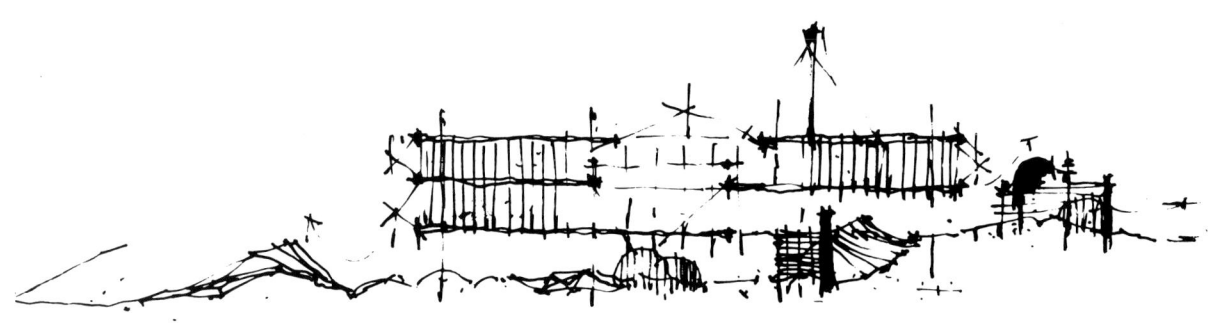

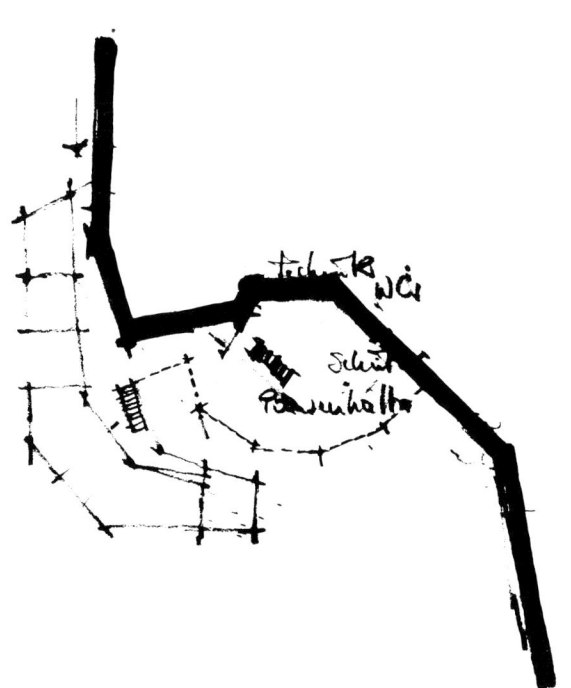
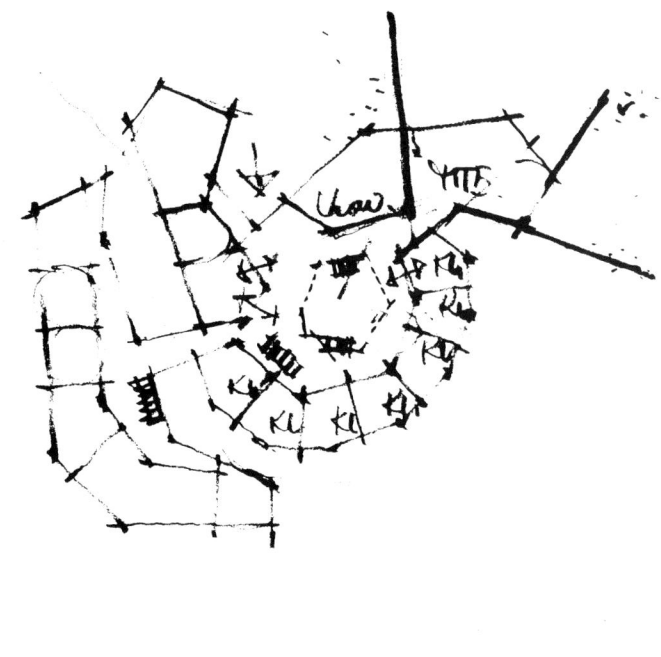

Die Klassenräume sollten nicht einfach aneinandergereiht sein. Vielmehr sollten sie gleichsam Hand-in-Hand um eine Halle gruppiert liegen, mit dieser Halle verbunden und auch nach außen hin verbunden mit der Landschaft. Der schöne Ausblick sollte durch die Teilung der Fenster gerahmt werden, ähnlich, wie man ein Bild rahmt.

Auch hier sind die Klassenräume fünfeckig, lassen sich frei nutzen, vielfältig möbliert, auch unterteilen und zusammenfassen zu größeren und kleineren Räumen. Jedem Bereich dieser Schule wurde im Rahmen des Ganzen eine seiner Individualität entsprechende Gestalt zugemessen.

Die Schule erhielt eine Halle, die Zeichen- und Werkräume einen Gartenhof, die Lehrräume einen Lesegarten und einige Klassenzimmer auch Gartenterrassen.

Die Position innerhalb der Gesamtanlage, Aufgabe, Raummaße, Zuschnitt und Materialien bestimmen den Charakter der verschiedenen Raumgruppen. Sinnvolle Materialien, sinnvolle Gestalt, Vielfältigkeit in der Einheit – das waren die Themen.

Wir meinen, daß solch eine Schule den Schülern mehr bieten kann als das Übliche, daß man in solch einer Schule schon seinen Platz finden kann.

The classrooms should not simply be arranged in rows. Rather, they should be grouped around a hall, holding hands, as it were, linked to the hall and also to the outdoors, to the landscape. The fine view should be framed by the divisions of the windows, as though it were a picture being framed.

Here too, the classrooms are pentagonal, can be used freely, furnished in a variety of ways, and can be subdivided and combined to make larger and smaller rooms. Within the context of the whole, each area in this school was given a form corresponding to its individuality.

The school was given a hall, the art and handicrafts rooms a garden courtyard, the staff rooms a reading garden, and some of the classrooms have garden terraces.

The characters of the various room clusters depend on their position within the school as a whole, on their purpose, their dimensions, their individual designs and the materials used in them. Materials that make sense, a form that makes sense, variety in unity – these were the themes.

We believe that a school of this kind can offer its pupils more than usual, so that it is easier for them to feel at home.

Früher mag es möglich gewesen sein, Architektur nur an wenigen Aspekten zu orientieren. Die Verantwortung für das Wirken des Menschen lag weitgehend bei höheren Instanzen. Solch allgemein verbindliche höhere Instanzen kennen wir nicht mehr. Die Verantwortung für unser Tun liegt damit bei uns.

Unsere früher eingeschränkten, heute jedoch kaum begrenzten technischen Möglichkeiten erhöhen unsere Wirksamkeit, damit auch die von unserem Tun ausgehenden Gefahren, damit auch unsere Verantwortung.

Unsere Verantwortung besteht dem Nächsten gegenüber, der Gesellschaft gegenüber … aber, was heißt das? Mit welcher Konsequenz?

Sie kann reduziert werden auf den durch das geltende Recht festgelegten Rahmen. Das kann ein weiter Mantel sein. In ihm können schließlich Architekten zum Ersatz des Schadens verurteilt werden, wenn bei einem Haus das Dach nicht dicht ist, nicht jedoch, wenn in von ihnen geplanten Häusern und Stadtteilen Menschen verkümmern.

Wie erkennen wir, was recht ist? Es ist uns nicht gegeben, aus einer überhöhten Position heraus richtig und falsch in einem zu erkennen. In dieser Situation bleibt uns gar nichts anderes übrig, als möglichst viele Aspekte und Teile unserer Aufgaben zu analysieren und auf mögliche durch unser Tun bewirkte Konsequenzen hin zu untersuchen: soziale, gesellschaftspolitische, anthropologische, ökologische, ökonomische, funktionale, technische, materielle, physikalische, mathematische, strukturelle, räumliche, plastische und weitere Aspekte wollen analysiert, problematisiert und berücksichtigt werden. Und auch diese Aspekte lösen sich während unserer Arbeit auf in viele, diesen Sammelbegriffen zugeordnete Einzelaspekte.

So ist unsere Welt, ist unser Wissenschaftsbetrieb, unser Technikbetrieb organisiert. Davon können wir uns nicht lösen. So ist unser Denken organisiert – wir können nicht mehrere Aspekte in einem Gedankengang analysieren. – Und so müssen wir arbeiten.

Die Grenzen für das Maß der Aufschlüsselung unserer Aufgaben liegen nicht in der beschränkten Anzahl der Probleme, sondern in unserem Vermögen.

Die so gewonnenen, zahlreichen Erkenntnisse bilden den Rahmen, innerhalb dessen wir arbeiten.

Die aus den Analysen der einzelnen Aspekte entstehenden Forderungen decken sich nicht, sie widerstreiten, stehen sich entgegen. Wir müssen diesen Streit schlichten.

Previously the practice of architecture based on a limited number of governing factors may have been possible. The responsibility for men's activities lay largely in the hands of higher authorities. Authorities today no longer have such far-reaching powers. We ourselves bear the responsibility for our actions.

Technical possibilities, previously limited but now almost infinite, have increased our efficiency and the risks and responsibilities we have to cope with. Our responsibility is to our neighbour and to society … but what does that mean? What are the consequences?

It would be possible to limit such responsibility to the predetermined confines of the relevant laws. This interpretation can, however, cover a multitude of sins. An architect could, for example, be sentenced to pay damages if the roof of a building leaked, but not if people suffered mentally and emotionally as a result of living in buildings and precincts designed by him.

What yardsticks should we use to determine what is right? It is not for us, from a position of exaggerated importance, to identify right and wrong as a whole. In this situation we have no alternative but to analyze as many aspects and elements of our work as possible and to reserach into the consequences of such work: social, political, anthropological, ecological, economic, functional, technical, material, physical, mathematical, structural, spatial, plastic and other aspects need to be taken into account, analyzed and the problems identified; moreover, during the course of our work the headings listed above are further broken down into several subordinate, individual aspects. This is how our environment, our science and our technology are organized. We cannot divorce ourselves from this system. This is also how our thought processes are organized – we are unable to analyze several aspects within one train of thought. And so this is how we have to approach our work.

Analytical breakdown of our architectural briefs is not limited by a reduced number of problems but by our own capabilities.

The numerous lessons learned in this way form the framework within which we function.

The demands arising from analysis of the individual aspects are not complementary, but mutually opposed; we must act as arbitrators in this conflict.

Es werden also unsere Qualitäten sein, die Architektur monoton, monumental, kapitalistisch, sozialistisch oder vielfältig-differenziert machen. Und es werden unsere Wertmaßstäbe sein, die den ästhetischen Wert von Architektur bestimmen. Aspekte der Architektur sind in den unterschiedlichen Aufgaben, in unterschiedlichen Stärkeverhältnissen vertreten. Technische Aspekte sollten z.B. bei einem Kindergarten weniger wichtig sein als bei einem Verkehrsbauwerk.

Schon von diesem Ansatz her können wir erkennen, daß es eine Architektur für alle oder auch nur verschiedene Aufgaben nicht geben kann. Gebäude für Kinder, für Alte, für Familien, für einzelne, für Gruppen, für Produktionsstätten, solche in der Stadt, im Freien, in der Ebene, am Hang usw. müssen schon aus sich heraus zum eigenen Ausdruck kommen, es sei denn, wir täten ihnen Gewalt an.

Perfektion

Im allgemeinen erkennen wir in der Perfektion um ihrer selbst willen keine erstrebenswerte Qualität. Die Perfektion eines oder mehrerer Aspekte löst die Architektur vom Menschen, erhebt das Objekt über den Menschen, der selbst unperfekt ist, und unterordnet ihn damit der Welt der Dinge. Perfektion um ihrer selbst willen müßte demnach ein Zeichen für eine nicht oder nur wenig am Menschen orientierte Welt sein.

It will therefore be our qualities as architects that will determine whether a piece of architecture is monotonous, monumental, capitalist, socialist or many-facetted. And it will be our values that determine the aesthetic value of architecture. Depending on the type of project, the various aspects of architecture are represented in different proportions. For example, technical aspects should play a less important role in the design of a kindergarten than in the construction of traffic facilities.

From this statement alone it is clear that there can be no such thing as one type of architecture for every different brief. Buildings designed for children, for the elderly, for families, for individuals, for groups and for factories located in the city, in the country, on flat land or on a slope etc., must be allowed to give expression to their inner reality; otherwise architecture becomes an act of violence.

Perfection

In general we do not accept perfection for its own sake as something worth striving for. The perfection of one or more aspects divorces architecture from Man, and places it on a level above him; Man is himself imperfect and yet he is thus subordinated to the material world. Perfection for its own sake must, therefore, be considered as the sign of a world that is not, or at best only slightly, oriented to the needs of men.

Kinder erfahren durch Anschauung.

Ist uns der Grundriß der Wohnung unserer Kindheit gegenwärtig? – Wir müßten nachdenken. Die abgetretenen Sandsteinstufen aber, der abgeblätterte Putz des Haussockels, die bunten Gläser der Eingangstüre, das Schlagen einer Uhr, der Ton der zufallenden Haustür, der Geruch warmen Holzes, der Regen auf der Hand, der Sand unter den Fußsohlen ...

War das nicht erst gestern? Stark sind diese Eindrücke. Sie sind uns gegenwärtig. Heute werten wir anderes höher:

Stufen aus weichem Sandstein? Betonstufen sind billiger, treten sich weniger leicht ab. Der Geruch des warmen Holzes? Kunststoffe sind billiger und ... Vieles von dem, was uns als Kind beeindruckte, wird in der effizienten Welt der Erwachsenen weniger geschätzt.

Muß das so sein? Auch dann, wenn wir einen Kindergarten planen? Sollte da nicht besser ein Haus werden, an dem Holz auch Holz ist, in dem unsere Kinder Holz sehen, fühlen, riechen können?

Kinder erfahren durch die Anschauung. Was schauen Kinder an? Ein äußerlich perfektes Bausystem – für viele Zwecke entwickelt, kunststoffbeschichtete Blechplatten, abwaschbar ... oder sichtbares Licht; warmes, wohlriechendes Holz; eine massive Backsteinwand, die von sich aus steht; weich geformte Holzmöbel; Spitzengardinen; Sonnenflecken und Schatten unter einer mit Glyzinien überwucherten Pergola; sorgfältige handwerkliche Arbeit; Regen, den wir hören, sehen, riechen; ein Baum vor dem Fenster, der sich im Winde bewegt, der wächst ...

Würde es uns nicht gefallen, in der Kinderwelt eine Anzahl sinnvoller Einzelheiten zu sehen, Dinge, die durchaus profanen Zwecken dienen, die für sich und für ihre Aufgabe stehen, die darüber hinaus gemeinsam sich ansiedeln im Reiche der Phantasie, der Poesie. Kleinigkeiten können das sein; ein Lichtstern, Muster in der Wand ... Dinge, die erkennen lassen, daß wir uns hingewendet haben zur Welt des Kindes, daß wir überwunden haben das, was zwischen uns steht: das Alter, Reißbrett, Kostenberechnungen ... Ehrgeiz, Architektur.

Children learn by looking.

Do we remember the layout of the flat or house where we spent our childhood? – We would have to think for a while. But we do recall the worn sandstone steps, the flaking rendering on the bottom of the wall, the colourful glazing in the front door, the striking of a clock, the sound of a door closing, the smell of warm wood, the rain on our hands, the feel of sand beneath our feet...

It's as though it were yesterday. These impressions are still vivid in our mind's eye.

Today, our values are different:

Steps made of soft sandstone? Concrete steps are cheaper and don't wear so quickly. The smell of warm wood? Plastics cost less and ... many of the things that made an impression on our childhood minds are rated lower in the efficient world of adults.

Must that be so? Even when we're designing a kindergarten? Wouldn't it be better to build a house in which wood is really wood, where our children can see, feel, smell wood? Children learn by looking. Well, what do children look at? An outwardly perfect building system – designed to suit many different purposes; plastic-coated, washable sheet metal ... or visible light; warm, pleasant-smelling wood; a solid brick wall, obviously strong and sturdy; wooden furniture with soft contours; lace curtains; dappled sunlight and shade under a pergola overgrown with wisteria; painstakingly executed craftsmanship; rain that we hear, see, smell: a tree in front of the window, moving in the wind, growing.

Wouldn't it give us pleasure to see a string of meaningful details in a children's world? Things that admittedly serve trivial purposes, that stand for themselves and their function, and, besides, come together in the realm of fantasy, of poetry. They could be minor details; a star of light, patterns in a wall ... little things, showing that we have made an effort to understand the world of children; that we have overcome what stands between us – age, drawing board, cost calculations ... ambition, architecture.

Kindergarten in Stuttgart-Neugereut · 1975
Kindergarten, Stuttgart-Neugereut

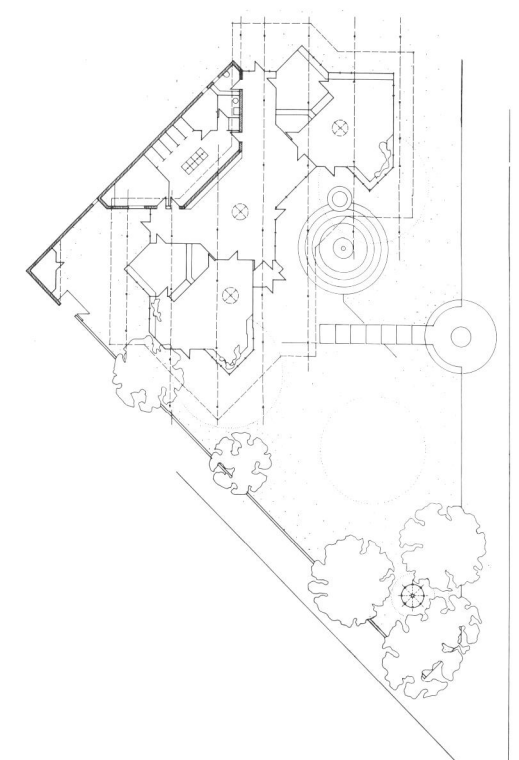

Im Herbst 1972 wurde der Architektenwettbewerb ›Bundestag und Bundesrat‹ ausgeschrieben.

Noch bis zum Ende der sechziger Jahre ging die offizielle Politik davon aus, daß der Regierungssitz der Bundesrepublik Deutschland nur temporär in Bonn sein könnte und daß Berlin nach wie vor die Hauptstadt Deutschlands sei. Das hatte viele Konsequenzen, auch im baulichen Bereich, für das Stadtbild von Bonn und für die offiziellen Bauten. So war in dieser Vorstellung der Sitz des Parlamentes in Bonn ebenfalls als Provisorium zu sehen. Das Gebäude der 1933 erstellten Akademie (Architekt Witte) wurde, mit den Erweiterungsbauten (Hans Schwippert, Bundesbaudirektion) als Parlamentsgebäude benutzt. Die Anforderungen seitens des Parlaments an Quantität und Qualität überstiegen bei weitem das, was diese Gebäude bieten konnten. Ein Neubau wäre seit längerem fällig gewesen, konnte in der speziellen politischen Situation jedoch nicht realisiert werden. Man behalf sich mit weiteren Provisorien, mit Mietbüros und mit dem Neubau des Abgeordnetenhochauses (Egon Eiermann).

Diese Situation sollte sich nach dem Willen des Parlamentes nun ändern. Neben dem Abgeordnetenhochhaus sollten Neubauten errichtet werden für den Deutschen Bundestag und für den Deutschen Bundesrat. Der Kern der alten Gebäude sollte erhalten bleiben, z. B. als Haus der Geschichte, die zum Teil unbefriedigenden Anbauten sollten abgerissen werden.

Ein umfangreiches Raumprogramm war erstellt worden. Die nach einem vorausgegangenen städtebaulichen Wettbewerb formulierten städtebaulichen Ziele sahen eine große Massierung von Gebäuden an beiden Ufern des Rheines vor, Personentransportsysteme, eine Verbindungsröhre über den Rhein und dergleichen Dinge mehr.

Dazu kam die Vorstellung der Bauherrschaft, daß das Wesen unserer demokratischen Verfassung, ihrer Realität und ihrer Ziele sich auch im Baulichen ausdrücken sollte. An diesem Problem haben wir lange gearbeitet, und diese Ziele scheinen viele heute eher aus dem Auge verloren zu haben.

Wir hatten versucht, mit unserem Entwurf an die Verantwortung zu appellieren, die das Parlament als Bauherr hat gegenüber dem Einzelnen, gegenüber der Stadt, der Landschaft, der Region. So löste sich der Entwurf von den städtebaulichen Vorgaben, in denen eher eine ›Deutsche Pforte am Rhein‹ suggeriert worden war. Der Entwurf fügte sich in die Rheinaue ein; deren Charakter, deren Grünflächen und deren Bäume bestimmten die Anlage. Nicht die Stadt sollte in die Landschaft hinaus-

In the autumn of 1972 entries were invited to the architectural competition "Federal Parliament and Federal Council".

Right up to the end of the 1960s, official policy had been based on the assumption that Bonn could only be a temporary seat of government of the Federal Republic, and that Berlin was still the capital of Germany. This had many consequences, including architectural ones, both for Bonn's outward appearance and for the official buildings. Thus, within this concept, the seat of Parliament in Bonn was also to be regarded as a temporary measure. The Academy building erected in 1933 (designed by Witte) was being used as a parliament building, with various additions (by Hans Schwippert and the Federal Building Board). The requirements of Parliament with regard to quantitiy and quality far exceeded what these buildings could offer. A new building had been needed for a long time, but in view of the unique political situation it could not be built. So Parliament "made do" with more temporary buildings, rented offices and the new high-rise building for deputies (by Egon Eiermann).

Parliament had now decided to take the matter in hand. New buildings for the German Federal Parliament and the German Federal Council were to be erected next to the deputies' building. The core of the old building complex was to be preserved, perhaps as a historical museum; the additions, some of which were unsatisfactory, were to be torn down.

A comprehensive space utilization programme had been prepared. The urban development aims, formulated following an earlier urban development competition, were for a large concentration of buildings on both banks of the Rhine, passenger transport systems, a connecting tube over the Rhine, and other similar facilities.

In addition, there was the sponsor's idea that the essence of our democratic constitution, its reality and its aims should also find expression in architecture. We worked on this problem for a long time; today, it seems that many people have rather lost sight of them.

With our design we had tried to appeal to the responsibility that Parliament, as the sponsor, has toward the individual, the city, the landscape, the region. Hence the design dissociated itself from the urban development criteria, which had tended to suggest a "German Gate on the Rhine". Our design blended into the riverside setting; the complex was determined by its character, its green areas and its trees. The intention was that the city should not force its way out into the landscape and supplant it, but rather that the green of the riverside park should be brought into the city. Buildings and green should combine with one another.

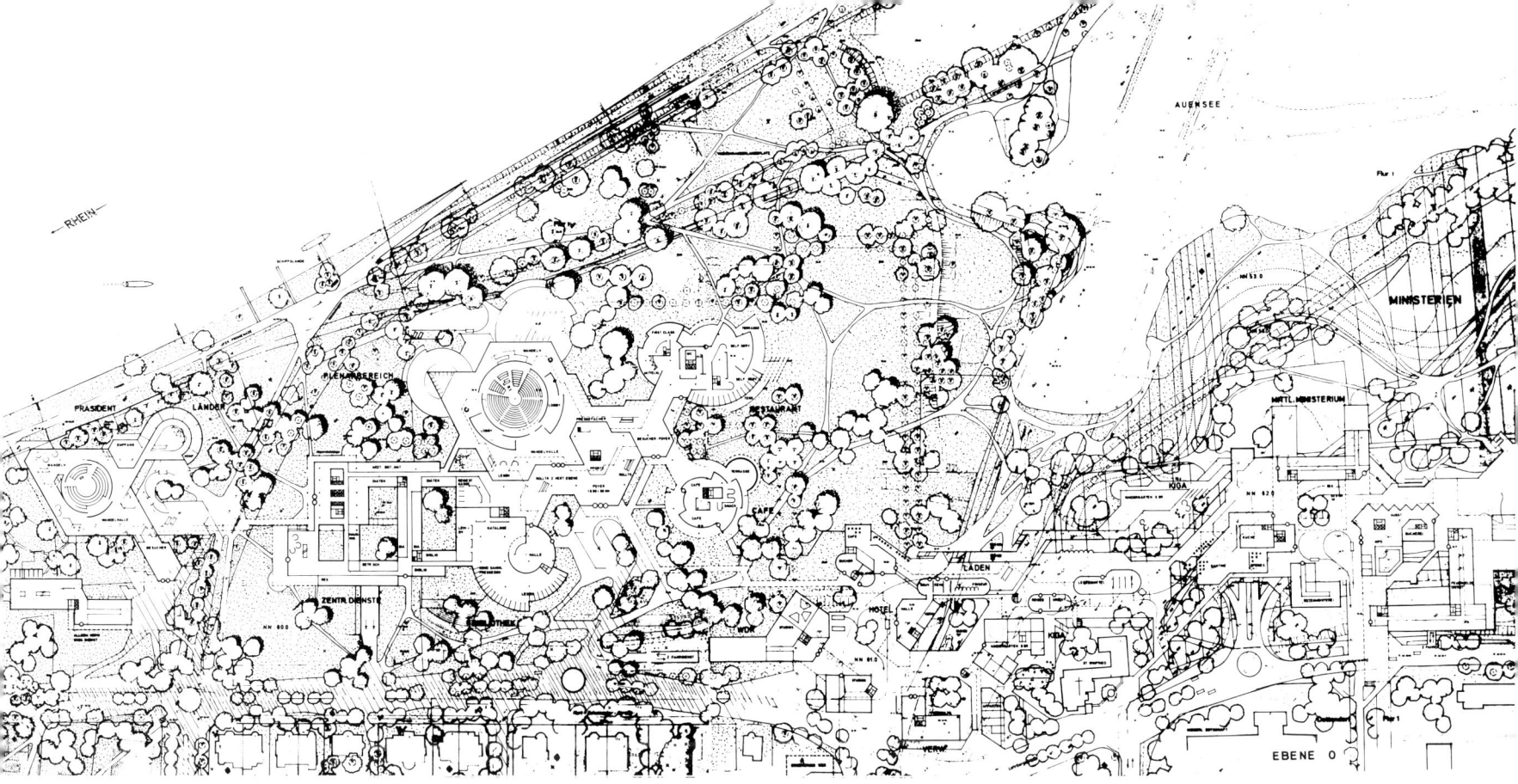

drücken und diese verdrängen, das Grün der Rheinaue sollte vielmehr in die Stadt hereingeführt werden. Gebautes und Grün sollten sich verbinden.

Der Plenarsaal war als Mulde entworfen, frei von Theater- oder Stadthallenelementen, der Abgeordnetenbereich als eine Folge von ineinandergreifenden Ebenen, die sich in Höhe und Umriß mit der Rheinlandschaft verbinden konnten. An das innere Gefüge und an die äußere Erscheinung der Parlamentsbauten sollten höhere Maßstäbe angelegt werden als an ein Verwaltungsgebäude.

Dieser Entwurf ist dann in verschiedenen Stufen weiterbearbeitet worden. Architektonisch-räumliche Probleme konnten bis ins Detail gelöst werden; so der Übergang von den Räumen zur Landschaft, das Problem einer ›anderen‹ Klimatisierung, innenräumliche Verbindungen und Trennungen, eine architektonische Ordnung des Ganzen, die im Verhältnis vom Einzelnen zum Ganzen als Metapher gesehen werden konnte für das Ideal unserer gesellschaftlichen Ordnung.

The Assembly was designed as a dish, without any of the elements of a theatre auditorium or town hall, and the deputies' area as a sequence of interlocking levels which, in their height and silhouette, could harmonize with the riverside landscape. The interior arrangement and external appearance of the parliament buildings were to satisfy higher criteria than those applicable to an office building.

This design was subsequently evolved in various phases. Architectural-spatial problems were resolved in detail, for example the transition from the rooms to the landscape, the problem of an "alternative" type of air-conditioning, interior links and divisions: an architectural arrangement of the whole which, in the relationship of the individual to the whole, could be taken as a symbol of the ideal of our social order.

Bundesbauten in Bonn, Wettbewerbsentwurf · 1973
Federal Buildings in Bonn, Competition Design

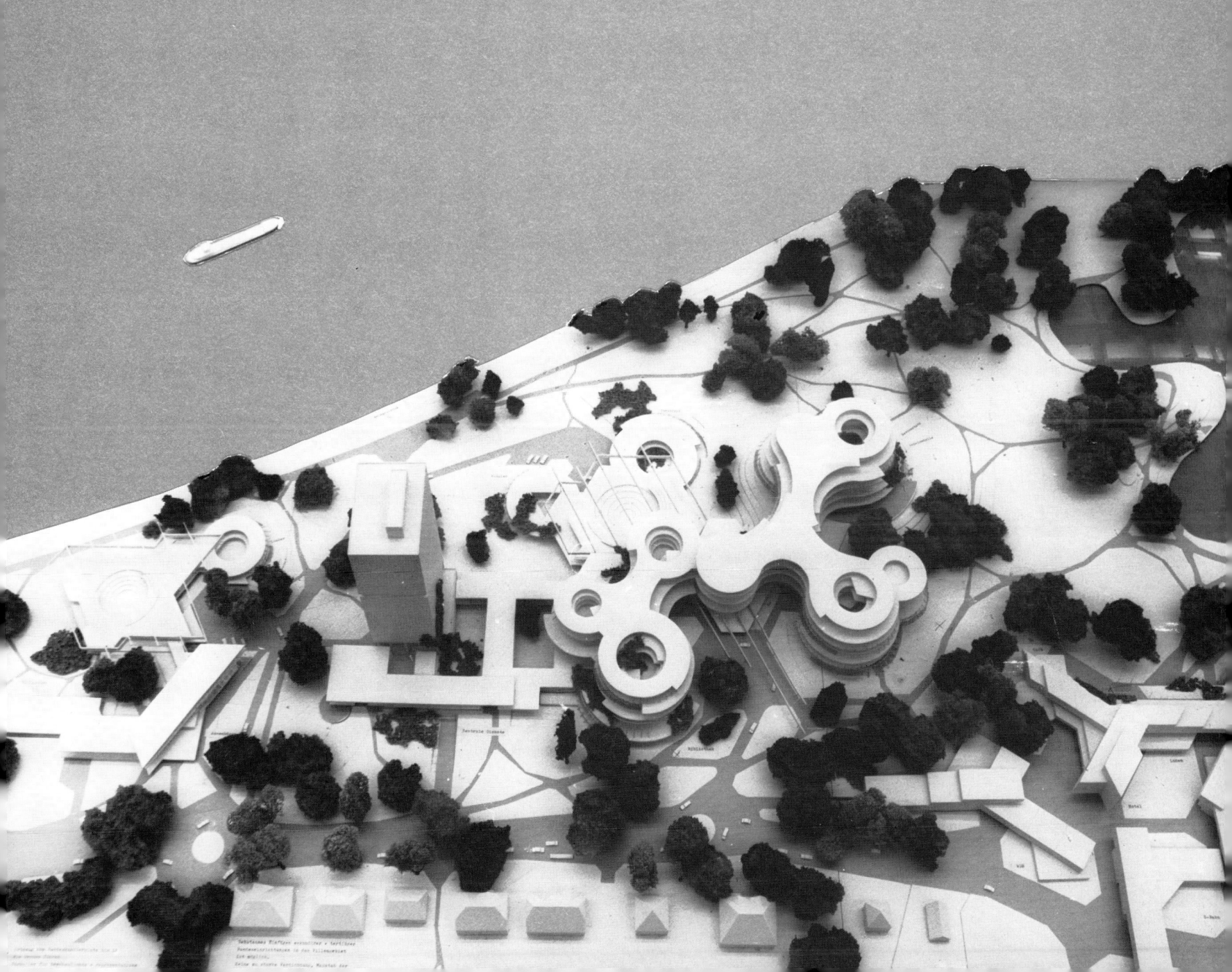

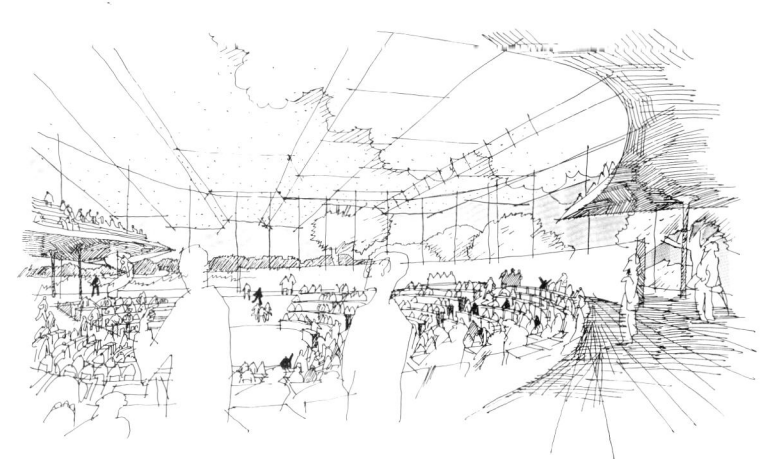

In diesem Stadium wollten wir die ›Architekturlandschaft‹ verdeutlichen. Ein Ordnungsprinzip, in dem Teile eigenständig Gestalt gewinnen können, das im Ganzen aber eher Landschaft ist als Gebautes, in dem Landschaft und Gebautes vereint sind. Ablesbar ist dieses Prinzip im Plenarsaal und im Abgeordnetenbereich.

Der Raum des Plenarsaals bildet sich aus Mulde, Galerie, aus Wand- und Deckenschirmen, die den Raum fassen, ohne ihn zu begrenzen. Über die Vorzonen der Wandelhallen und Lobbies, Glaswände, Terrassen, entsteht ein differenziert, abgestufter Übergang von ›Innen‹ nach ›Außen‹.

Lange Diskussionen gab es noch über die Art der Anordnung der Sitzplätze im Plenarsaal. Und diese Diskussionen werden heute noch geführt. Im bestehenden Plenarsaal sitzen die Abgeordneten, zusammengefaßt in Fraktionen, den höherplazierten Vertretern der Regierung und des Bundesrates gegenüber. Und weiter erhöht ist der Platz des Bundestagspräsidenten. Diese Anordnung führt auch dazu, daß Diskussionen zwischen einzelnen Abgeordneten, zwischen den Fraktionen kaum stattfinden. Gesprochen wird von einem Podium in der Mitte der Regierungsbank.

Die Situation erinnert eher an einen Vortragssaal als an ein Parlament.

Man wünscht sich jedoch ein lebendiges Parlament, ein Parlament, in dem Rede, Gegenrede, Antwort rasch aufeinanderfolgen.

Wir hatten deshalb vorgeschlagen, die Sitze in einem Kreis anzuordnen. Alle Plätze wären sich damit ähnlich. Regierungspartei und Opposition säßen sich gegenüber. Kurze Beiträge sollten vom Platz oder von zahlreichen zwischen den Abgeordnetenplätzen angeordneten Redepunkten aus möglich sein.

Viele andere Möglichkeiten der Anordnung der Sitze wurden untersucht, so auch eine hufeisenförmige Sitzordnung. Diese eher als Kompromiß anzusehende Lösung hätte noch Erinnerungen an die bisherige Art des Saales gebracht, hätte andererseits aber doch das erwünschte Gegenüber der Fraktionen gebracht.

In this phase we wanted to emphasize the "architectural landscape". An organizational principle in which individual elements can be formally independent, but which, as a whole, is more a landscape than buildings, in which landscape and buildings are united. This principle is apparent in the Assembly and the deputies' offices.

The Assembly area is defined by the dished space, the gallery, and wall and ceiling screens, which define the room without limiting it. There is a differentiated, gradual transition from "interior" to "exterior" via the foyers and lobbies, glass walls and terraces.

The arrangement of the seats in the Assembly was a subject of long discussions (which are still going on today). In the present Assembly the deputies sit in parliamentary party groupings opposite the representatives of the Government and the Federal Council, who sit at a higher level. The President of the Federal Parliament sits still higher. One result of this arrangement is that there are hardly any discussions between individual deputies or the parliamentary parties. Speakers address Parliament from a podium at the centre of the Government bench. This situation reminds one more of a lecture theatre than a parliament. Yet we would like a lively parliament, a parliament where pro and contra, replies etc. follow one another in rapid succession.

This was why we suggested arranging the seats in a circle. This would have meant that all the places were more or less equally important. Government party and Opposition would be face to face. Short speeches could be made from the deputies' seats, or from one of numerous lecterns set up between them.

Many other possible seating arrangements were studied, including a horseshoe shape. This solution would have been something of a compromise, reminiscent of the arrangement of the old Assembly, but on the other hand it would have resulted in the desired confrontation of the parliamentary parties.

Fraktionsbereich

Die Person des Abgeordneten, sein Wirken,
seine Bedürfnisse stehen im Mittelpunkt der
Überlegungen für die Gestaltung des Fraktions-
bereiches.

Organisatorische Zusammenhänge und rei-
bungsfreies Funktionieren werden mit Vielfalt,
Wohnlichkeit und persönlichem Freibereich verbunden. Die Abgeordneten sollen hier sowohl für
sich wie auch zusammen sinnvoll arbeiten und
leben können. Das anonyme Bürogebäude ist
hierfür ungeeignet.

Die Gesamtanlage ist sehr groß. Es besteht die
Gefahr der Unübersichtlichkeit.

Eine sinnvolle Gliederung wird erforderlich.

Hallen und Verbindungsteile folgen aufeinander in den Geschoßebenen.

Die Hallen sind Merkpunkte. Sie unterscheiden
sich in der Gestaltung des Fußbodens, der
›Möblierung‹, der Farbgebung, der Dachform etc.
und in ihrer Höhe.

Hier sind Treppen, Aufzüge, Teeküchen, Sani-
tärräume, ›Möblierungen‹ und freie Flächen.

Hier ist der klimatisierte freie Raum, an den die
Arbeitsräume angeschlossen sind (Klimaoase).

Zur Gliederung der Anlage in der Vertikalen
sind jeweils zwei Geschosse zu einer räumlichen
Einheit zusammengefaßt. Die Hauptebenen
bilden den ›Boden‹, galerieartige leichtere
Geschosse bauen sich drauf auf.

Leistungsfähige Rolltreppen führen von Hauptebene zu Hauptebene. Sie dienen in Verbindung
mit den Rollbändern dem schnellen Verkehr.
Zahlreiche kleinere Treppen verbinden die Hauptebenen mit den darüber- und darunterliegenden
Galeriegeschossen.

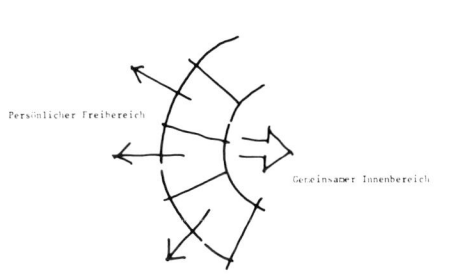

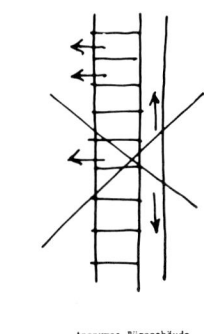

Anonymes Bürogebäude

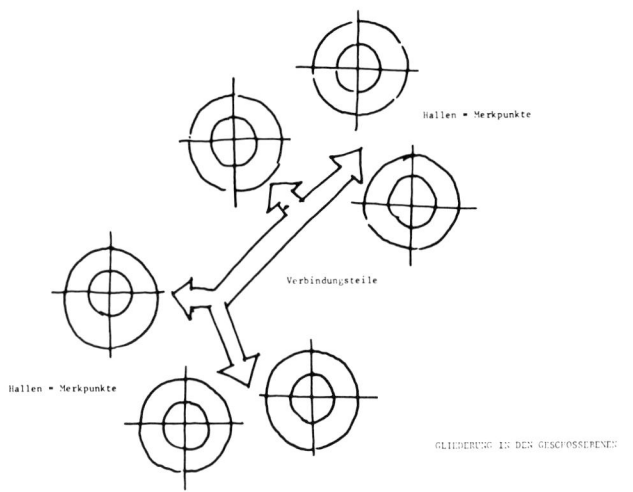

GLIEDERUNG IN DEN GESCHOSSEBENEN

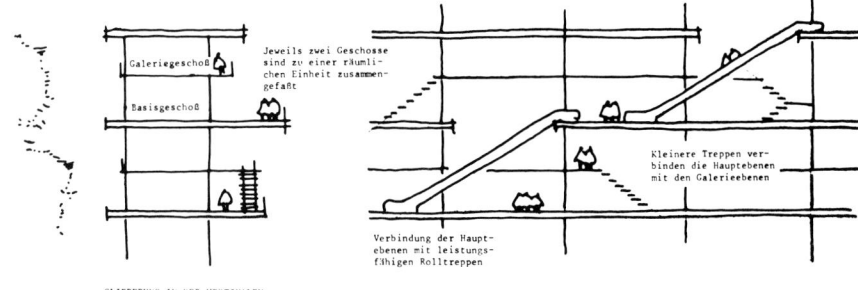

GLIEDERUNG IN DER VERTIKALEN

Parliamentary Party Offices

The parliamentarian as an individual, his or her work and needs are fundamental considerations with regard to the design of the offices of the parliamentary party.

In this building organizational relationships and efficiency will be combined with variety, comfort, and the need for a personal area.

Parliamentarians must be able to work here, both alone and together, and live here. An impersonal office building would not satisfy these requirements.

The complex as a whole is very large, and there is a danger of it becoming confused: it will have to be organized rationally.

Lobbies and connecting sections follow one another on the individual floors.

The lobbies are reference points. They differ in the design of their floors, their "furnishings", colour schemes, the shapes of their roofs etc., and in their height.

Here there are stairs, lifts, tea kitchens, sanitary facilities, "furnishings", and open areas.

Here is the air-conditioned free space to which the offices are linked (climatic oasis).

The building is organized vertically into spatial units each comprising two floors. The "bases" of these units are the main floors, with lighter, gallery-like floors above them.

The main floors are linked by high-speed escalators. Together with the roller conveyors they are intended to facilitate rapid transit. Numerous smaller staircases link the main floors with the gallery floors above and below them.

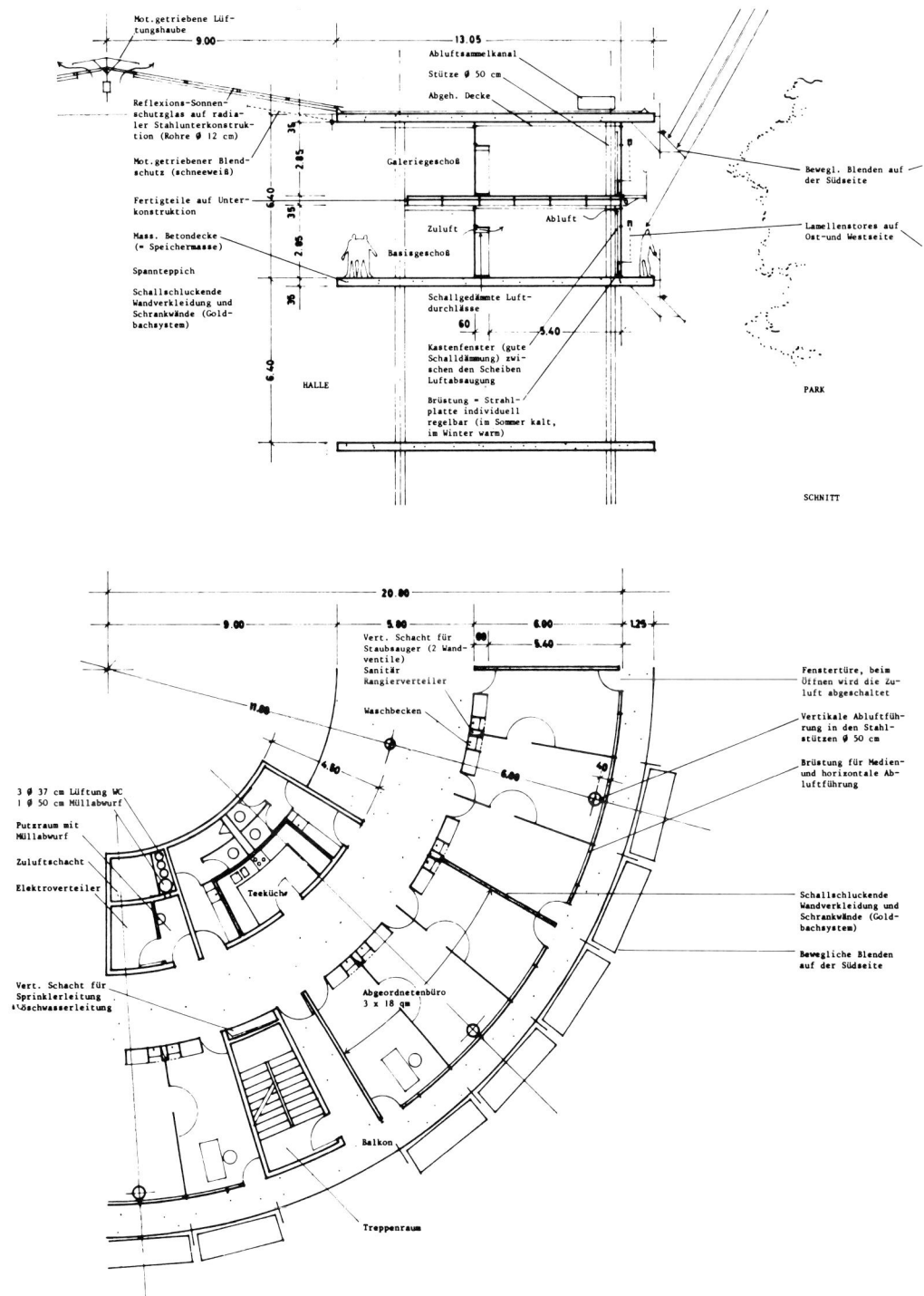

Zweite Stufe der Planung für die Bundesbauten in Bonn · 1974/1975   Federal Buildings in Bonn – Second Design Phase

Noch vor 15 Jahren waren sich die ›Fachleute‹ einig darin, daß Sporthallen am besten zu gebrauchen seien, wenn sie keine Fenster hätten, wenn Hallen also als ›Schwarze Kisten‹ gebaut würden, die dann ungestört von äußeren Einflüssen künstlich optimal belichtet und beleuchtet werden könnten. Bei der Planung der Aufwärmhalle im Olympiapark in München hatten wir uns andere Ziele gesetzt. Wir meinten, daß man in der Halle wohl geschützt sein sollte vor störenden äußeren Einflüssen, aber nicht abgeschnitten von der Welt, daß es richtiger wäre, wenn auch der Sportler erkennen und erleben könnte bei seinem Sport, daß es Tag oder Nacht sei, daß Sommer oder Winter sei, ob der Ort im Walde, im Gebirge oder in der Stadt läge. Auch in einer Sporthalle leben wir – es besteht kein Grund, dieses Leben zu reduzieren.

Aufbauend auf den dabei gewonnenen Erfahrungen wurde die große Sporthalle in Sindelfingen geplant.

Das Sportfeld ist abgesenkt, die Zuschauer können die Halle oberhalb der Tribünenplätze auf der Ebene des umgebenden Geländes umlaufen. Von diesem Umgang und vom Eingang her ist die Halle mit Zuschauern und Sportlern zu überschauen.

Die Seitenwände sind verglast. Weite Dachüberstände schützen diese Glasflächen. Das große, flache Dach ist aufgelöst. Die schweren, in hellen Farbtönen gestrichenen Dachträger liegen über der Dachfläche unter Glasraupen. Die Dachunterfläche ist metallisch glänzend. So löst sich die obere Begrenzung der Halle auf; tatsächlich durch die Lichtschlitze und scheinbar, indem die Dachfläche Licht und Schatten widerspiegelt. Das ganze wirkt immateriell, gelöst. Die Grenzen zwischen Innen und Außen, zwischen Himmel, Wolken und Überdachung treten in den Hintergrund. Entstanden ist eine Stimmung, die derjenigen ähnelt, die unter dem Geäst großer, weit ausladender Bäume herrscht.

Even 15 years ago the "experts" were agreed that sports centres were best if they had no windows, i. e., if they were built as "black boxes". Then they could be ideally lighted and illuminated, artificially, with no interference from external influences. When we designed the warming-up hall in the Olympic Park in Munich we had set ourselves different aims. We believed that while people in the sports centre should certainly be protected from interference from outside, but not cut off from the world; that it would be better if the athletes could also see and experience that it was day or night, summer or winter, and whether the centre was in the forest, the mountains or the city. We do not stop living when we enter a sports centre: there is no reason to impoverish our lives.

And so the big sports centre in Sindelfingen was designed with these thoughts in mind.

The sports field is below ground level. Spectators can walk round the hall, above the stands, at ground level. The whole hall, with spectators and athletes, can be seen from this promenade and from the entrance.

The side walls are glazed, the glazing being protected by the long roof overhangs. The large flat roof is broken down into smaller areas. The heavy roof girders, painted in light colours, are above the roof, under glass skylights. The underside of the roof has a metallic shimmer. The upper boundary of the hall is resolved thus: in reality by the slit windows and seemingly by the light and shade reflected by the roof. The overall effect is of something insubstantial, unfettered. The boundaries between interior and exterior, between sky, clouds and roof recede into the background. The atmosphere that has been created is rather like being beneath the branches of big trees with wide-spreading branches.

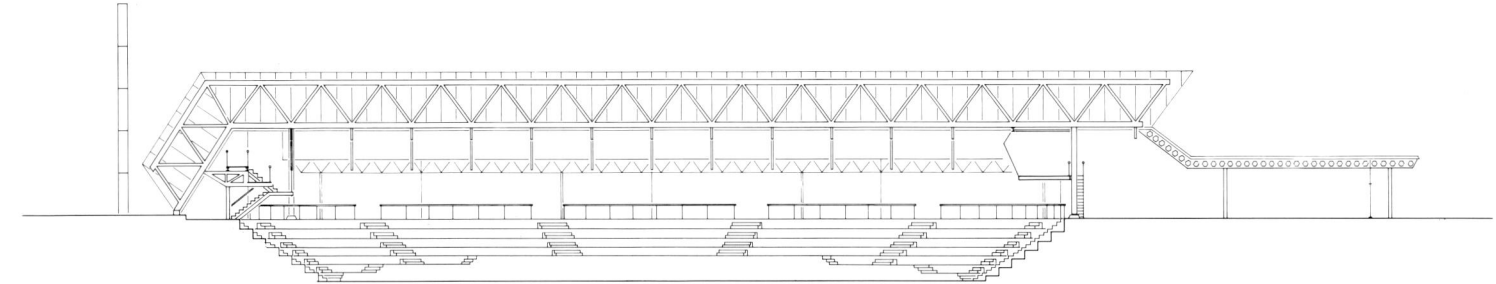

Das Formale sollten wir mit Vorsicht behandeln, zumal es uns so leicht von der Hand geht. Mancher glaubt, er könne das Formale einsetzen in der Art wie: konkav = bergend, konvex = abwehrend, niedrig = gemütlich und Tannenholz = natürlich.

Er übersieht dabei, daß konkav die Höhle aus Erde oder Stein war, die uns tatsächlich geborgen hat und an die wir uns erinnern, daß das Konkave in Zusammenhang mit Blech oder Kunststoff eben nicht mehr die Höhle ist und uns nicht mehr birgt, daß wir – indem wir konkav nur als Form verwenden – manipulieren, täuschen und ausliefern. Und tatsächlich werden solche Formen und Oberflächen eingesetzt, um Häuser, Alkohol, Autos, Strümpfe und was nicht alles verkaufen zu können.

Dieses Spiel hat Architektur auch ergriffen. Wie sollte es anders sein? Architektur entsteht doch unter den gleichen Gesetzen, unter denen Konsumgüter entstehen. Mietwohnungen und Autos werden produziert, damit eingesetztes Kapital sich mehrt. Und sie werden nicht produziert, wenn die Rendite nicht gegeben ist.

Bei Wohnungen bleibt dann das Mehr, das, was eine Wohnung von einer Unterkunft unterscheidet, auf der Strecke. Es muß durch äußerliche Zutaten wie Fenstersprossen oder Anstriche kompensiert werden. Diese Oberflächlichkeiten, diese ›schönen‹ Formen trügen. Wir sollten ihnen nicht trauen. Und auch der sachlichen Form mißtrauen wir, denn auch sie wird mißbraucht.

Nur noch dem Häßlichen können wir trauen. Tatsächlich? Doch nur so lange, bis auch das kommerziell oder ideologisch genutzt wurde – und diese Hürde haben wir auch genommen.

So bliebe uns noch die historische Form, die aus der guten alten Zeit. Aber auch diese ist verbraucht und darüber hinaus problematisch.

Letztlich bleibt nur das Ungeformte, das künstlich nicht Verformte, das, was seine eigene Form gefunden hat, seine eigene Gestalt; seine Gestalt, aus der wir erkennen ohne Täuschung wie die Kräfte waren, die beim Entstehen der Gestalt wirksam waren.

Die Gestalt, die uns Auskunft gibt darüber, ob die Beteiligten sich bemüht haben, die Zwänge der Realität zu reduzieren, sich diesen entgegenzustellen und damit Freiraum, Spielraum für die Betroffenen und für das Betroffene zu schaffen, oder ob diese Zwänge ungemildert auf den Betroffenen und auf das Betroffene gelenkt wurden.

We should approach the use of form with care, especially since it can be used with such facility. There are many who believe that form can be applied along the following lines: concave = shelter, convex = rejection, low = cosiness and pinewood = naturalness.

This approach ignores the fact that concavity has its origin in the cave of earth or stone that indeed gave us shelter and which remains in our memory; it also overlooks the fact that concavity formed by steel or plastic is neither a cave, nor does it provide us with shelter; and that by using concavity purely as a shape we are guilty of manipulation, deception and betrayal. In point of fact such forms and surfaces are utilized to sell houses, alcohol, automobiles, stockings and a host of other objects.

This manipulative game has also become a part of architecture. How could it have been otherwise? Architecture is subject to the same laws as consumer goods. Rental apartments and automobiles are built for the sake of capital growth. They are not built if no profit can be made by selling them.

In the case of apartments this means that that extra something which distinguishes an apartment from mere accommodation is sacrificed. It must be compensated for by superficial accessories such as glazing bars and coats of paint. This window dressing, these "pleasing" shapes only deceive. We should not trust them. And we also distrust functional form, for it is also subject to misuse.

So now we can only trust what is ugly. Really? But only until it is put to commercial or ideological use – and we are already over this hurdle.

This only leaves us with historical form from the good old days. This vein, however, has also been exhausted and presents, moreover, a variety of problems.

Finally there remains only the unformed that has not been artificially misshapen and has found its own form, its own appearance; an appearance in which we can identify the forces at work in its formation without being deceived.

An appearance that tells us whether those involved have made an effort to counteract and reduce the restrictions of reality so as to create room to manoeuvre and latitude both for the user and for the object itself, or whether these constrictions are passed on undiluted to user and object.

Fritz-Erler-Schule in Pforzheim · 1976

Große Bauprogramme erzeugen eigene Probleme bei der Planung, bei der Abwicklung und im Betrieb. Die Größe zwingt Planer und Nutzer dazu, sich organisatorischen und technischen Problemen stärker zuzuwenden; wichtige andere Aspekte geraten dabei oft ungewollt und unbemerkt ins Hintertreffen.

Die gängigen planerischen Ordnungsmethoden, gleiche Räume zu stapeln oder in gleichartigen Raumgruppen zusammenzufassen und daraus abgeleitete Baukörper so oft wie erforderlich zu wiederholen, lösen nur quantitative Probleme. Den Problemen, die sich aus der Größe des Bauwerkes an sich ergeben, muß durch Qualitäten entsprochen werden, die die Quantitäten daran hindern können, die Gestalt des Gebäudes zu bestimmen.

Fritz Erler School, Pforzheim

Major building programmes create problems of their own as regards design, implementation and operation. The very scale forces both designers and users to pay more attention to organizational and technical problems. As a result, other important aspects are often unintentionally neglected, and this may go unnoticed.

Customary methods of design organization, i. e. stacking identical rooms or combining them in groups of rooms of the same type, and repeating the constructions thus derived as often as necessary, only solve quantitative problems. The problems resulting from the size of the building per se must be responded to with qualities capable of preventing the quantities from determining the building's appearance.

81

So haben wir unsere Aufgabe bei der Planung der Fritz-Erler-Schule in Pforzheim gesehen.

Das Gebäude, nach den anerkannten Regeln der ›Schulbaukunst‹ organisiert, wäre viel zu groß gewesen, besonders für seine Umgebung, eine dichte vorstädtische Wohnbebauung aus der Jahrhundertwende. Es mußten kleinere Einheiten entworfen werden, die aus ihren eigenen Bedingungen heraus sinnvoll organisiert und genutzt werden und zu einem großen Organismus zusammengefügt werden konnten. So entstanden mehr flächige, dem abfallenden Gelände angepaßte Bereiche für Sport und Fachklassen und – frei darüber angeordnet – vielfältig gegliederte und auf unterschiedlichen Ebenen angeordnete Zonen für die normalen Klassenzimmer. Eine zentrale, lichtdurchflutete Halle verbindet die verschiedenen Bereiche durch alle Geschosse hindurch. Die Klassen selbst haben individuelle, den unterschiedlichen Arbeitsbedingungen angepaßte Zuschnitte und Abgrenzungen. Sie sind durch ihre charakteristischen, für jede Klasse anderen Beziehungen zur Außensituation und ihre Lage am gemeinsamen Innenraum als Orte innerhalb des großen Gebäudes besonders gekennzeichnet und definiert.

Diese Maßnahmen haben dazu beigetragen, den großen Komplex in seine Umgebung einzupassen, ihn als Gesamtorganismus, wie in seinen einzelnen Gliedern verständlich, architektonisch und räumlich erlebbar zu machen.

This was how we saw our task when we designed the Fritz-Erler-Schule in Pforzheim.

If the building had been organized according to the accepted rules of "the art of building schools" it would have been far too big, especially for its surroundings, a heavily built-up suburban residential area dating from the turn of the century. Smaller units had to be designed which could be rationally organized and used on the basis of their own conditions, and combined to form a single large organism. And so sports areas and special classrooms were designed which were more spread out, adapted to the slope of the site and – situated unschematically at different levels above them – areas for the ordinary classrooms, organized in a variety of ways. A central hall, flooded with light, joins all the floors, linking the various parts of the building. The classrooms themselves have individual forms and boundaries, appropriate for different working conditions. They are characterized and defined by the way they relate – in each case differently – to the outside surroundings, and by their posiitons in the interior, as individual locations in the building as a whole.

These measures helped to integrate the big complex into its surroundings, to make it possible to appreciate it architecturally and spatially as a complete organism, just as its individual components are comprehensible.

Das Gesicht eines Gebäudes wird durch verschiedene Einflüsse geprägt: durch die Aufgabe, durch seine Umgebung, auch durch die Art und Weise, in der das Gebäude geplant wurde, und durch diejenigen Kräfte und Werte, die in den Vordergrund gestellt wurden.

… wir müssen schon unsere Probleme, unsere Realität bearbeiten, zunächst die realen, materiellen Möglichkeiten unserer Zeit ausschöpfen. Erst dann, wenn hier ausgereizt wäre, dürfen wir zaubern oder idealisieren. Die Flucht in die Bilder der Geschichte, deren Probleme wir heute besser als die unseren zu kennen und zu beherrschen glauben, würde doch bedeuten, daß wir verzichten auf Wesentliches von Architektur, daß wir damit Architektur eigentlich aufgeben. Wir würden denjenigen Teil unserer Aufgabe versäumen, der bewirken kann, daß unsere Bauten zu sich selbst kommen können, daß in unseren Bauten der Welt ein Teil dessen wiedergegeben wird, was ihr unsere Realität verweigert. Die auch für unser Sein erforderliche und auch durch Architektur angestrebte Identität der Dinge mit sich selbst können wir nicht ersetzen durch Bilder unserer Vergangenheit …

Unsere Möglichkeit liegen und unseren Auftrag für Architektur finden wir in unserer Zeit, in den Problemen unserer Zeit, z.B. in denen, die verursacht werden durch die Macht der Apparate der Produktion, der Administration und der vielen anderen Apparate …

Diese Apparate verselbständigen sich, sie optimieren vorwiegend sich selbst und beschneiden von daher freien Raum. Diesen Kräften müssen wir uns stellen …

Diese zuerst verhindern heute Identität – außer ihrer eigenen. Sie drängen mit Macht zur Gestalt. Sie zwingen ihre Identität anderen auf, manchmal in Worten, manchmal in Beton, manchmal in Stahl und Glas, rechthaberisch, intolerant, meistens hart und unpersönlich und nie: vielgestaltig, offen und heiter.

Sollte aber unsere Welt nicht gerade so sein? … nicht nur die Mächtigen sollten in Architektur zu Wort kommen. Im Gegenteil. Entgegenstellen müssen wir uns diesen Mächtigen und so Raum sichern für schwächere Kräfte. Gelingt uns dies, so können wir frei sein, und wir setzen andere frei. Dann können wir beobachten, das Sich-frei-Entfalten architektonischer Gestalten. Und das ist heute schön. Aber beleidigend ist der Ausdruck der zur architektonischen Gestalt gekommenen Übermacht, der Herrschaft von Menschen über Menschen und – was eigentlich noch demütigender ist – der Ausdruck der Herrschaft der Macht der Apparate über uns.

The appearance of a building is affected by a variety of influences: by its purpose, its surroundings, by the way it was designed and by the forces and values to which most importance was attached.

… we must certainly work on our problems, our reality, first of all exhausting the material possibilities of our age. Only when we have reached the limit here may we resort to conjuring or idealizing.

But taking refuge in images of history, whose problems we think we know and control better than our own present-day problems, would mean that we are relinquishing essential elements of architecture, that we are thus actually giving up architecture. We would neglect that element in our task which can cause our buildings to find their identity; which can cause a part of that which our reality denies to the past to replace the identification of objects with themselves – which is also necessary to our existence and also something that architecture strives for…

Our capabilities reside in our own age, and our architectural brief is to be found here too, in the problems of our age, for example those caused by the power of the apparatus of industry, of administrative bodies, and all the other apparatuses…

These apparatuses become a law unto themselves; their first concern is to optimize themselves and thus curtail free space.

We must confront these forces…

They are the forces which do most to prevent identity today – apart from their own. They use their power to elbow their way to a form. They force their identity onto others, sometimes in words, sometimes in concrete, sometimes in steel and glass; they are dogmatic, intolerant, usually harsh and impersonal, and never varied, open or cheerful.

Yet isn't this just how our world ought to be? … architecture should not represent solely the views of the powerful. On the contrary, we must stand up to the powerful and thus secure space for weaker forces. If we succeed in this we can be free and we can liberate others. Then we can observe, and give a more architectural form to free development. Today, that is a fine thing. But the expression of hegemony in architectural form, the domination of people over people, and – what is actually even more humiliating – the expression of domination, of the power of the apparatuses over us – that is an insult.

Grundriß 1. Obergeschoß
Plan of first floor

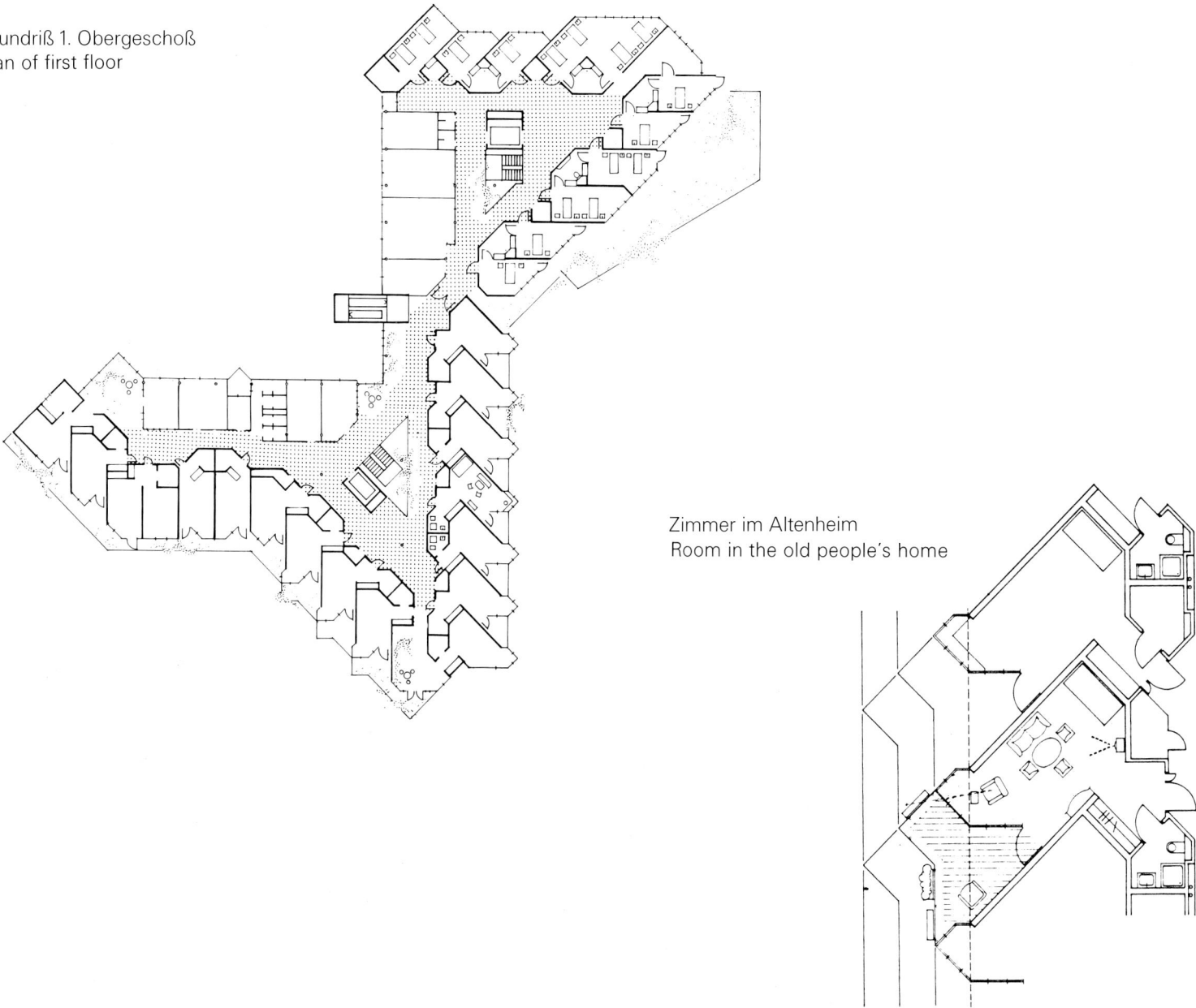

Zimmer im Altenheim
Room in the old people's home

Große Organisationen, auch große Gebäude, haben schon von ihrer Größe her eigene Probleme, planerisch, baulich und im Betrieb. Ungewollt und oft unbemerkt schieben sich Überlegungen in den Vordergrund, die mit der eigentlichen Absicht wenig gemein haben. Je größer Anlagen werden, je schneller sie gebaut werden, um so mehr treten organisatorische und technische Probleme in den Vordergrund.

Dann liegt es nahe, Räume, die einander gleichen, zu stapeln und gleiche Bauteile wiederholt zu benutzen. Man übersieht dann leicht, daß die Größe ansich schon problematisch ist, daß wir eigentlich vieles tun müßten, um diesem rein quantitativen Problem Qualität zu überlagern, daß wir die durch die Quantität hervorgerufenen Probleme hindern müssen daran, gestaltbestimmend zu werden.

So auch beim Josef-Effner-Gymnasium. Das Gebäude wäre als kompaktes Gebäude für sich, besonders aber gegenüber seiner Umgebung, zu groß gewesen. Die Anlage mußte in kleinere Einheiten unterteilt werden, Einheiten, die aus eigenen Bedingungen heraus Gestalt bezogen und die dann zu einer sinnvoll gegliederten Anlage zusammengefügt werden konnten.

So erhielten Klassenräume ihren Grundriß aus ihren Bedingungen, aus ihrer Situation, aus ihren Beziehungen zu anderen Teilen der Anlage hin. Polygonale, vielfältige Räume entstanden, die nicht einfach nur schiefwinklig sind, deren Umgrenzungen vielmehr aus ihrem Zweck und aus ihrer Situation heraus abgeleitet wurden, die sich zu Gruppen zusammenschließen und die über ihre Vorräume mit der die ganze Anlage durchdringenden Halle verbunden sind.

Wenn wir fragen: Wie will der Raum, wie will dieser Bereich von sich aus werden? Und, von der anderen Seite kommend, fragen: Was soll das Gemeinsame sein, auf was müssen wir bestehen, auf was kann verzichtet, auf was kann nicht verzichtet werden? Dann können auch größere Aufgaben eine Gestalt erhalten, in der die Glieder des Ganzen und das Ganze ihrem Sinn nach erkennbar und architektonisch räumlich erlebbar werden.

The sheer size of large organizations, and likewise large buildings, is problematic: it affects their design, their construction and their function. Considerations that have little in common with the actual intention often intrude, unwanted and often unnoticed. The larger a building is, and the faster it is built, the more likely it is that organizational and technical problems will predominate.

With such buildings one is tempted to "stack" rooms that resemble one another, and to make extensive use of identical elements. And then it is all too easy to overlook the fact that bigness is a problem in itself, that there is much we ought to do to superimpose quality on this purely quantitative problem; and that we should prevent problems caused by quantity from dictating form.

This was the case with the Josef Effner Grammar School. Had it been designed as a compact building it would have been too big even in itself, and especially in comparison with the buildings around it. The complex had to be divided into smaller units, the designs of which derived from their own requirements, and which could then be combined to form a logically arranged complex.

Thus, the plans of classrooms were based on the conditions governing them, on their location and their relationships with other parts of the building. The complex polygonal spaces which were created are not merely rooms with oblique angles; rather, their boundaries were derived from their purpose and their position. They combine to form groups, linked by their anterooms to the hall which extends throughout the building.

When we ask "in what direction does this room, this area tend of its own accord?" and, approaching the problem from a different angle, "what should the rooms have in common, what must we insist on, what can we forgo, and what is indispensable?" then larger projects also can be endowed with a form in which the elements of the whole, and the meaning of the whole, can become recognizable, and we can experience them as architectural space.

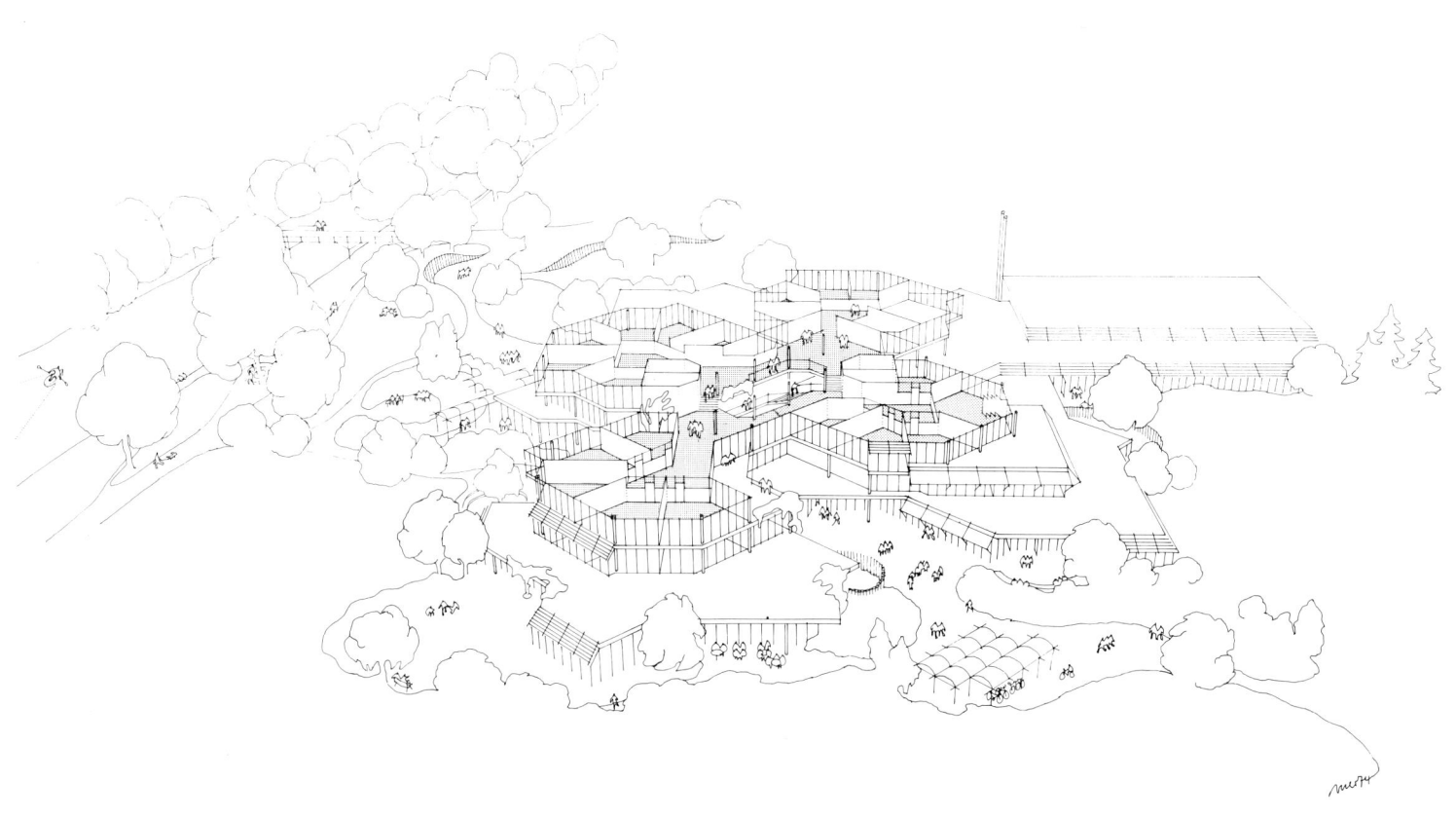

Josef-Effner-Gymnasium in Dachau · 1977   Josef Effner Grammar School, Dachau

Die Werte Stuttgarts als Stadt zwischen ›Wald und Reben‹ wurden in den letzten 30 Jahren stark reduziert.

So gleichen die großen Straßen, die ehemals vielen Anforderungen genügten, eher Bahnlinien. Gleiskörper der Straßenbahn haben die Fahrbahnen verdrängt, diese die Bäume und die Fußwege: Verkehrsstrassen anstelle von Straßenräumen.

Vor ca. zehn Jahren sollten Königstraße und Schloßplatz neu gestaltet werden. Die Königstraße, die wichtigste Straße der Innenstadt, war vom Verkehr blockiert, und der Schloßplatz, der zentrale Platz der Stadt, sollte im Zusammenhang mit dem Schloß und mit dem den Schloßplatz berührenden Teil der Königstraße ›aufgefrischt‹ werden.

Dabei wurde der Schloßplatz nicht prinzipiell verändert. Einige Randbereiche hatten sich geändert. Darauf mußte der neue Platz antworten. Im übrigen ging es darum, die alten verbrauchten Teile zu erneuern. Dem Neuen Schloß wurden im Laufe der Zeit an zwei Seiten wichtige Vorbereiche abgeschnitten. Um so größere Bedeutung kommt dem ›Bürgerplatz‹ Schloßplatz als Bindeglied zwischen Stadt und Schloß zu.

Die hervorragenden Merkmale der Königstraße sind in ihrer für die Innenstadt Stuttgart ungewöhnlichen Länge zu sehen und in der Tatsache, daß diese Straße genau in ihrer halben Länge im Schloßplatz ihren Schwerpunkt hat. Es gibt eine untere und eine obere Königstraße.

Wir haben die charakteristische Länge der Straße betont durch Baumalleen, längsgerichtete Fußbodenmuster etc.

In der Querrichtung finden wir an den Gebäuden die dem Handel vorbehaltenen Zonen, in der Mitte der Straße eher Ruhebereiche. Durchgehender Fußbodenbelag, Bäume, spezielle Beleuchtung, Plastiken und Brunnen. Das andere haben die Geschäfte gebracht, denen in dieser Einkaufsstraße reichlich Platz eingeräumt wurde.

Auch die Neugestaltung von Königstraße und Schloßplatz hat dazu geführt, daß das Zentrum von Stuttgart heute auch außerhalb der Öffnungszeiten der Geschäfte von den Bewohnern Stuttgarts aufgesucht wird.

In the last thirty years Stuttgart's qualities as a "city between forest and vines" have been severely eroded.

As a result, the major streets in the city, which used to serve many purposes, are now more like railway lines. Roadways have had to make way for tram tracks, and trees and pavements have had to make way for the roads: traffic thoroughfares instead of street spaces.

About ten years ago it was decided to redesign Königstrasse and Schlossplatz. Königstrasse, the most important street in the city centre, was closed to traffic, and Schlossplatz, the city's central square, was to be given a "facelift" together with the Schlosshof (Castle Courtyard) and the portion of Königstrasse which adjoins Schlossplatz.

However, Schlossplatz – the Palace Square – was left basically unchanged. Some of the areas bordering it.had been changed and the new square had to respond to these changes. Apart from this it was only a question of renewing the old, worn-out parts of the square. In the course of time the Neues Schloss (New Palace) had lost major areas of frontage on two sides. As a result, Schlossplatz, the "citizens' square", becomes all the more important as a link between the city and the palace.

The outstanding features of Königstrasse are that it is unusually long for one of Stuttgart's inner-city streets, and that it has a focal point – Schlossplatz – exactly half-way along it. It is thus divided into lower and upper parts.

We emphasized the street's typical feature – its length – with avenues of trees, pavement patterns running lengthwise etc.

In the transverse direction, the areas reserved for commerce are adjacent to the buildings, while the middle of the street tends to be devoted to rest areas. A continuous paving pattern, trees, special lighting, sculptures and fountains. The rest was provided by the businesses, to which space was allocated in abundance in this shopping street.

The redesigning of Königstrasse and Schlossplatz has also played a part in encouraging Stuttgart's inhabitants to come into the city centre even when the shops are closed.

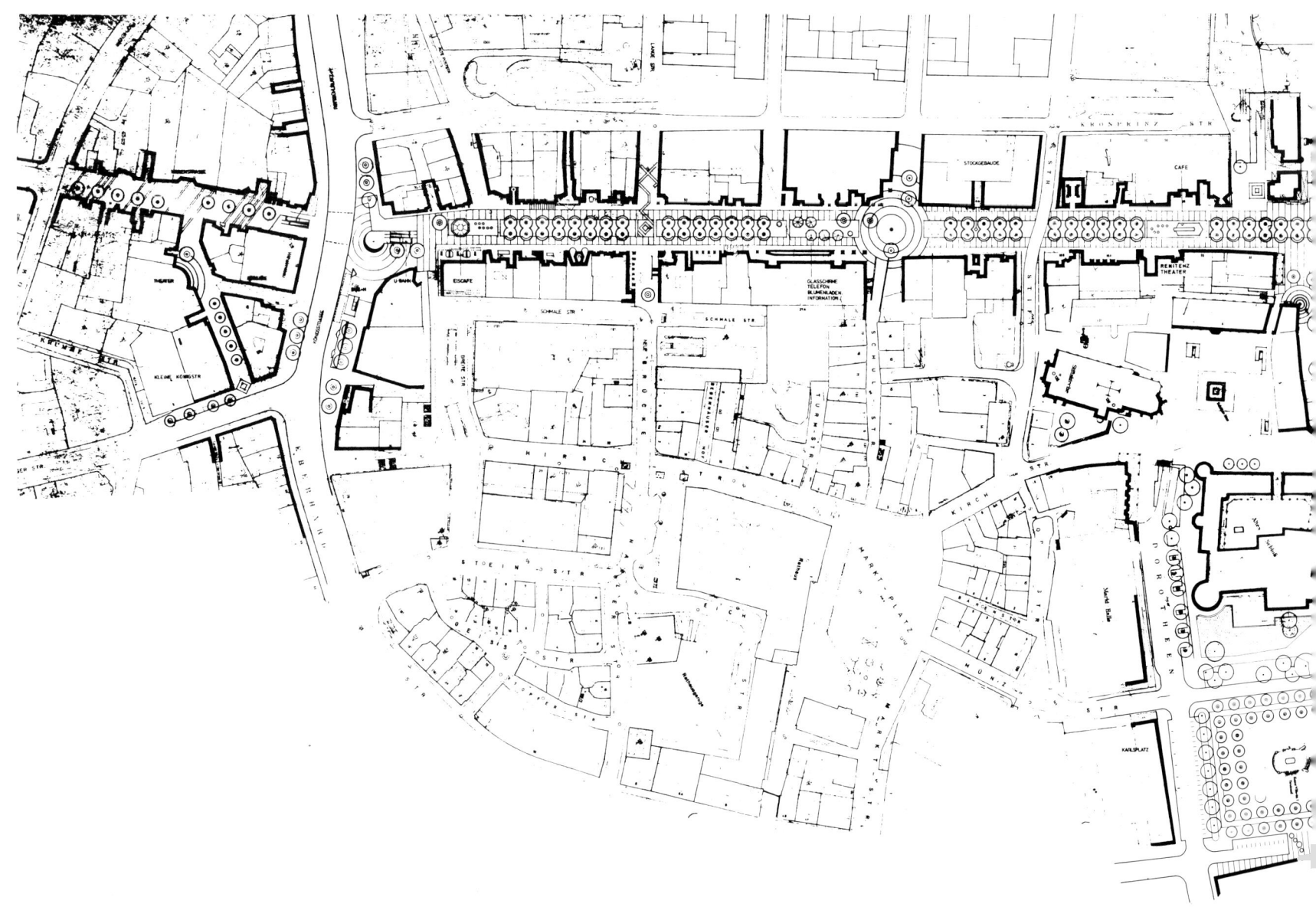

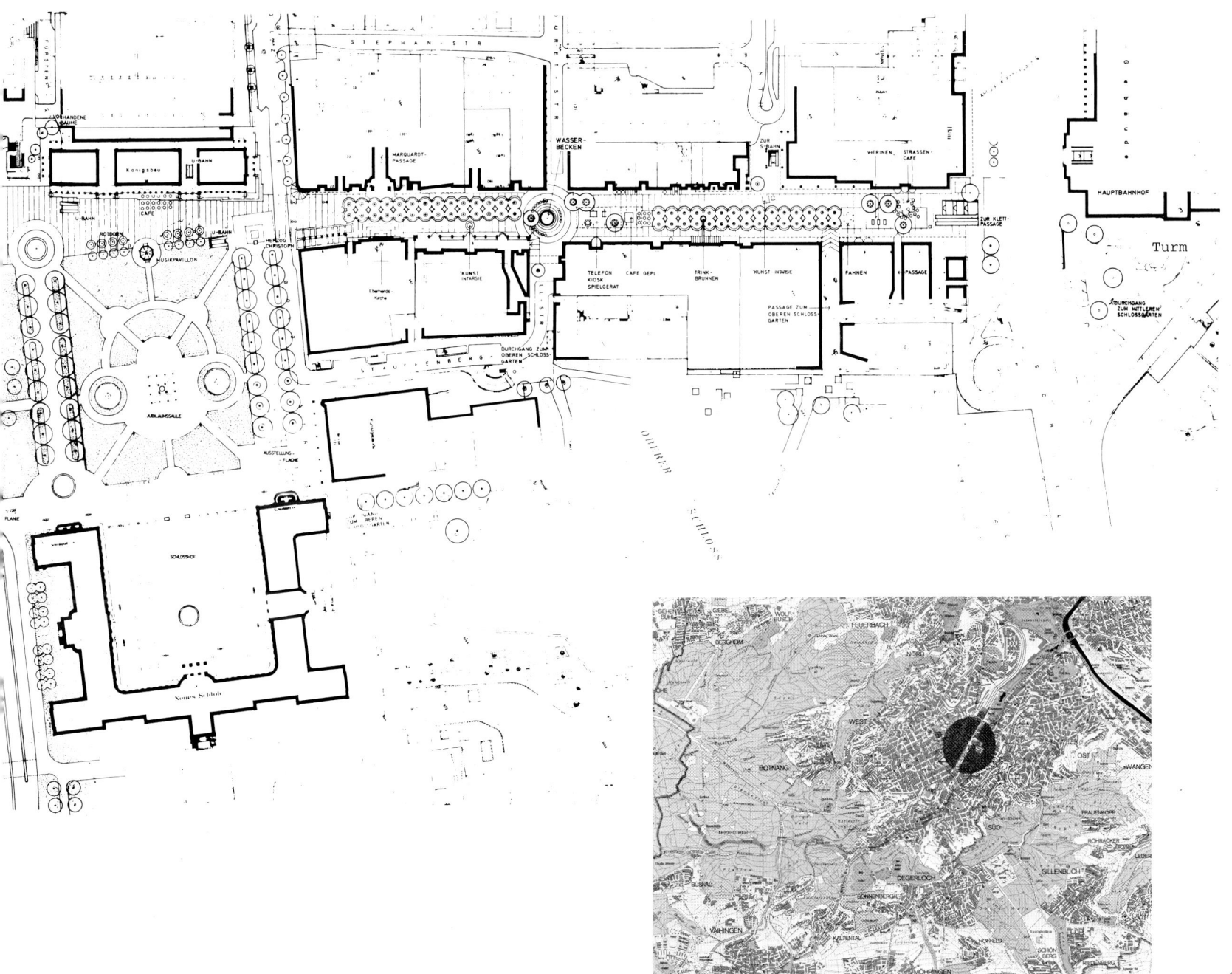

95

Schloßplatz und Königstraße in Stuttgart · 1973–1980
Schlossplatz and Königstrasse, Stuttgart

Einzelnen Aspekten einer Aufgabe können wir uns besonders zuwenden; wir können diese herausheben aus ihrem vom Anlaß her gegebenen Rahmen; wir können diese ästhetisieren. Diese solchermaßen ausgezeichneten Aspekte gewinnen in der architektonischen Gestalt eine besondere Bedeutung. Sie rufen die Frage nach dem Anlaß dieser Auszeichnung hervor.

In den meisten unserer Arbeiten liegen ›hochgearbeitete‹, ›überhöhte‹ Aspekte. Wir meinen, daß solche Ansätze zulässig, darüber hinaus sinnvoll sind. Durch sie werden Positionen und Freiräume markiert.

Wir können uns vorstellen, daß bei manchem Bauwerk die Technik ästhetisiert wird – z.B. bei einer Hängebrücke, daß ein ›symbolisches‹ Bauvorhaben zu einer Großplastik wird – das Goetheanum in Dornach z.B.

Wir können uns auch vorstellen, daß es Planungen gibt, die ausgewogener mit mehreren, weniger extremen Akzenten auskommen, damit differenzierter, weniger monumental sind – Wohngebäude beispielsweise.

Wir können uns jedoch nicht vorstellen, daß alle Aufgaben gleiche Akzente haben könnten, daß also alle Bauten eines Architekten plastisch oder technisch oder historisch usw. akzentuiert sein könnten.

Die Möglichkeiten einer Aufgabe liegen zunächst in der Aufgabe selbst, in ihrer Zeit und in ihrem Ort und dann in unseren Erfahrungen. Während unserer Arbeit an der Aufgabe verändern wir das ›Profil‹ der Aufgabe, indem wir das eine vernachlässigen und uns dem anderen besonders zuwenden, indem wir das eine oder andere ästhetisieren.

Bei der U-Bahnstation unter dem Schloßplatz in Stuttgart wurde von uns der Raum in seinem erlebbaren Volumen und in seinem Charakter in den Vordergrund gerückt, also ›ästhetisiert‹; in der Absicht, einerseits die Situation ›unter der Erde‹ zu bewältigen, und andererseits, mit einem deutlich begrenzten und definierten Raum den übermächtigen Anspruch einer vorgegebenen, von uns nicht mehr zu beeinflussenden Tragkonstruktion zurückzuweisen, zu relativieren.

Diese Konstruktion, die die Lasten der Schloßplatzebene über der Station tief in den Grund abtragen muß, von daher schwer und mächtig ist, bestritt die Bedeutung des architektonischen Raumes. Was war zu tun? Wir haben versucht, diesen Streit zu beeinflussen zugunsten des Raumes; durch zwei Ansätze.

Wir haben einmal alle ohnehin erforderlichen Teile – also Wände, Fußböden, Decken, Licht, Kioske usw. – räumlich und formal zusammengefaßt und zusammen wirken lassen mit dem Ziel, ein quantitativ

We are able to place special emphasis on certain individual aspects of a brief; these we can take from the given framework of a project and we can "aestheticize" them. Aspects that are stressed in this manner assume a special significance in the overall architectural pattern. This poses the question of why they should be highlighted in this way.

In most of our work there are to be found "exalted" or "exaggerated" aspects. In our opinion such approaches are both permissible and eminently justifiable. They delineate architectural status and areas within which there is room for manoeuvre. It is conceivable that in certain buildings, technology may be aestheticized – for example a suspension bridge, or that a "symbolic" architectural project may be converted into a large-scale sculpture – for example the Goetheanum in Dornach.

We can also conceive of designs in which there is a more balanced interplay of several less pronounced accents, so that they have a more differentiated and less monumental character – residential buildings, for example.

However, we find it inconceivable that all briefs should be given the same accents or that all buildings by one architect could be given the same sculptural, technological, geometrical or historical emphasis.

The possibilities of a brief are primarily to be found in the brief itself, in its temporal context and in its location, as well as in our own fund of experience. When working on a brief, we change its "profile" by playing down certain aspects and concentrating particularly on others, by "aestheticizing" one aspect or another.

When planning the underground station beneath the Schlossplatz (Castle Square) in Stuttgart, we attached most importance to the perceptible volume and character of the space available; in other words, this space was "aestheticized." Our purpose was on the one hand to find a satisfactory solution to the "underground" situation and on the other to reject or place in proportion the excessively heavy effect of a predetermined loadbearing structure which we could not alter, by providing a clearly delineated and defined space.

This structure, which was designed to transmit deep into the ground the loads transferred from the Schlossplatz level above the station, and which is therefore heavy and massive, counteracted the importance of the architectural space. What was to be done? We attempted to resolve this conflict in favour of the space by taking two measures. On the one hand we gave all essential elements – walls, floors, ceilings, lighting, kiosks etc., unity in terms of both space and shape, and allowed them to

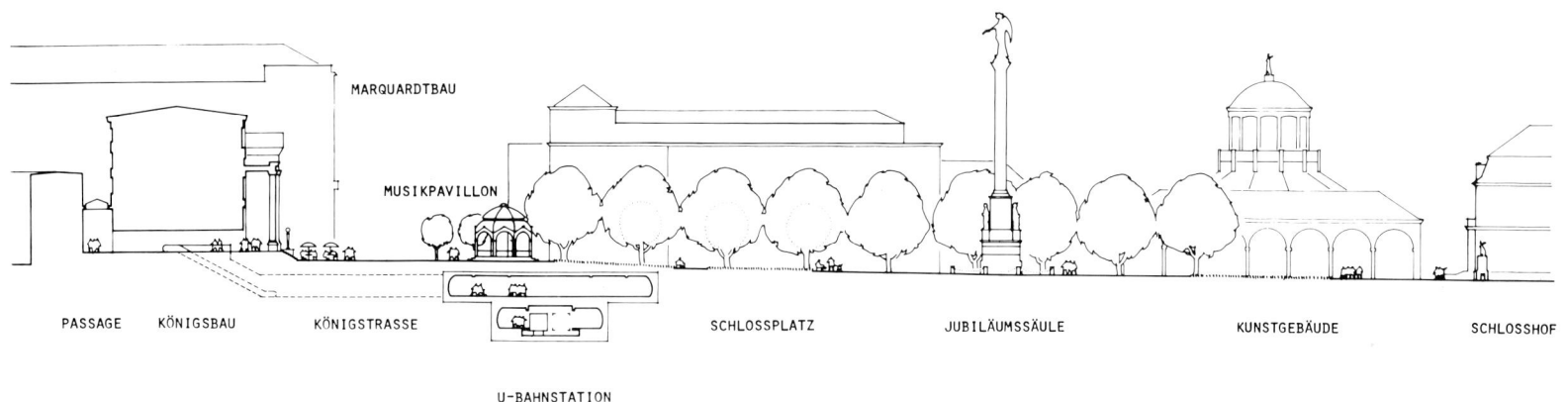

MARQUARDTBAU

MUSIKPAVILLON

PASSAGE   KÖNIGSBAU   KÖNIGSTRASSE   SCHLOSSPLATZ   JUBILÄUMSSÄULE   KUNSTGEBÄUDE   SCHLOSSHOF

U-BAHNSTATION

Schnitt durch den Schloßplatz in Stuttgart

Section through Schlossplatz, Stuttgart

mindestens gleichwichtiges Architekturmaterial den Stützen gegenüberzustellen. Zum anderen haben wir die Betonstützen der unerwünschten
Tragkonstruktion belassen in der Verfassung, in der sie auf uns zukamen,
während wir uns den architektonisch-räumlichen Qualitäten besonders
zugewendet haben.

Das Ergebnis dieses Ansatzes ist nicht zu übersehen:
die Sorgfalt und Zuwendung, die verfeinerten Materialien, die in den
raumbildenden Elementen deponiert wurden, lassen diesen Raum hervor-
treten und überspielen die eigentlich gewaltige, jedoch zurückgestufte
Tragkonstruktion. Zugegeben, das sind die Mittel der Kunst früherer Epo-
chen; Mittel, die z.B. im Barock angewandt wurden, um Räume illusionär
aufzulösen, die man real noch nicht öffnen konnte; Mittel, deren wir uns
auch heute noch bedienen können in ähnlich mißlichen Situationen.

combine to form a counterpoint to the columns, with at least a compar-
able quantitative impact. On the other hand, we retained the design for
the concrete columns, as originally passed on to us, while concentrating
particularly on the architectural/spatial aspects of the project. The result
of this approach can be seen immediately: the care and attention and the
sophisticated materials used in the construction of the hall draw attention
away from the loadbearing structure, whose massiveness is disguised,
highlighting the hall itself. Admittedly, these are the methods used by the
art of earlier periods; methods that were, for example, used during the
Baroque period to give an illusory differentiation to rooms which in reality
could not be opened up; methods of which we can still avail ourselves
today when confronted with similar awkward situations.

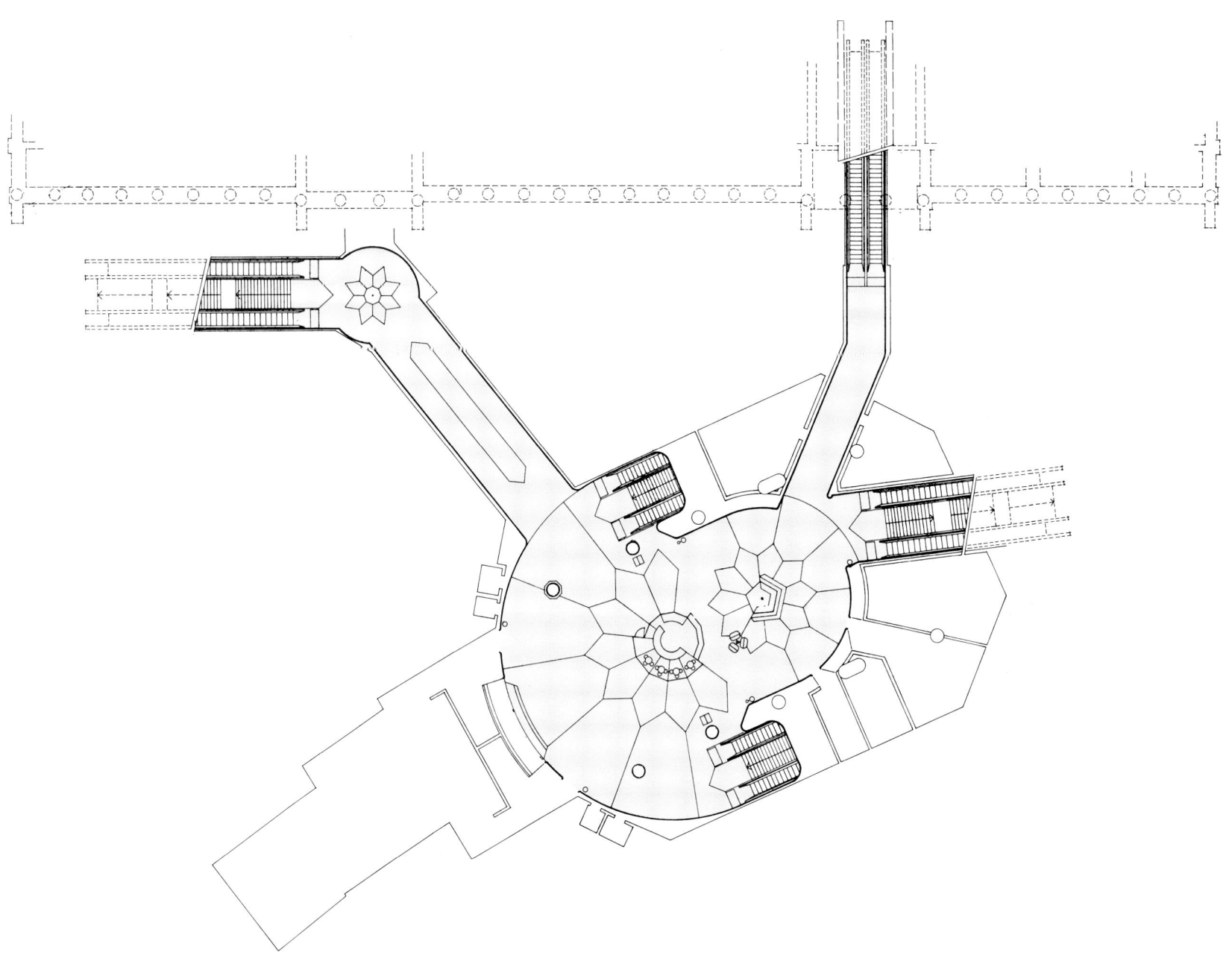

Der Gedanke, daß zu Beginn der Arbeit die Gestalt von Gebäuden und von Freiräumen fixiert wird, erscheint uns absurd.

Was für ein langweiliges, was für ein unwürdiges Arbeiten wäre das: Vielleicht über drei oder vier Jahre hinweg bemühen sich mehrere, die von einem vorgefaßte Form zu realisieren.

Uns scheint es sinnvoller, wenn wir bei unserer Arbeit die Form so spät wie möglich verschließen.

Selbstverständlich: In jeder Stufe müssen wir etwas festschreiben. Aber nur das, was in dieser Stufe festgeschrieben werden muß, und nicht das Ganze. So nähern wir uns Schritt für Schritt der Lösung, lernen dabei möglichst viele Aspekte und Teile der Aufgabe kennen, lösen Stück für Stück und haben zum Schluß die Chance, im fertigen ›Werk‹ viele Aspekte und Teile der Aufgabe in ›einem Stück‹ zu erkennen.

Solche Arbeitsweise setzt voraus, daß alle, die an einer Planung arbeiten, ihre Erkenntnisse einbringen und einbringen können und daß die architektonische Gestalt auch während der Planung noch sich ändern, differenzieren und modifizieren kann.

Gestalt-setzen? Gestalt-finden?

Wir meinen:

Gestalt-suchen oder noch weiter: die Aufgabe suchen.

Dieser Ansatz erlaubt es uns, alle Teile individuell zu sehen. Individualität ist dann zuerst die der Aufgabe, ihrer Funktionen, Teile und Aspekte, ihres Ortes, ihrer Zeit ... und nicht zuerst die des Architekten.

Hier steht eine Stütze bei einer Treppe, einem Fenster oder einer Wand usw., dort steht ein Baum bei einem Hügel, einem Wasser oder einem Weg usw. Jeder Teil steht für sich selbst, benötigt seinen Lebensraum – übernimmt seine Funktion im Ganzen – und hat gleiche Wertmaßstäbe.

Ein vielfältiges, komplexes, funktionales – nicht zuerst formales – System.

The idea that the form of buildings and open spaces should be determined at the beginning of work on a project sseems absurd to us.

What a boring and unworthy way of working this would be! One can imagine a group of several architects spending three or four years striving to put into effect a form predetermined by a single architect.

We find it a more worthwhile approach to determine form at the latest possible stage.

There are naturally certain elements that have to be fixed at each stage. But only those that it is absolutely necessary to fix, and not the whole project. In this way we approach the end-product step by step, become acquainted with as many aspects and elements of the project as possible, work out answers piece by piece, and on completion we are able to recognize the many aspects and separate parts of the brief that have combined to form "a single entity." This approach presupposes that all those involved in the design of a project are willing and able to contribute the knowledge that they have and that the architectural form can still be changed, differentiated and modified during the design stage.

Determining form? Finding form?

We mean:

Looking for form or – to go even farther – seeking out our task.

This approach allows us to look at each part of a project individually. This means the individuality of the project in hand, the functions it must fulfil, its various aspects and components and its time and place ... and not so much the individuality of the architect.

The column happens to stand next to a stairway, a window or a wall etc., or a tree grows close to a hill, a stretch of water or a path etc. Each part is self-sufficient, needs its own lebensraum – assumes its function within the whole and has equal status.

A varied, complex and functional system – outward appearance is not the principal determining factor.

In Stadtzentren sind Neubauten in der Regel durch ›Vorgaben‹ vorbe-stimmt; von außen her durch den Bebauungsplan, von innen her durch den üblichen Zwang, so viel wie möglich Nutzfläche zu gewinnen. Der architektonischen Leistung sind hier enge Grenzen gezogen.

Hin und wieder treffen wir aber auf Situationen, die offener sind; zum Beispiel dann, wenn neue Aufgaben in ältere Zusammenhänge eingefügt werden sollen. Hier ergeben sich Spielräume. Wie nutzen wir diese?

Das letzte wäre es wohl, wenn wir einfach bestehende Formen aus der Umgebung übernehmen würden. Sicher, der notwendige Eingriff würde damit vielleicht verwischt, wie mit einem schmerzstillenden Mittel.

Man könnte aber auch anders vorgehen. Nicht anpassen und nicht konfrontieren im Äußerlichen der Gestalt, sondern suchen danach, in wel-chen Teilen und welchen Aspekten Alt und Neu korrespondieren, wo sie sich entgegenstehen, wo sie beieinander sind.

Vielleicht wird es möglich sein, den Stadtgrundriß zu übernehmen; viel-leicht können wir uns auch in das Erschließungssystem einfügen, ohne die Umgebung belasten zu müssen. Vielleicht können die neuen Funktio-nen einfach neben den alten existieren, so wie in einer Stadt ja vieles nebeneinander existiert.

Die Parzellierung macht Probleme. Rein äußerlich könnten wir die alten Parzellen nachbilden, indem wir z.B. in der Fassade Einzelhäuser nach-ahmen – oder wir holen uns eine adäquate Gliederung aus den Funktio-nen des Gebäudes, aus dem Konstruktionssystem oder vielleicht auch nur aus dem Formalen an sich. Sicher wird dieser Weg der bessere sein.

Die ›alten‹ Materialien können wir in der Regel nicht verwenden: Holz-fachwerk oder Quadermauerwerk sind vorbei. Heute stehen Stahlbeton oder Metalle an. Sollten wir mit Stahl die Formen der alten Holzfachwerke nachahmen? Sinnvoller wäre es doch, wenn wir mit dem Neuen in der gleichen Art und Weise verfahren würden, wie dies mit dem Alten geschehen ist: also ebenso rücksichtsvoll, werkgerecht, redlich, offensicht-lich usw., daß also der ästhetische Wert, der ja Auskunft gibt über die Art und Weise, wie wir mit unserer Welt umgehen, des Neuen dem des Alten ähnelt.

Seinerzeit mußte man sich auf wenige Materialien und Techniken beschränken. Dies ergab weniger spezialisierte Gebäude und weniger spezialisierte Konstruktionen. Vielleicht müßte man heute in solch ›eingeschränktem‹ Kontext auch nicht ›aus dem Vollen wirtschaften‹; vielleicht könnte man sich zurückhalten, so wie Menschen, die im Voll-besitz ihrer Kräfte sind, Älteren gegenüber sich auch etwas zurückhalten.

In city centres new buildings are usually predetermined by preconditions; outwardly by the urban development plan and from within by the usual pressure to extract the maximum amount of usable space. There is little leeway for the practice of architecture.

Every now and again, however, we encounter situations where there is more freedom; for example, when new projects have to be integrated into an older fabric. This gives a certain latitude. How can we take advan-tage of it? It would indeed be a most inadequate approach simply to adopt the existing forms of the surrounding buildings. The necessary constructional intervention would then, of course, be rendered indistinct, rather like administering a pain-killer.

However, there is an alternative. One should neither adapt, nor seek confrontation as far as outward appearance is concerned, but try to find out which elements and aspects of the old and the new correspond with one another, where they are in conflict, and where they are in contact. It may be possible to adopt the existing urban groundplan; perhaps we can integrate our project into the existing development system without plac-ing an undue load on the surroundings. Maybe the new functions can simply exist alongside the old, just as many different elements exist alongside one another in any city. The arrangement of lots causes prob-lems. Purely externally we can copy the original lot configuration by imi-tating individual houses from the façade, for example – or we can derive an appropriate division of the façade from the various functions of the building, from the structural system or perhaps even simply from form itself. This is surely the more worthshile approach.

Normally we cannot use the "traditional" materials: timber frame or ashlar masonry are building materials of the past. We are now in the age of reinforced concrete or metal. Should we use steel to reproduce the shapes of timber framework? It would make more sense if we used the new materials in the same way that traditional materials were used; in other words, with the same consideration, appropriateness, honesty, transparency etc. The eesthetic value of the new would then resemble that of the old; and the aesthetic value of a building reveals our attitude to our environment.

Previously, builders were limited to a small number of materials and techniques. This meant less specialized buildings and less specialized structures. Maybe today in such a "limited" context we should not "pull out all the stops;" maybe one should hold oneself in check like people in their prime who exercise restraint when dealing with the elderly.

Volkshochschule und Bibliotheksgebäude in Reutlingen · 1979
Evening institute and library building in Reutlingen

Schon anhand der wenigen hier angedeuteten Aspekte kann geahnt werden, wie vielfältig und differenziert und damit innig die Beziehungen des Neuen mit dem Alten sein könnten: Vom Übernehmen eines Prinzips reicht die Skala bis zum Gegenüberstellen des Gegenprinzips, ja bis zur Konfrontation.

Die Situation und das daraus abzuleitende Verfahren mag deutlich werden durch das Bild eines Teppichs oder eines Gewebes, vielfarbig, vielfältig, voller verschiedener Muster, schon mehrfach ausgebessert, in dem ein eingerissenes Loch geflickt werden muß. Sicher werden wir gut daran tun, wenn wir hierbei die zerrissenen Fäden aufnehmen, unsere neuen Fäden hinzufügen, vielleicht das Muster weiterführen – im Sinne einer lebendigen Geschichte besser: ein Muster unserer Zeit einweben. Ob dieses Muster klein oder groß, zurückhaltend oder beherrschend sein wird, das wird sich nach der Bedeutung der anstehenden Aufgabe und nach der Bedeutung des Vorhandenen und nach unserer schöpferischen Kraft richten.

The few considerations metioned above are enough to give an inkling of how diverse, differentiated and intimate the interplay between the old and the new can be: this may range from adoption of a principle to contrast or even confrontation with an opposing principle.

The situation and the approach that should be derived from such a situation can be illustrated with the image of a carpet or tapestry with a multitude of colours and scenes, full of different patterns that have been patched up on many previous occasions and that now has a hole in need of repair. We would certainly improve the tapestry by taking up the torn threads, adding new ones and continuing the same pattern but in the sense of a living story, it would be even better to weave in a pattern taken from our own times. Whether this pattern turns out large or small, discreet or dominating depends on the importance of the assignment in hand, on the importance of the existing fabric and on our own creative powers.

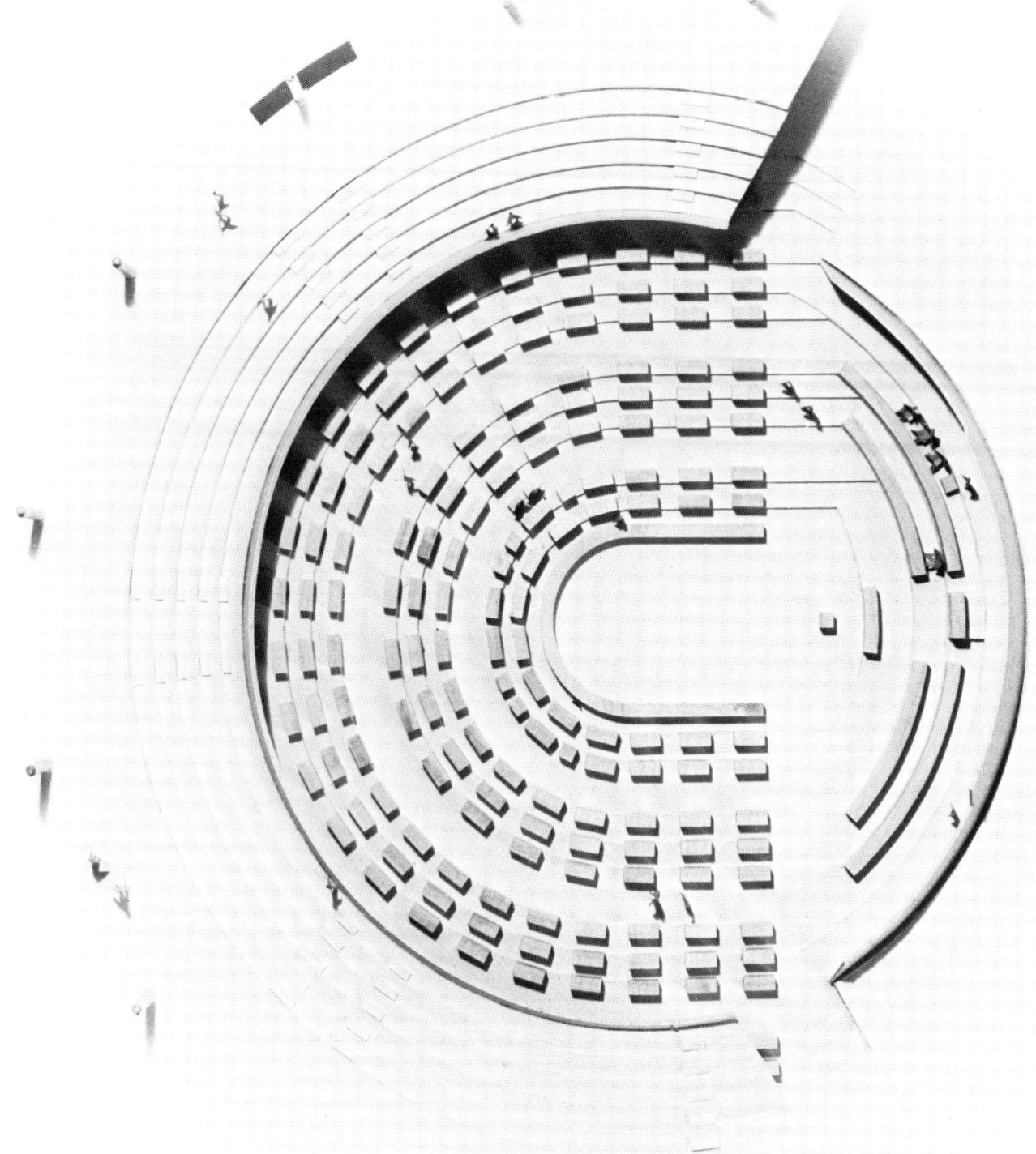

Bundesbauten in Bonn

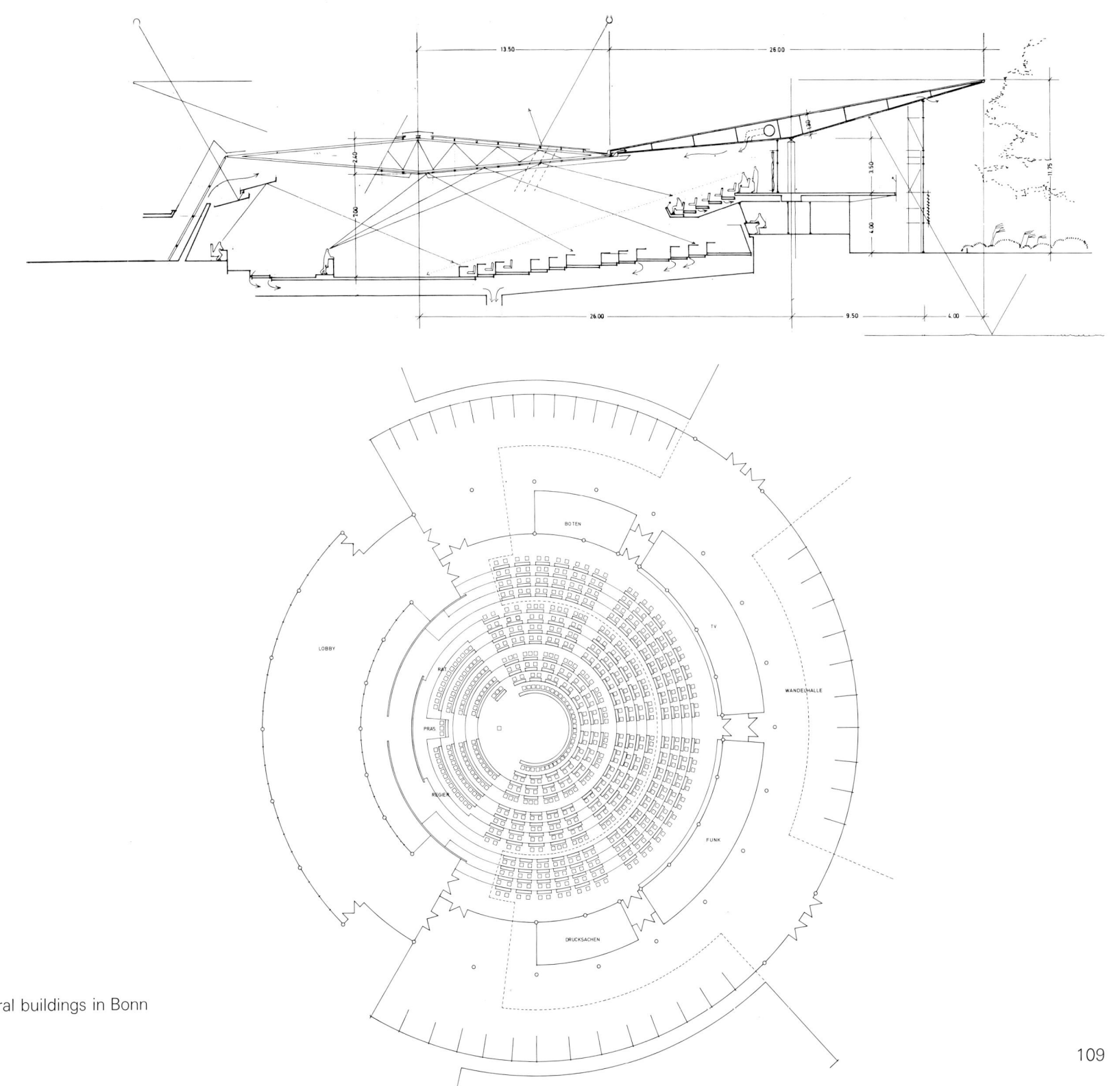

Federal buildings in Bonn

Im Laufe der Jahre hat die Bauherrschaft die Vorgaben für unsere Arbeiten mehrfach geändert. Verschiedene Einflüsse führten dazu, z. B. aus dem Wechsel der öffentlichen Meinung in Folge der Ölkrise und aus dem damit verbundenen Einbruch beim Wachstum der Wirtschaft. Man war mißtrauisch geworden den Großprojekten gegenüber.

Schwankungen in der öffentlichen Meinung wirken sich direkt aus bei solch einem Vorhaben, welches öffentlich betrieben wird, öffentlicher Kritik ausgesetzt ist und öffentlich zu rechtfertigen ist.

Ca. 1976 wurde uns die Aufgabe gestellt, Plenarbereich und Präsidialbereich des Deutschen Bundestages, Bundestagsverwaltung und die Anlagen für den Bundesrat stadtwärts des Abgeordnetenhochhauses zu planen.

In diesem bisher noch relativ offenen Bereich treffen verschiedene, z.T. recht markante Elemente aufeinander: Rheinaue, parkähnliche Gärten, Heuss-Allee, Niederterrasse, Mittelterrasse ... und als Blickbeziehung: gegenüberliegendes Rheinufer, Siebengebirge ...

Die neu zu planenden Anlagen waren in diese Situation einzubinden. Aus Vorhandenem und Neuem mußte ein charakteristischer Akzent in Stadt und Landschaft geschaffen werden.

Der Schwerpunkt des Entwurfes sollte nicht ausschließlich in Gebäuden liegen. Der Bundesplatz sollte das Zentrum sein. Mit diesem Ansatz wurden die Gebäude von der Aufgabe entlastet, die Bedeutung von Ort und Aufgabe alleine repräsentieren zu müssen.

Es war eine Architekturlandschaft geplant, in der die Elemente Rhein, Aue, Siebengebirge, Bundestag, Bundesrat, ›Langer Eugen‹ ... einander in ihrem individuellen Wert akzeptieren, sich ergänzen und steigern.

In the course of time the sponsor modified the terms of reference of our works several times. This was due to a variety of influences, e. g. the shift in public opinion as a result of the oil crisis and the slump in economic growth which it brought about. People had become wary about large-scale projects.

So shifts in public opinion had a direct effect on projects of this kind, which are publicly implemented, subject to public criticism, and which have to be justified to the public.

Around 1976 we were entrusted with the task of designing the plenary and presidential areas of the German Federal Parliament, the parliamentary administration buildings and the buildings for the Federal Council, on the city side of the deputies' building.

In this hitherto relatively open area a number of different, and in some cases quite striking elements come together: the riverside area, the palace, park-like gardens, the boulevard known as Heuss-Allee, the low terrace, the middle terrace ... and, putting the view into perspective, the opposite bank of the Rhine, the Siebengebirge mountains...

The new buildings had to be incorporated into this situation. A characteristic feature of the city and the landscape had to be created with existing and new elements.

The design was not supposed to emphasize solely the buildings; the Federal district was to be the focal point. Given this approach, the buildings were relieved of the task of having to represent the importance of the place and the task alone.

An architectural setting was designed in which the elements Rhine, riverside green, mountains, Federal Parliament, Federal Council, "Langer Eugen" (the deputies' building) each accept the individual importance of the other, complementing and enhancing one another.

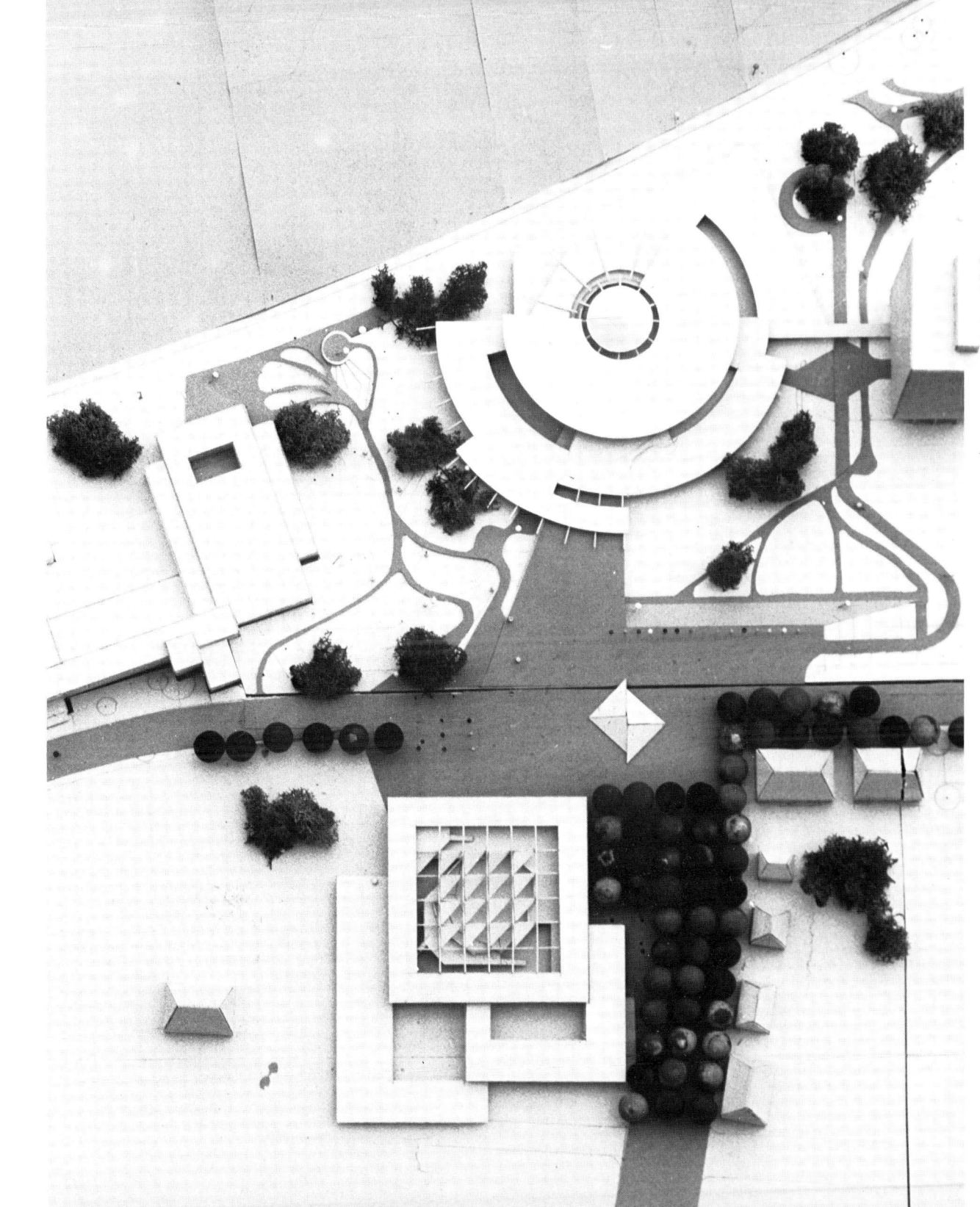

Im Rahmen der Planungen der Stadt Bonn sollte der Bund einen eigenen Schwerpunkt im Gefüge der Stadt schaffen. Die Voraussetzungen hierfür sind günstig. Gebäude und Anlagen wichtiger Institutionen des Bundes liegen am Rhein nahe beieinander: Bundespräsident, Bundestag, Bundesrat, Bundeskanzler und die Vertretungen der Bundesländer.

Die Gebäude dieser Institutionen bilden ein Ensemble, das als sichtbares Bild der Verfassung und ihrer Organe ausgearbeitet werden könnte. Zwei Maßnahmen wären noch erforderlich

– Es müßte eine Mitte geschaffen werden, von der aus das Ganze erfaßbar wäre.
– Der zunächst diffuse Zwischenbereich zwischen der Regierungsallee und den Bauten des Bundestages müßte umgestaltet werden, klarer werden. Dieser Bereich müßte einfach offizieller sein.

Mancher konnte sich einen städtischen Schwerpunkt nur steinern vorstellen, als einen quadratischen Platz z.B. mit Gebäudefassaden an den 4 Platzfronten. Letztlich hat sich die Einsicht durchgesetzt, daß die spezielle Qualität der Stadtlandschaft an Ort und Stelle erhalten bleiben soll und auch in Zukunft die Gestalt des Bereiches mitbestimmen sollte. Gerade diese Situation am Rhein, in der Rheinaue, mit Fernblick auf das Siebengebirge, wird von Besuchern als typisch deutsch empfunden. Warum sollte man dieses Kapital vergeuden?

1978 hatten wir die städtebauliche Situation untersucht und ein Gestaltungskonzept für diesen Bereich entwickelt. Darin hieß es unter anderem:

Das Grün der Rheinaue soll verstärkt und ausgebaut werden. Dieses Grün soll in die Stadt eindringen, nicht umgekehrt der Stein in die Aue.

Grün und Gebautes sollen in einer Architekturlandschaft vereint werden. Als Teile dieser Landschaft sollen sie eigenständige Gestalt gewinnen.

Die ›Grüne Mitte‹, ein weiträumiger, offener Bereich zwischen Bundeskanzleramt und Heuss-Allee wird zum Schwerpunkt dieser Architekturlandschaft und damit des Bundesdistrikts.

Hier werden die bestimmenden Landschaftselemente mit den städtischen Grünformen und den vorhandenen und hinzukommenden Bauwerken verknüpft.

Die ›Grüne Mitte‹ gehört der Öffentlichkeit als Freiraum für Begegnungen, Meinungsaustausch und Kundgebungen, in direkter Nachbarschaft zu den obersten Organen unseres Staates. Der halbkreisförmig gebogene Fahrweg legt sich um diese ›Grüne Mitte‹. Er erschließt die angelagerten Bauten und Bereiche.

Within the context of urban planning for the City of Bonn, the Federal authorities were to create a focal point of their own. Local conditions lend themselves well to this purpose. Buildings and premises of important Federal institutions stand close to one another along the Rhine: the President's offices, the Federal Parliament, the Chancellery and the missions of the Federal states, the Länder.

The buildings in these institutions form an ensemble which could be developed as a concrete image of the constitution and its organs. Two things would have to be done:

– a centre would have to be created from which the whole could be comprehended;
– the intermediate area between the Government Boulevard, the Regierungsallee, and the Federal Parliament buildings, which at first appears ill-defined, would have to be redesigned, to become clearer. In simple terms, this area should become more "official".

Some people could only imagine an urban focal point in stone, as a plaza for example, with building façades on its four inward-facing sides. But finally it was understood that the special quality of the local urban landscape had to be preserved, and that it should also be instrumental in determining the appearance of the area in the future. This situation on the Rhine, in the riverside park setting, with the view of the Siebengebirge mountains in the distance, is felt especially by visitors to be typically German. Why squander such capital?

In 1978 we had made a study of the urban setting and developed a design concept for this area, which included the following considerations:

The green of the riverside park should be emphasized and extended. It was this green that should penetrate into the city, and not the stone that should extend into the meadow.

The green and the buildings should be united in an architectural landscape. As elements in this landscape they should assume an independent form.

The "Green Centre", a generously-sized, open area between the Chancellery and Heuss-Allee, will become the focal point of this architectural landscape, and thus also of the Federal district.

Here the determinative elements in the landscape will be linked to the urban green areas and the existing and new buildings.

The "Green Centre" belongs to the public, as an open space for meetings, forums and rallies, in the immediate proximity of the supreme

So wird es möglich, die Bedeutung der einzelnen Gebäude und Bereiche, ihr unterschiedliches Gewicht, aber auch ihre Zusammengehörigkeit zu verdeutlichen, ohne angestrengte äußere Attribute. Eine mehr oder weniger hervorgehobene Lage am Rhein zeigt die Bedeutung des einzelnen Organs, die gleichwertige Beziehung zur ›Grünen Mitte‹, deren Zusammengehörigkeit.

Uns scheint dieses offene Konzept mit wenig Zwängen sinnvoll für diese Aufgabe. Es entspricht auch eher unserer Gesellschaftsordnung als formal stark bestimmte, zu Ende geführte Lösungen, deren festes Gefüge nur vordergründig das Gefühl von Halt und Sicherheit wecken können.

organs of state. The semicircular road defines the "Green Centre" as well as providing access to the buildings and areas adjoining it.

Thus it will be possible to make clear the importance of the individual buildings and areas, their different significance, though also the fact that they belong together.

We feel that this open concept, which has few constraints, is appropriate. It also has more in common with our social order than solutions in which forms are rigidly defined, followed through to the end, whose fixed structure can only superficially awaken a feeling of stability and security.

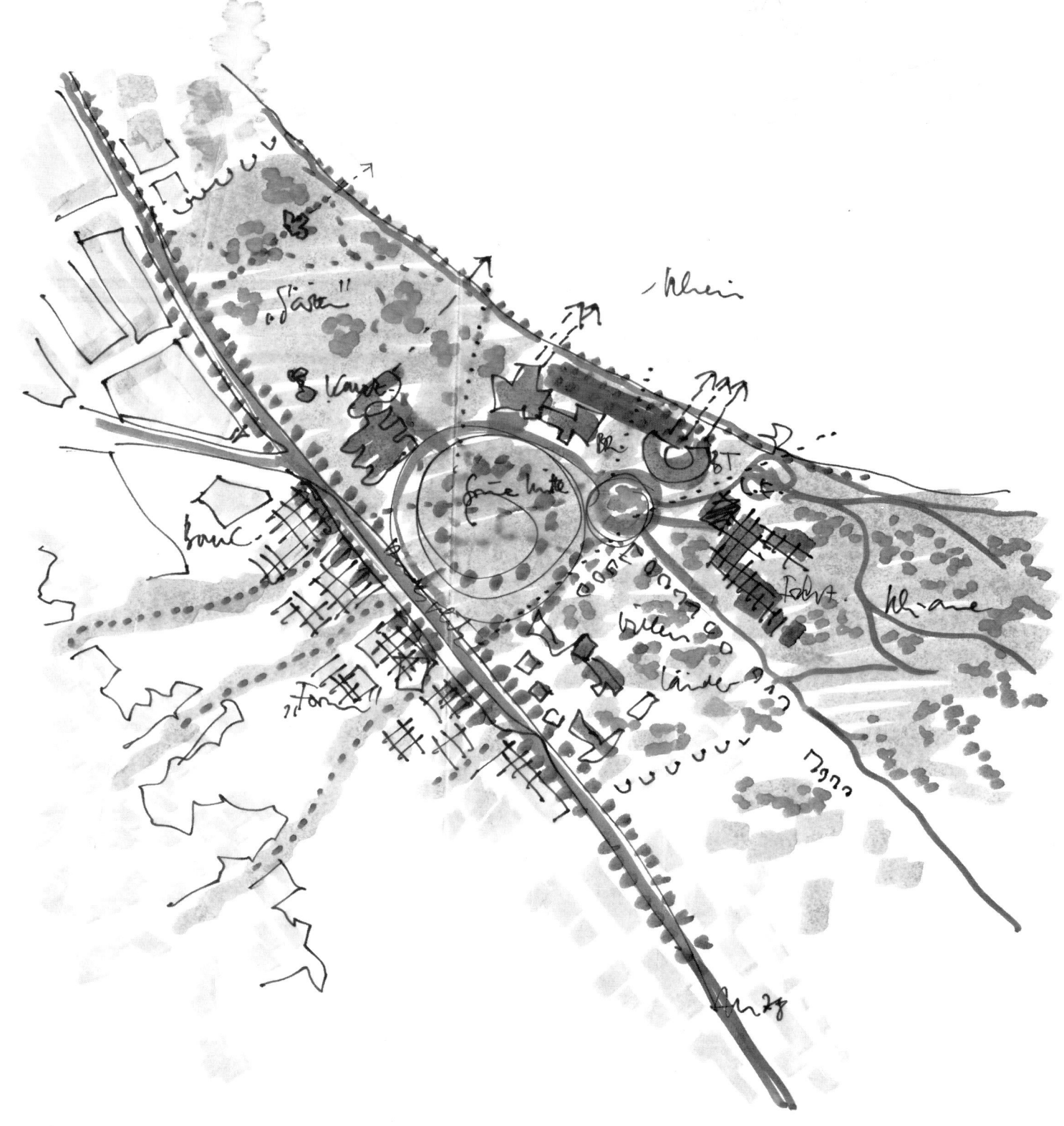

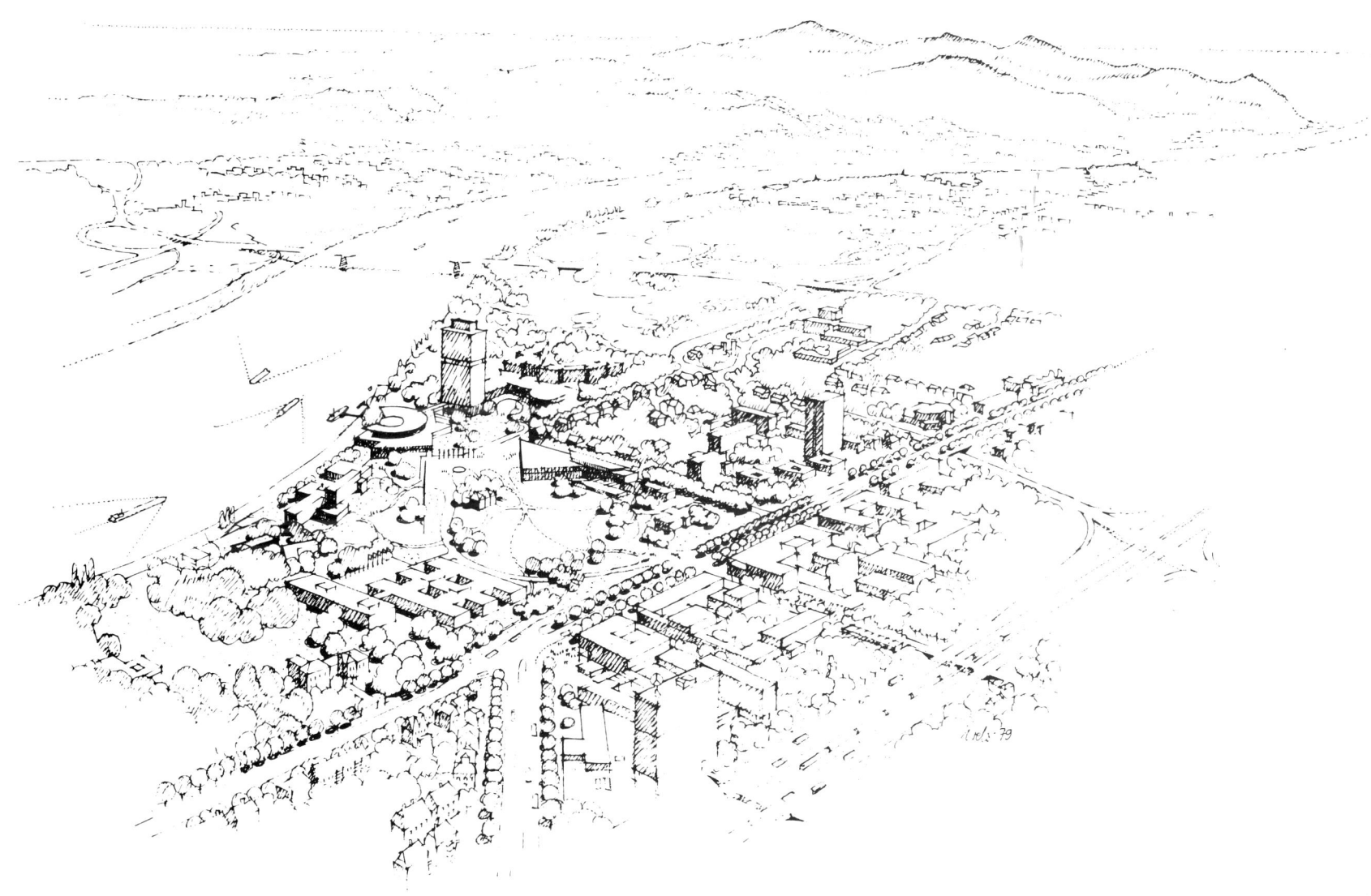

Erweiterung des Schulgebäudes in Alfdorf im Welzheimer Wald · 1980

School Extension in Alfdorf, Welzheimer Wald

In den frühen 60er Jahren haben wir einige Schulgebäude geplant, die dann komplett vorgefertigt wurden, deren Tragwerk, Außenhaut und Innenwände aus Stahlbetonfertigteilen hergestellt waren. Die meisten dieser Gebäude hatten architektonisch-räumliche Qualitäten. Es war jedoch nicht einfach, diesen Qualitäten den ihnen zustehenden hervorragenden Platz einzuräumen gegenüber den Ansprüchen der sich perfekt gebärdenden Vorfertigungstechniken.

Ein Schulgebäude war in diesem Zusammenhang tatsächlich etwas schlecht weggekommen. Und wir empfanden es als ein großes Glück, als wir im Jahre 1978 die Gelegenheit bekamen, dieses Gebäude zu erweitern und zu ergänzen.

So konnten wir einerseits die bis dahin fehlende zentrale Halle planen, ansprechende Innen- und Außenbereiche schaffen, und wir konnten, indem wir uns feingliedriger, weitgehend handwerklicher Techniken bedienten, die Einseitigkeit der alten Anlage aufheben. Der bis dahin stark von der Produktionstechnik bestimmte harte Charakter der Anlage ›rundete‹ sich.

Zum Ernst kam die Heiterkeit, zur Schwere die Leichtigkeit, zum Starken das Schwache, zur Perfektion das eher Zufällige.

In the early 1960s we designed a number of school buildings which were fully prefabricated, whose structure, curtain walls and interior walls were made of precast concrete units. Most of these buildings had architectural-spatial qualities. However, it was not simple to give these qualities the pride of place which they deserved in the face of the demands made by prefabrication methods, which seem so perfect.

One of the school buildings had indeed not been given the treatment it deserved, and we considered it a stroke of luck when, in 1978, we were given a chance to extend and add to this building.

To begin with, we were able to design the central hall, which until that time had been lacking, and create attractive areas both inside and outside the building, using delicate, largely artisanal techniques to correct the imbalance of the original construction. Its hitherto harsh character, largely a result of the construction method, was mollified.

Seriousness was complemented by cheerfulness, heaviness by lightness, strength by weakness, perfection by the coincidental.

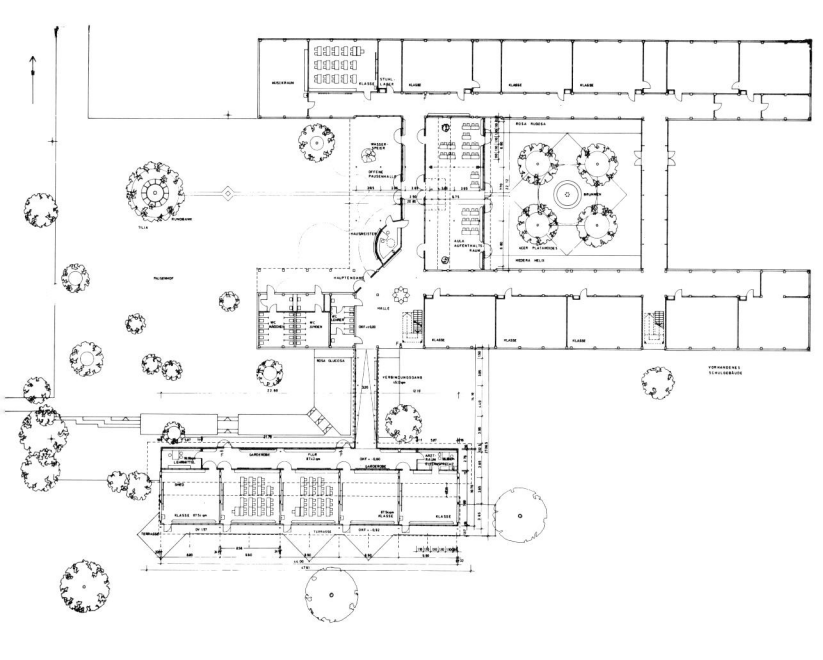

Ende der sechziger Jahre hatten wir die Anlagen für das Friedrich-Schiller-Gymnasium in Marbach geplant. Ende der siebziger Jahre dann sollten wir das Unterrichtsgebäude dieses Gymnasiums erweitern.

Zunächst dachten wir daran, auch beim Erweiterungsbau die gleichen Konstruktionen und Materialien zu nehmen, die wir zehn Jahre zuvor verwendet haben. Es zeigte sich jedoch, daß in diesen vergangenen zehn Jahren Konstruktionen und Techniken sich geändert hatten; und auch die Vorstellungen von der Art, wie ein solchen Gebäude gebaut werden sollte, waren andere geworden.

Leicht hätten wir nun einen Anbau mit neuem, aktuellen Gesicht planen können. Die ›Baugeschichte‹ wäre dabei offensichtlich geworden. Wir meinten dann aber, daß es nicht fair wäre, ein nur zehn Jahre altes Gebäude durch einen aktuellen Anbau zum nicht mehr zeitgemäßen Altbau zu machen. Von diesem Ansatz aus übernahmen wir Architektur- und Konstruktionsprinzipien des älteren Gebäudes in den Neubau, realisierten diese dann jedoch mit neuen Techniken, wobei wir darauf achteten, daß nicht eine Demonstration des ›heutigen Besserwissens‹ entstand.

Neu und nicht ganz so Neu nehmen Rücksicht aufeinander, ohne sich anzubiedern.

At the end of the 1960s we designed the facilities for the Friedrich Schiller Grammar School in Marbach. At the end of the 1970s we were commissioned to extend the school's classroom building.

At first we thought of designing the extension with the same constructions and materials we had used ten years earlier. However, it became clear that in those ten years both constructions and methods had changed. And people's ideas of how a building of this kind should be designed had also evolved.

It would have been easy to design an extension with a new, up-to-date face, which would have made the "history" of the building obvious. Then it occurred to us that it would not be fair to degrade a building that was only ten years old to an old building by adding an up-to-date extension. Adopting this approach, we took over architectural and structural principles from the older building for the new one; but we applied these principles with new methods, taking care, however, that it did not become a demonstration of the "now we know better" attitude.

The new and the not quite so new are considerate towards one another, though without being ingratiating.

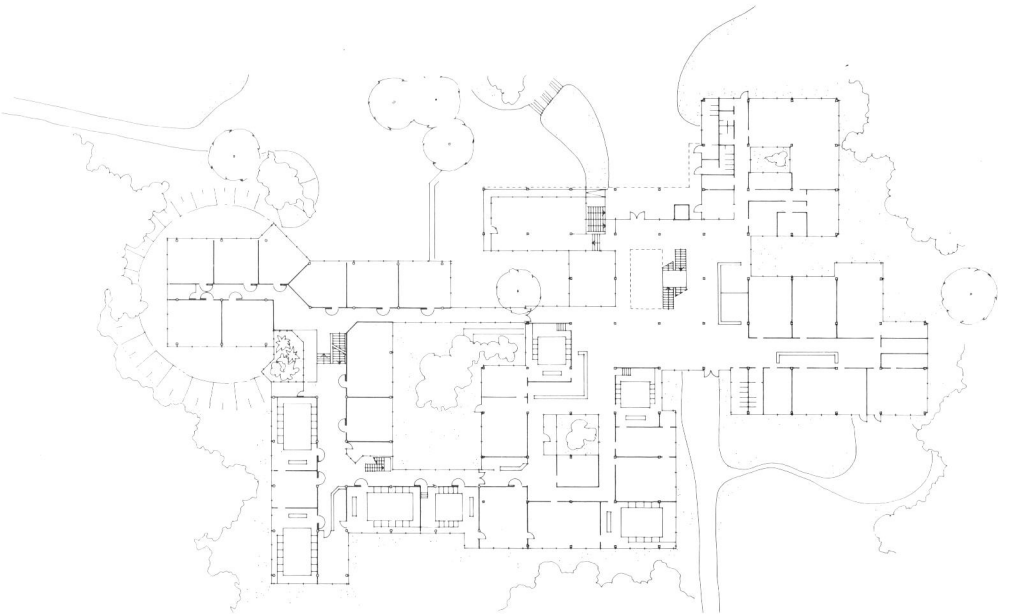

Wir meinen, daß Architektur von der Aufgabe und von Zeit und Ort geprägt sein sollte.

Diese an der speziellen Situation orientierte Architektur hatten wir während der Arbeit für den Olympiapark in München entwickelt. Wir hatten das ›Situationsarchitektur‹ genannt; ein Arbeitstitel, der uns geholfen hat, das Verbindende außerhalb unserer selbst in der Aufgabe, in der Landschaft, in der Situation zu finden und die eigenen Probleme zu relativieren.

Beim Bildungszentrum der Ev. Landeskirche von Württemberg in Stuttgart-Birkach wird das Ergebnis solcher Arbeitsweise besonders deutlich:

Der Ort – am Rande eines zwei- bis dreigeschossigen Wohngebietes, diagonal einem kleinen Platz gegenüber – hat Höhe, Form und Gliederung der Anlage, die Lage ihrer verschiedenen Funktionen im Hause und außerhalb desselben, seine Zugänge, das innere Wegesystem, die Lage und Orientierung ihrer Räume usw. beeinflußt. Auch bezüglich ihres materiellen, konstruktiven und formalen Aufwandes erhebt sich die Anlage nicht über die Situation. Viele Probleme erforderten unsere Aufmerksamkeit. Das führte zu einer weniger eindeutigen, eher differenzierten und diffus sich entwickelnden Gestalt. Beschäftigt hat uns dabei neben vielen anderen Fragen die, wie der Einzelne wohl in einer größeren Gemeinschaft leben und arbeiten kann, ohne die eigene Individualität aufgeben zu müssen und ohne unzumutbare Ansprüche an andere stellen zu müssen. Das Problem: Individuum – Gesellschaft also – ein Problem, welches fast alle unsere Bauten mitprägt.

Vieles ließ sich direkt beantworten: Jeder Bewohner hat *seinen* Raum; einen Raum, der sich von der Lage im Gebäude her, von seinen Beziehungen nach außen und seiner Ausgestaltung von dem des Nachbarn etwas unterscheidet. Einige solcher Räume bilden dann eine Gruppe, der Gruppenräume zugehören, mehrere Gruppen den Wohnbereich. Unterrichtsräume, Verwaltungsräume usw. sind nicht typisiert; sie beziehen vielmehr ihre Qualität aus der Besonderheit ihrer Aufgaben und ihrer Lage. Treppen und Flure verbinden die verschiedenen Räume und Situationen und nehmen Anteil an deren Qualität.

Jeder kann erkennen von innen und außen her die Vielfalt der Personen, der Gruppen, der Situationen und Beziehungen. Jeder kann sich und andere in dieser doch recht großen Anlage finden. Ein Bild von einer Gesellschaft, in der der Einzelne personal gesehen wird und personal Verantworung trägt, die eine Gemeinschaft durch Rücksicht und Anspruch, Gemeinsamkeit und Individualität, durch gemeinsame Werte, nicht aber durch Zwänge bildet.

We believe that the architecture of a building should be moulded by its purpose and its time and place. We developed this situation-oriented architecture during our work on the Olympic Park in Munich. We called it "situational architecture", a working title which has helped us to find the common thread outside ourselves and in the purpose of the project, in the landscape and in the situation, and to put the problems involved into perspective.

The results of this approach can be seen particularly clearly in the Educational Centre of the Württemberg Lutheran Church, built in Stuttgart-Birkach; its location – on the boundary of a two-storey to three-storey residential area, diagonally opposite a small square – influence the height, shape and layout of the building, the position of the different functions inside and outside the building, its points of access, its internal circulation system, and the position and orientation of the rooms etc. Nor is the Centre divorced from its situation as far as materials, structure and form are concerned. We concentrated on many different aspects. This led to the emergence of a pattern that was differentiated and diffuse rather than clear-cut. One of the many problems with which we were occupied was how the individual can live and work within a larger community without having to give up his own individuality or without having to make unreasonable demands on others. The individual and society is a theme that has left its mark on almost all our buildings.

For many aspects it was possible to find a direct architectural solution: everyone living in the building has his own room; a room which differs somewhat from that of his neighbour by its position in the building, its links with outside space and in its decoration. A number of such rooms form a group, to which are attached a number of communal rooms; several groups form a residential area. Classrooms and offices, etc., are not standardized; their character is evolved from the particular purpose and location. Stairways and corridors connect the various rooms and situations and play a part in defining their character.

Everyone is made aware from both the inside and outside of the building, of the diversity of individuals, groups, situations and relationships. Everyone can find himself and his fellows in what is indeed a very large complex. The building provides an image of a society in which the individual is respected and able to assume personal responsibility, a society that forms a community by means of thoughtfulness and high standards, solidarity and individuality and shared values, without resorting to constrictions.

Jeder Teil übernimmt seine Funktion und ist in dieser Funktion erkennbar. Weder stellt der einzelne Teil an das Ganze unangemessene Ansprüche noch das Ganze ans Einzelne, noch werden willkürliche Zwänge ausgeübt.

Ein Raum bleibt ein Raum,
eine Wand bleibt eine Wand,
ein Stuhl ein Stuhl,
das Fenster ist ein Fenster und
der Weg ein Weg,
eine Stufe eine Stufe und
ein Baum ist ein Baum.

Ein Bild kameradschaftlicher Rücksicht und der Freiheit in der Geborgenheit der Gemeinschaft.

Wir meinen, daß im Bildungszentrum der Evangelischen Landeskirche in Stuttgart-Birkach Realität und schöner Schein nahe beieinanderliegen.

Every element assumes its own function and is recognizable in its function. Individual elements do not place excessive demands on the whole and vice versa, nor is the building subject to arbitrary restrictions.

A room remains a room,
a wall remains a wall,
a chair a chair,
the window is a window and
the path is a path,
a step is a step and
a tree is a tree.

An image of consideration for one's fellows and of freedom within the protection of the community.

We believe that in the Educational Centre of the Lutheran Church in Stuttgart-Birkach the claims of reality have achieved a synthesis with attractiveness of appearance.

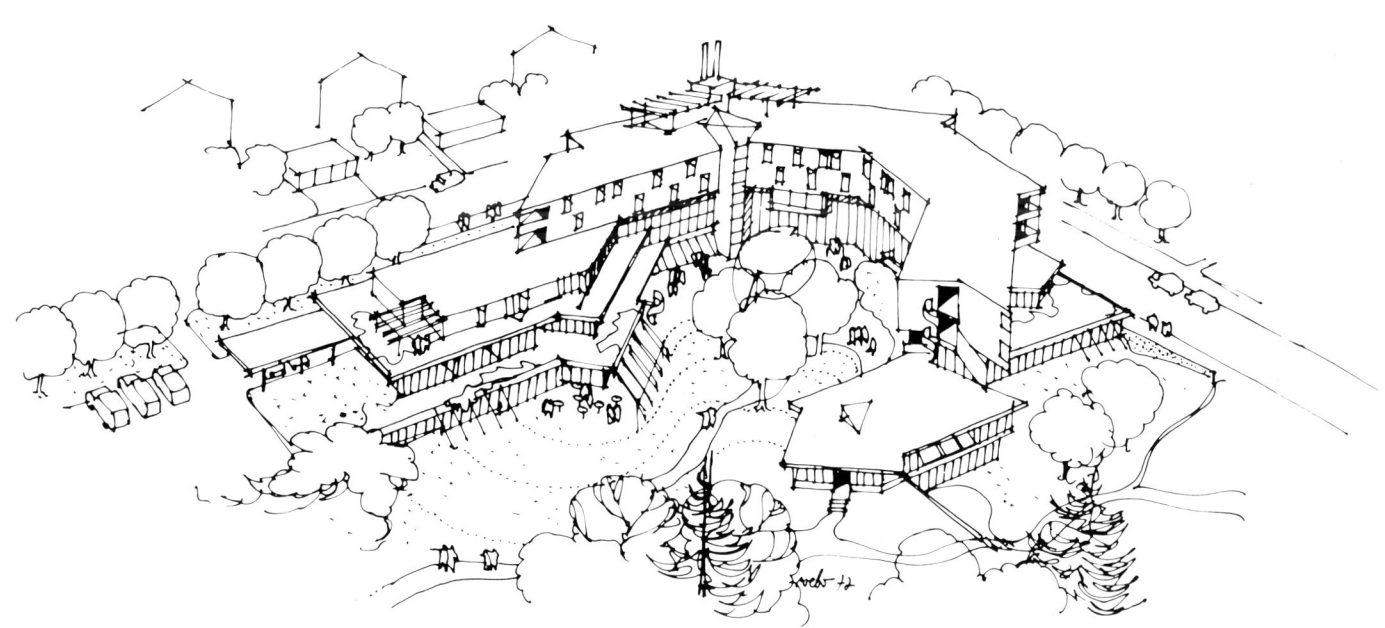

Studienzentrum der Evangelischen Landeskirche von Württemberg in Stuttgart-Birkach · 1980

Study Centre of the Württemberg Lutheran Church, Stuttgart-Birkach

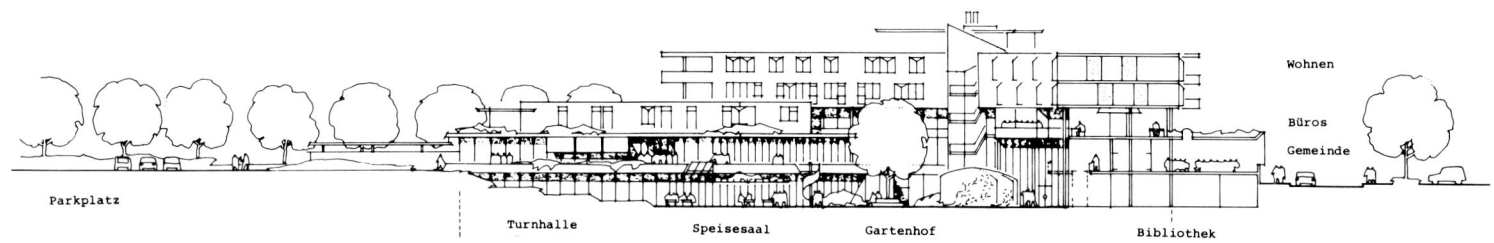

Wohnen

Büros

Gemeinde

Parkplatz

Turnhalle   Speisesaal   Gartenhof   Bibliothek

Die Arbeit am Studienzentrum stand unter vielen Einflüssen. So hatte sich das Raumprogramm während der Planung stark geändert. Ein ehemals komprimierter Entwurf konnte aufgegeben werden. Wir waren froh darüber. Drei Institutionen der Evangelischen Landeskirche und die örtliche Gemeinde wollten sich dort ihr Zuhause schaffen.

Wohnräume, Gruppenräume, Lehrsäle, Bibliothek, Mensa, Freizeiträume, Verwaltungsräume, ein Andachtsraum u.a.m. wurden gefordert. Ein großes Programm.

Das Gebäude sollte – neben den Wohnbauten in dieser Vorstadt – nicht aufgrund seiner Größe dominieren. Es mußte also, schon von der äußeren Situation her, stark gegliedert werden.

Dazu kam, daß die in der Landeskirche praktizierte Art der Arbeit es jedem der an der Planung Beteiligten und von der Planung Betroffenen ermöglichte, mitzusprechen und die Planung zu beeinflussen.

So boten sich ideale Voraussetzungen für eine vielfältige, von Wünschen, Anliegen und Rücksichten gezeichnete Arbeit. Die Anlage hat sich in solchem Prozeß langsam herausgebildet. Dieses Werden kann man an vielen Dingen nachvollziehen. Besonders deutlich am Andachtsraum, der im Laufe der Arbeit Gestalt und Platz im Gesamtgefüge mehrfach wechselte, bis er seine Gestalt und seinen Platz gefunden hat.

In dieser Art ist eine offene, freie Architektur entstanden, bei der jedes Ding für sich und für seinen Platz im Gesamten steht.

The work on the Study Centre was influenced by many factors. For example, the space utilization programme was greatly modified while design work was in progress. An earlier, more compact design was discarded, and we were glad of it. Three institutions of the Württemberg Lutheran Church as well as the local congregation wanted to make their home there.

The requirement was for residential rooms, group rooms, classrooms, a library, a refectory, common rooms, offices, a chapel etc. The list was long.

However, it was important that the building should not appear out of place because of its size, dominating the residential development in the area. The environment demanded that it should be extremely modular.

Another factor was that the working methods of the Württemberg Church made it possible for everyone involved in design work and affected by it to have his or her say and influence the design.

These were ideal conditions for work which was not only many-facetted, but also characterized by wishes, concerns and considerations. The complex gradually took shape as a result of this process: a development that is reflected in many things. It is especially obvious in the chapel, whose form and place changed several times in the course of our work, until the right form and the right place were found.

It was thus that an open, free form of architecture was created, in which each thing stands for itself and for its place in the whole.

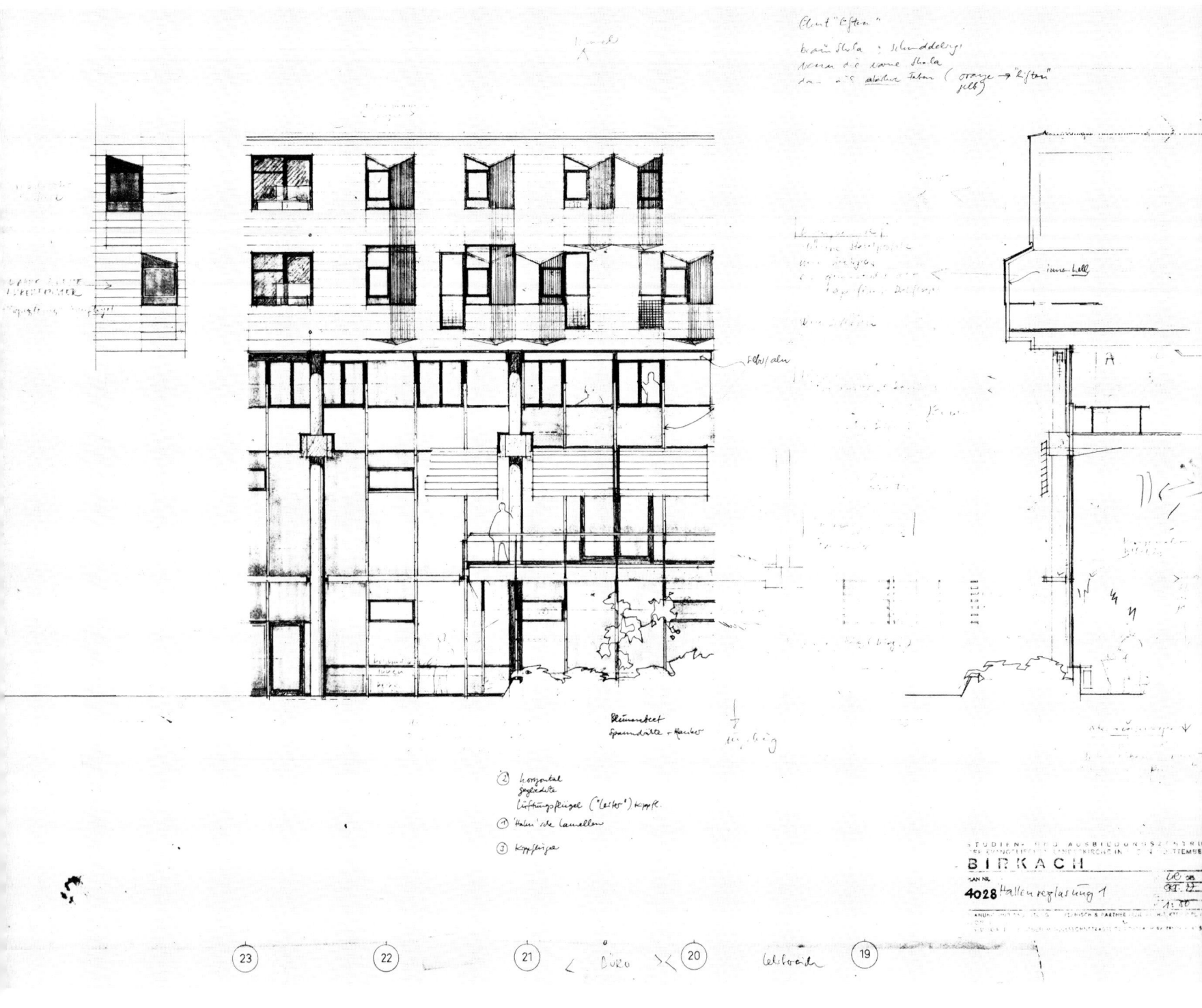

1967 hatten wir vorgeschlagen, die Station der zur damaligen Zeit geplanten U-Bahn nahe bei Stadion, Sporthalle und Schwimmhalle zu plazieren.

Die Planung der U-Bahn war abgeschlossen und wurde nicht mehr geändert. Die Station liegt heute ca. 600 m nördlich der Sportstätten. Dies ist für Besucher bei schlechtem Wetter abschreckend. Die Hauptsaison beider Hallen liegt in der kühlen und kalten Jahreszeit.

Ein Rollsteig wurde geplant, eine über der Landschaft liegende Verbindung, zwei Rollbänder und zwei Gehwege sind vorgesehen, geschützt vor Regen und Wind.

In 1967 we suggested that the station on the underground railway which was being planned at that time should be located near the stadium, the sports arena and the indoor swimming pool. The plans for the underground were completed and no changes were made to them, with the result that the station is some 600 metres north of the sports facilities. When the weather is bad this discourages visitors. Yet it is during the cool and cold months of the year that the two halls are most frequently in use.

A moving pavement was planned, linking the station and the sports facilities above ground level, with two conveyors and two pavements protected from the elements.

Der Rollsteig als technisches ›Gerät‹ im Kontrast zur Landschaft des Olympiaparks.

The moving footpath as a technical "apparatus" contrasting with the landscape of the Olympic Park.

See   Schwimmhalle   Sporthalle   Olympiaturm   Spiridon-Louis-Ring   U-Bahn

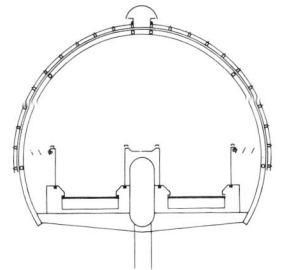
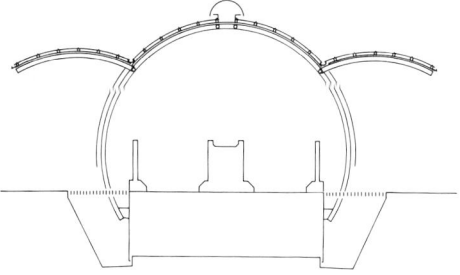
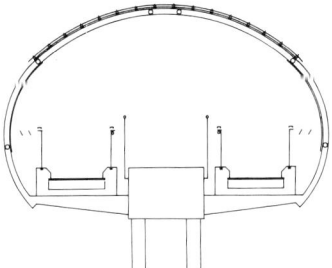
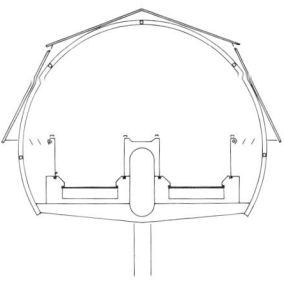

Regelquerschnitt Alternative A, aufgeständert mit zwei gegenläufigen Fahrsteigen; Wetterhülle Acrylglas.

Standard section, Alternative A; elevated and with two belts moving in opposite directions. Protective covering of acrylic glass.

Zwischenstation Alternative A, sinngemäß auch für Alternative B gültig.

Intermediate station for Alternative A; principle also applicable to Alternative B.

Regelquerschnitt Alternative B, aufgeständert mit zwei gegenläufigen Fahrsteigen; Wetterhülle oben Acrylglas, seitlich Sicherheitsglas.

Standard section, Alternative B; elevated and with two belts moving in opposite directions. Protective covering of acrylic glass at top, safety glass at sides.

Variante Regelquerschnitt A, Wetterhülle Sicherheitsglas.

Variant of standard cross-section A, with protective covering of safety glass.

Wir neigen dazu, mehr und andere Ordnungen in der Welt zu sehen als wohl vorhanden sind; und bedauerlicherweise scheinen wir auch noch davon besessen zu sein, solche Un-Ordnungen realisieren zu müssen.

Leider neigen wir auch dazu, die Ordnung eines x-beliebigen Aspektes allen anderen Aspekten überzuordnen und damit alles dem einen unterzuordnen. Denken wir nur an die geometrischen, technischen, formalistischen und anderen Ordnungen, von denen ein beträchtlicher Teil der akademischen Architektur besetzt ist, oder die technokratisch-administrativen Ordnungen der Staats- oder Konzernarchitektur unserer Zeit.

Bei solchen Planungen wird ein einziger Aspekt in den Mittelpunkt gestellt; seine Ordnung wird entwickelt und allem anderen vorgeordnet. Diese eine, oft bis zur Perfektion getriebene, meistens jedoch recht unwichtige Teilordnung gibt sich vollkommen, proklamiert ihre Teilwahrheit, beansprucht im Recht zu sein und setzt andere damit ins Unrecht.

Das dürfte doch niemanden zufriedenstellen. Architektur widerspiegelt uns, unsere Arbeit, unsere Sicht von der Welt. Sollten solche Einseitigkeiten alles sein, was wir von der Welt sehen, was wir anderen und Nachfolgenden von unserer Welt hinterlassen können? Sind wir mit unseren fortwährend wechselnden fixen Ideen wirklich so wichtig, daß wir diese überall deponieren müssen?

Die aus nur einem Aspekt abgeleiteten Ordnungen schneiden Möglichkeiten zur Entwicklung einer individuellen, vielfältigen Lösung ab. Sie unterdrücken die der Aufgabe innewohnende ursprüngliche Kraft, die in der scheinbaren Unordnung, dem Chaos, am wirksamsten ist.

Es müßte uns gelingen, das Chaos handhabbar zu machen; oder doch wenigstens: etwas von seiner Kraft und der ihm innewohnenden Ordnung zu erhalten.

We have a tendency to see more and different systems of order in the world than in fact exist; and unfortunately we still seem obsessed by the idea of having to recreate such dis-order.

We also have the unfortunate tendency to select one aspect at random and superordinate it to all other aspects, thus subordinating everything else to this one system of order. We only have to look at the geometrical, technical, formalistic and other types of order that dominate much of academic architecture, or the technocratic-administrative order that today permeates government or company architecture. In such designs only one aspect is highlighted: the inherent order is furthered, developed, and given priority over all other aspects. This partial order that is often taken to perfection, but which is usually downright insignificant, pretends to be perfect, proclaims its partial truth and claims to be right, thus implying that all other types of order are wrong.

This, surely, can satisfy nobody. Architecture is a reflection of ourselves, our work, our view of the world. Should such one-sidedness represent all that we see of the world and be our only legacy to future generations? Are our constantly changing fixed ideas really so important that we have to leave traces of them at every possible opportunity?

States of order derived from one aspect alone stifle any possibility for the development of an individual and differentiated response. They suppress the original strength which is inherent in the brief and at its most effective in apparent disorder, in chaos. We must succeed in dealing with chaos itself; or at least in tapping something of its power and its inner order.

Die August-Kayser-Stiftung hat ihr Altenheim erweitert. Den auf einem steilen Nordhang über Pforzheim stehenden beiden Baukörpern ist ein Gebäude für ein Pflegeheim angefügt worden. Zunächst war das ein betriebstechnisches Problem. Die drei Baukörper mußten eng verbunden werden. Es entstand ein Knotenpunkt, in dem die vertikalen und horizontalen Versorgungs- und Verbindungswege liegen.

Zum anderen waren da architektonische Probleme:

Drei Bauten aus verschiedenen Zeiten; der charakteristische, Schwierigkeiten verursachende Steilhang; der besondere Panoramablick über Pforzheim und die Frage: können wir mit Architektur das Problem Altenheim wenigstens verkleinern?

Wir meinten, daß es in dieser Situation richtig sei, den beiden bestehenden, ihre Zeit repräsentierenden Baukörpern einen solchen aus unserer Zeit hinzuzufügen. Also: keine Anpassungsarchitektur.

Dieser neue Baukörper gerät in den steilen Teil des Hanges unterhalb des Hauptgebäudes. Er fügt sich in den Geländeverlauf ein, bildet nach oben, nach Süden hin, einen Sonnenhof und deckt nach unten, nach Norden hin, Vorfahrt und Straße ab, läßt jedoch den charakteristischen Ausblick frei über Stadt, Fluß und Landschaft. Wir versuchten, in der Planung so viel Zuwendung und Sorgfalt wie möglich zu deponieren.

The August Kayser Foundation has had an addition built to its old people's home. A nursing home has been added to the two existing buildings situated on a steep north-facing slope above Pforzheim. The first problem to be tackled concerned the future functioning of the complex. The three buildings had to be closely linked with one another. The result was a point of intersection, housing the vertical and horizontal service and traffic routes.

There were also architectural problems.

Three buildings from different periods; the steep slope that presented problems of its own; the outstanding panoramic view over Pforzheim, and the question whether we could at least mitigate the problems of an old people's home by architectural means.

We believe that in this situation it was right to add a building representing our own era to the two other buildings, each representing its own period. In other words, adaptation to the existing architecture was out of the question.

The new building was sited on the steep part of the slope below the main building. It was adapted to the lie of the land, forming a sunny courtyard facing upward to the south, while masking the driveway and road to the north, though without obscuring the view of the town, the river and the countryside. We tried to invest as much empathy and care as possible in the design.

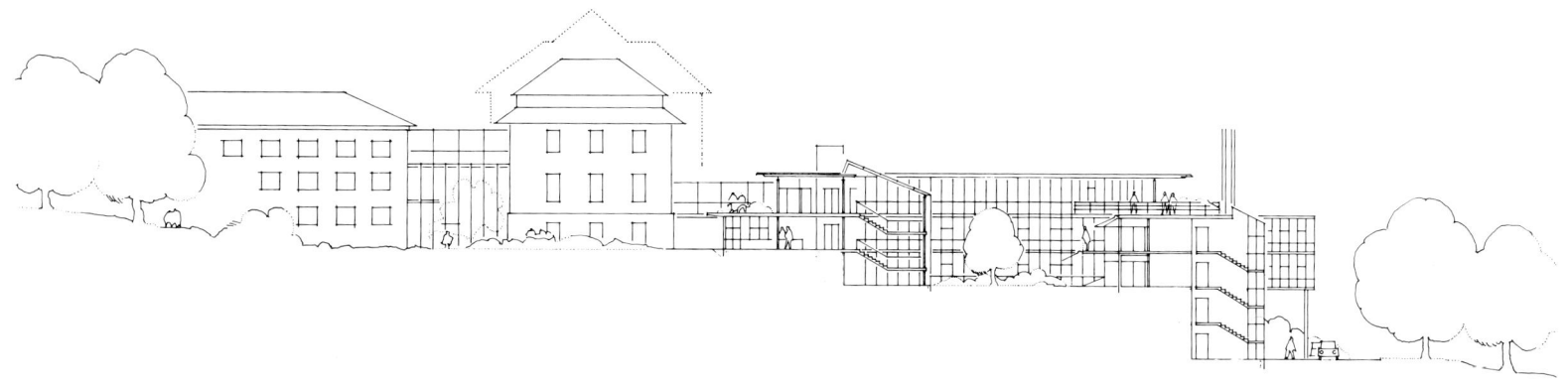

AUGUST-KAYSER-STIFTUNG PFORZHEIM

Alten- und Altenpflegeheim

Es scheint, als seien Größe – quantitative Größe – und Macht zwei der Hauptübel. Macht macht unsensibel und hart, Größe muß organisiert werden.

Große Gebäude sind von Übel – für die drinnen und für die draußen.

Wir denken dabei an Großkliniken, Großschulen usw.; hier werden Kräfte verbraucht alleine damit, die Größe selbst zu organisieren. Die Teile der Aufgabe verlieren dabei ihre Individualität, werden systematisiert zu Planungselementen.

So entstehen Transport- und Verkehrssysteme, Nutz- und Funktionsflächen, Naßkerne, Breit- und Bandraster und was nicht alles weiter.

Fast von allein kommt man dann dazu – nur um die Planung handhabbar zu machen –, auch die einzelnen Räume, Konstruktionselemente und Einrichtungen zu typisieren. Das führt zu Konstruktionen und Bauelementen, die allen möglichen Situationen und Anforderungen einigermaßen, keiner jedoch genau gerecht werden. In der Regel werden dabei die möglichen extremsten Anforderungen die Bedingungen diktieren, unter denen geplant wird. Die so entstehenden, für alle anderen Fälle überdimensionierten Konstruktionen erdrücken die schwächer beanspruchten Situationen und ›verstopfen‹ – gedanklich und materiell – die gesamte Planung. ›Hochgerüstete‹ Anlagen entstehen, systematisiert, technokratisch, hart und rechthaberisch.

Große Anlagen ordnen alles andere der Organisation ihrer Größe unter. Man sollte sie dezentralisieren und föderalistisch organisieren. Das geht wirklich.

Auch große Architekturbüros kämpfen mit ihrer Größe. Sie neigen dazu, ihre Ordnungsprobleme zu überschätzen und auf ihre Arbeit zu übertragen. Auch große Büros sollte man föderalistisch betreiben.

Auch große Bauherrschaften sind problematisch. Sie zwingen mit ihren Apparaten allem die eigenen administrativen Probleme auf, verhindern damit tendenziell Architektur.

Am freisten können wir bei kleineren oder mittelgroßen Bauherrschaften arbeiten. Wenn wir dort auch nur ein kleines Gebäude – eine Sporthalle, eine Schule, ein Altersheim – planen, vielleicht auch nur einen Kindergarten, dann können wir an dieser Aufgabe arbeiten, wie in Lorch oder Reutlingen, in Birkach oder Neugereut.

In den freieren Situationen ergeben sich einfach andere Fragen und poetischere Antworten. Und dann entstehen genauso einfach freiere, poetischere, offenere Architekturen.

It seems that size – quantitative size – and power are two of the principal evils. Power gives rise to insensitivity and hardness, while size has to be organized.

Large buildings are unpleasant for those both outside and inside them. We are thinking of large-scale clinics and schools, etc. In these cases energy is used up for organization of the size alone. Consequently the various different aspects of the brief lose their individuality and are systematized into planning elements.

This is the origin of transport and circulation systems, utility and functional zones, wetroom cores, broad area and strip grids, and many other delights.

This also leads almost automatically to standardization of individual rooms, structural elements and interior fittings, if only for the reason that it makes design work more manageable. This in turn leads to structures and building components that more or less satisfy every concievable type of situation and requirement, but which are never exactly appropriate.

In such cases, planning is normally dictated by the most extreme demands likely to be encountered. This gives rise to structures that are far larger than is necessary for every other type of situation, structures that have an oppressive effect at moments when the building is not at full capacity and which serve to "constipate" the overall design process – in respect of both ideas and materials. The result is over-equipped complexes that are standardized, technocratic, hard and complacent.

Large complexes subordinate all other considerations to the organization of their own size. They should be organized on a decentralized, federal basis. And this can be done.

Large clients also cause problems. Their own machinery causes their administrative problems to be imposed on every other aspect and so has a tendency to prevent the practice of architecture.

We are given most freedom when working for small or medium-sized clients. Even if we are only designing a small building – a gymnasium, a school or an old people's home or even just a kindergarten – we are able to concentrate on this project alone, as in Lorch or Reutlingen, in Birkach or Neugereut. Situations in which there is more freedom give rise quite simply to different questions and more poetical answers. Equally uncomplicated is the way in which this produces freer, more poetical and more open architecture.

Verschiedene gewerbliche Berufsschulen, Berufsfachschulen und ein technisches Gymnasium wurden vor gut einem Jahrzehnt vereint. Ein ausgedehnter, großer Neubau wurde erforderlich für 2500 Schüler.

Große Anlagen müssen ›geordnet‹ werden, bezüglich Organisation, Funktion, Verwaltung usw. Damit schieben sich leicht Aspekte in den Vordergrund, die mit der Aufgabe selbst eigentlich nichts zu tun haben.

Größe ist ansich keine erstrebenswerte Qualität. Brauchbarkeit, Übersichtlichkeit, Individualität, architektonisch-räumliche Werte, Verbundenheit mit Natur und Landschaft, in dieser Richtung haben wir bisher eher gedacht.

Ein Problem, an dem wir gearbeitet haben, hieß hier also: Wie kann trotz der Größe des Ganzen eine brauchbare, übersichtliche, individuelle, architektonisch-räumliche Anlage entstehen, eine Anlage, die Schule, Schüler, Lehrer, den Einzelnen nicht einengt, die diesen vielmehr freien Raum läßt.

Manche Planungsentscheidungen sind unter diesem Aspekt zu sehen: z. B. die Zweigeschossigkeit. Einerseits ist dadurch eine relativ flache, weitläufige Anlage entstanden, andererseits hilft diese Zweigeschossigkeit, diese Anlage leichter zu überschauen. Es gibt ein unteres Geschoß zur ebenen Erde und ein oberes Geschoß. Diese sind nicht miteinander zu verwechseln. Und diese Zweigeschossigkeit, die ja die Anlage in die Länge drückt, gibt die Möglichkeit, mehrere übersichtliche, kleinere Bauteile sich entwickeln zu lassen, mit eigenen Treppenhäusern, eigenen Eingängen, eigenen Hallen usw. Und diese sind dann wieder leichter zu markieren.

Die Längsverbindungen innerhalb der Gebäude wurden schwächer entwickelt. Der zentrale Raum, die ›mall‹ liegt im Freien; zwischen Unterrichtsgebäude und dem Gebäude für die Werkstätten. Und diese mall konnte nun ohne Beton und ohne Stahl und ohne Glas mit landschaftlichen Mitteln akzentuiert, gestaltet und gegliedert werden. Diese mall ist der Mittelpunkt der Anlage.

Für die Bauten selbst wurden, nach dem Tragwerk, leichte unprätentiöse, eher unperfekte Konstruktionen verwendet. So konnte das Steinerne, Harte, Konstruierte, Geordnete usw. entspannt und aufgelockert werden. Trotz der Größe der Bauten überwiegt hier die Landschaft.

Es ist eine Schulanlage entstanden, die wohl sehr groß ist, bei der jedoch andere Dinge als ihre Größe, ihre Konstruktionen, ihr Material im Vordergrund stehen – nämlich Landschaft, Bäume, Wasser, Himmel, Wolken, Schüler, Lehrer – und hier sogar eher der Einzelne als die Masse der tatsächlich Anwesenden.

Rather more than a decade ago various industrial and vocational training colleges and a technical high school were merged. A large, extensive new building was needed for 2500 students.

Large building complexes have to be "ordered" with regard to their organization, operation, administration etc. As a result of this, attention can all too easily be focussed on considerations which actually have nothing to do with the task in hand.

Size is not a desirable quality per se. Usability, comprehensibility, individuality, architectural-spatial values, harmony with nature and landscape – this is the direction in which our thoughts have tended hitherto.

Thus, in this case, one of the problems we worked on was how to create a usable, comprehensible, individual, architectural-spatial complex despite its overall size; a building which would not restrict the school, the students, the staff, the individual, but rather give them plenty of scope to exercise their freedom.

Some of the planning decisions have to be seen with this in mind, e.g. the two-storey design. On the one hand it has resulted in a relatively low, extensive complex, while on the other it helps to make it clearer. The lower floor at ground level cannot be confused with the upper floor. The two-storey design causes the complex to become longer, but also provides an opportunity for several distinct smaller sections to develop, with their own stairwells, their own entrances, lobbies etc. And it is then easier to endow them with their own identity.

The longitudinal connections within the buildings were emphasized less. The central space, the "mall", is in the open, between the classroom and workshop buildings. And it proved possible to accentuate and arrange this mall without concrete, without steel, and without glass, with landscaping methods. The mall is the focal point of the complex.

For the buildings themselves, light, unpretentious, rather imperfect constructions were used, corresponding to the loadbearing structure. Thus it was possible to relieve and relax the influences of stone, hardness, design, order etc. Despite the size of the buildings it is the landscape which is predominant here.

The school complex which has resulted is certainly very large, but it is not its size, its constructions or the materials it is built of which predominate; it is the landscape, trees, water, the sky, clouds, students, the staff – and more the individuals than the mass of those actually present.

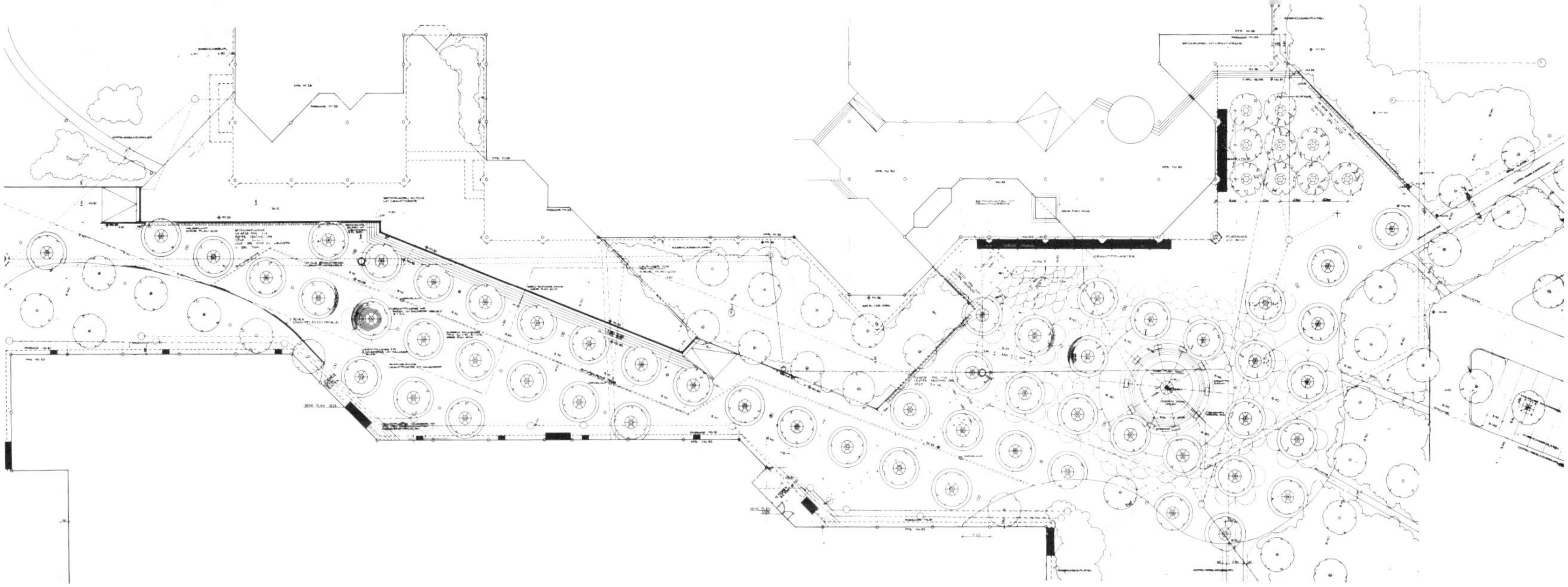

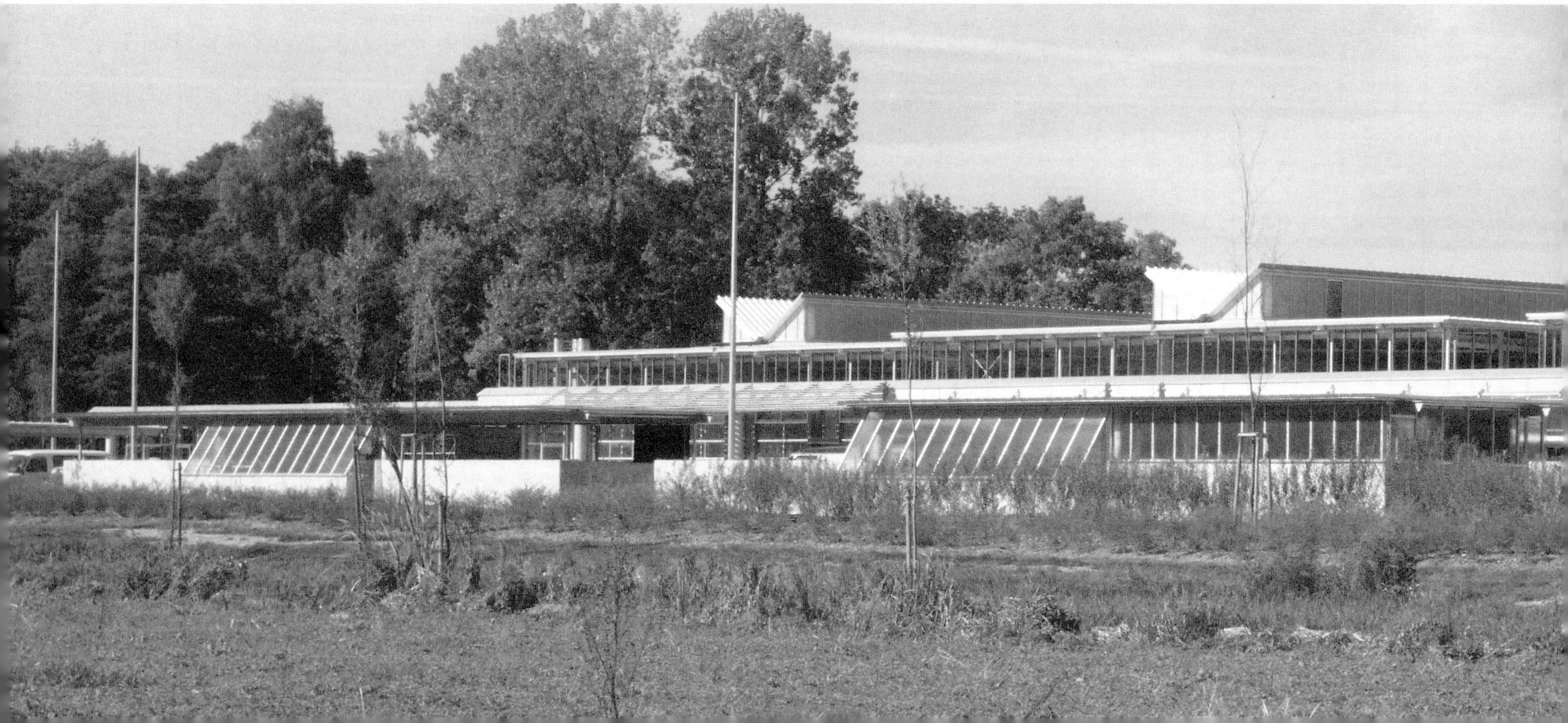

Balthasar-Neumann-Schule in Bruchsal · 1980/1984/1987
Balthasar Neumann School, Bruchsal

Man könnte versuchen, Maschinen, Produktionsprozesse und andere Dokumente der Entwicklung der Technik in einem Museum zu präsentieren in der Art wie Gemälde, Plastiken und Graphiken üblicherweise in Kunstmuseen präsentiert werden ...

Das Ausstellungsstück als Kunstwerk-Original, das mit anderen Originalen zwar in Gruppen geordnet, aber im Prinzip für sich, eben als Original, ausgestellt wird.

Im Museum für Technik werden wohl auch Maschinen ausgestellt. Sicherlich aber nicht als Selbstzweck. Hier besteht vielmehr die Möglichkeit, die Entwicklung der Technik im Kontext darzustellen und dabei Maschinen, Produktionsprozesse, Dokumente, Gebäude, Ideen und Ideologien als Zeugen dieses mit der Entwicklung der Technik verbundenen Umwälzungsprozesses hinzuzuziehen.

Wie wäre ein solches Museum zu ordnen?

Es bietet sich eine Leitlinie an, auf der einzelne Abschnitte markiert werden können. Diese Leitlinie könnte z. B. eine Zeitskala sein. Um diese Zeitskala lagern sich dann die Zeugen der Veränderung: Produktionsprozesse, soziale Wandlungen, familiäre, persönliche Veränderungen, nationale Ereignisse, das neue Bild der Welt, Kriege, Elend und auch der immer wiederkehrende, neue, alte Wunsch nach einer besseren Welt.

In einer solchen Konzeption könnten Maschinen, Produktionsprozesse etc. an dem in dieser Museumsordnung genau definierbaren Zeit-Ort angelagert werden und zusammengebracht werden mit von ihnen verursachten oder zusammen mit ihnen entstandenen Erscheinungen ...

Eine solch straffe und von vorneherein offenliegende, offensichtliche Anlage des Museums läßt dann große Freiheiten im einzelnen an der Peripherie zu. Diese Freiheiten und Offenheiten gelten gleichermaßen für die Organisation des Museums, das Ausstellungsgut und für die architektonische Erscheinung ...

Es wäre sinnvoll, würden wir uns auch im Gebäude mit der Technik unserer Zeit, mit den Problemen und Möglichkeiten der Technik unserer Zeit auseinandersetzen. Immer hat Technik und die Einstellung des Menschen zu ihr architektonische Gestalten mitgeprägt. Handwerkliche Techniken und natürliche Materialien haben in unseren Regionen zu den zurückhaltenden Gebäudeformen geführt. Die vom Menschen geschaffene zweite Natur war eng mit der ersten Natur verbunden. Mit der Entwicklung neuer Techniken und neuer Materialien wurden neue Möglichkeiten geschaffen, konnten die das alte Bauen bindenden Einschränkungen überwunden werden. Auch an der formalen Ordnung der

One could try to present machines, production processes and other documents of technological development in a museum in the same way that paintings, sculptures or drawings are usually presented...

The exhibit as an original work of art, grouped together with other originals, admittedly, but in principle exhibited on its own account, precisely because it is original.

Machines are also exhibited in the Museum of Technology. But this is certainly not an end in itself. Rather, the museum provides an opportunity to show the development of technology in context, using machines, production processes, documents, buildings, ideas and ideologies as witnesses to the revolution associated with this development.

How should a museum of this kind be organized?

An obvious approach would be a "guideline" on which individual segments could be marked. It could be a time-scale, for example. Exhibits documenting change would then be positioned around the guideline: production processes, social change, family and personal changes, national events, the new image of the world, wars, suffering, and the ever-recurring, ever-new, ancient desire for a better world.

In a concept of this kind, machines, production processes etc. could be placed at the precisely definable time-location in this museum arrangement, and related to the phenomena which they caused or which occurred at the same time...

Such a streamlined arrangement of the museum, open and obvious from the start, would provide a great measure of freedom for peripheral details. This freedom and openness applies equally to the organization of the museum, the exhibits, and the architectural appearance...

In the building, too, it would make sense to consider the technology of our age, the problems and opportunities associated with it. Technology, and man's attitude to it, have always influenced architectural design. In our native regions craft methods and natural materials have led to reserved forms in buildings. The "second nature" created by Man was closely linked to "first nature". With the development of new technologies and new materials new possibilities were created, and the limitations of old building methods could be overcome. This development has also left its mark on the formal arrangement of buildings. The formal arrangements, which previously were fixed, bound, became optional. Today, houses can stand on one of their corners, or upside-down. Rooms can hang in mid-air etc.

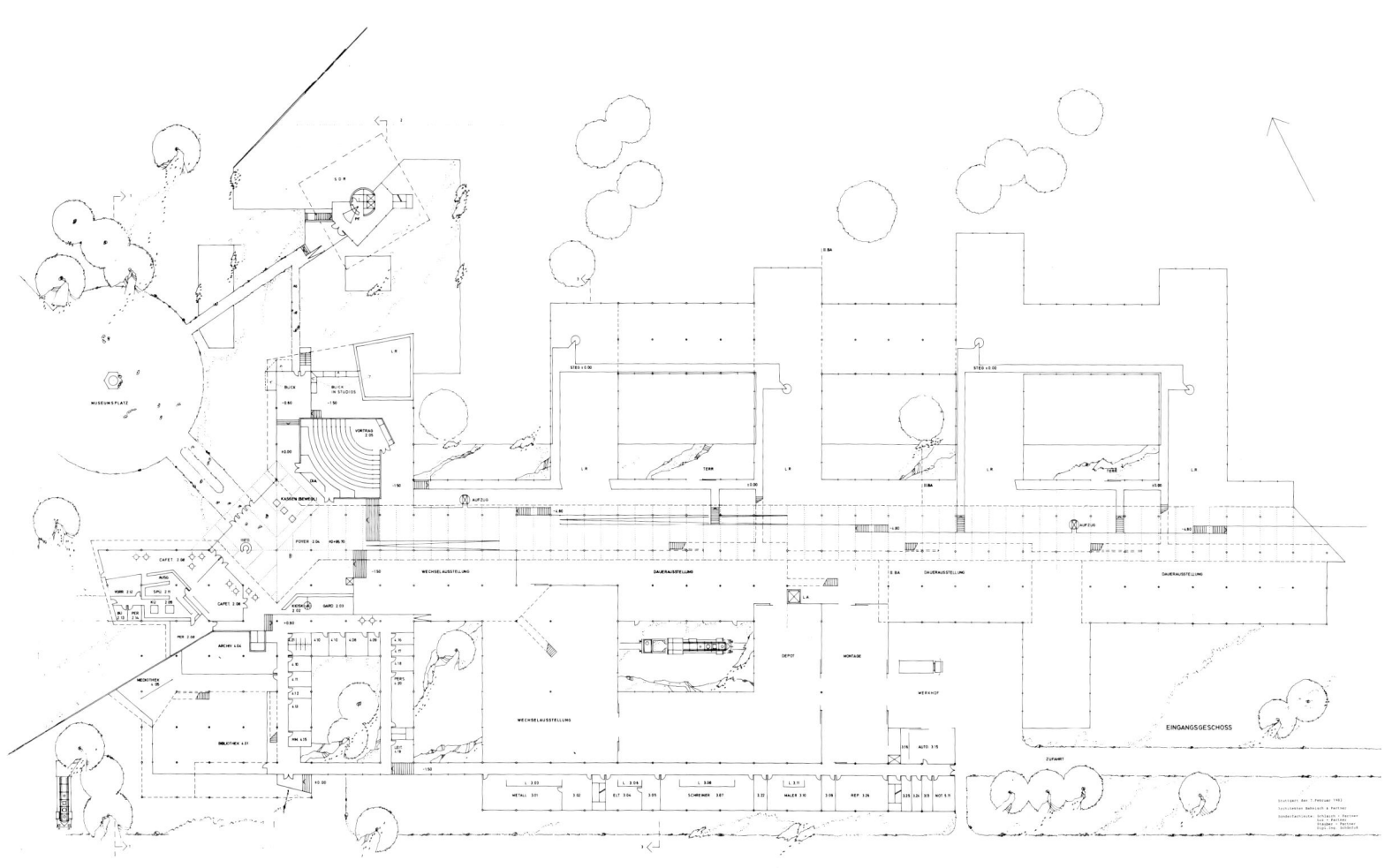

143

Gebäude ist diese Entwicklung nicht spurlos vorübergegangen. Die formalen Ordnungen, die früher gebunden waren, wurden disponibel. Heute können Häuser auf einer Ecke oder auf dem Kopf stehen. Räume können in der Luft schweben usw.

So entstanden Monumente der neuen Architektur ...

Nachdem diese Freiräume erobert, die damit verbundenen Möglichkeiten demonstriert, darüber hinaus die Probleme der starken Techniken und die Konsequenzen des von der ersten Natur und damit auch von der Natur des Menschen gelösten Lebens und Bauens erkannt wurden, verloren diese Architekturmonumente ihren Platz als Vorbilder für moderne Architektur. Heute sind sie Landmarken der Architekturgeschichte.

Heute versuchen wir, unsere Aufgaben mit angemessenen Techniken und angemessenen Materialien zu bewältigen. Wir mißtrauen denjenigen Kräften, die sich in den Vordergrund drängen, meinen, daß das Vielfältige, das Differenzierte, das Kleinteilige gut geeignet wäre, den differenzierten Ansprüchen unserer Bauaufgaben zu entsprechen. Zentral organisierte, große Lösungen, treten zurück ...

Ein solcher Ansatz führt zu anderen Erscheinungsbildern ...

Von diesen Ansätzen her sind z.B. Vorstellungen, daß das, was hoch und attraktiv ist, städtebaulich auch gut sei, und das, was eine akzentuierte plastische Struktur hat, architektonisch gut sei, nicht mehr zu vertreten.

Ohnehin müßte berücksichtigt werden, daß in einer Welt, deren Oberfläche immer trügerischer wird, der ästhetische Wert der Dinge immer deutlicher in den Dingen zu suchen ist. Probleme, die mit der Frage nach gut und böse, verhängnisvoll und sinnvoll, giftig und neutral usw. aufgedeckt werden können, schieben sich in den Vordergrund ...

Das bedeutet nicht, daß das, was dann entsteht, nachdem diese Fragen gestellt und bearbeitet worden sind, nicht plastisch gedacht, farblich, graphisch, strukturell gelöst, nicht spielerisch entwickelt sein könnte.

Das widerspricht sich nicht. Im Gegenteil: Erst ein Gebäude, welches vom oben skizzierten Ansatz aus bearbeitet und gelöst wurde, kann ein gutes plastisches Gebilde sein, und eine Plastik, bei der die oben skizzierten Fragen nicht oder nicht ausreichend behandelt wurden, könnte heute eigentlich nicht mehr gute Architektur genannt werden, auch dann nicht, wenn den aus der Eigengesetzlichkeit des Plastischen abgeleiteten Konditionen vollkommen entsprochen worden wäre.

It was thus that the monuments of the new architecture were created...

After these free spaces had been conquered, and the possibilities associated with them demonstrated, and once the problems of the powerful technologies and the consequences of living and building without the constraints of "first nature", and thus also of human nature, had been recognized, these architectural monuments lost their place as examples for modern architecture. Today they are merely landmarks of architectural history.

Today, we try to accomplish our tasks with appropriate technologies and appropriate materials. We distrust the forces that force their attention upon us; we believe that the diverse, the differentiated, that which is composed from small parts would satisfy our building needs well. The role of centrally organized, large-scale solutions is diminishing...

This approach leads to different appearances...

From such an approach, for instance, the idea that what is tall and attractive is also good urban development, and what has an accentuated plastic structure is good architecture is no longer tenable.

In any case, it ought to be kept in mind that in a world where appearances are becoming ever more deceptive the aesthetic value of objects is to be seen ever more clearly in the objects themselves. Problems which can be identified by asking the question as to good or evil, disastrous or sensible, toxic or neutral etc. are becoming paramount...

This is not to say that what comes into being after these questions have been asked and dealt with might not be plastically conceived, and resolved in colour, graphically, structurally, that it might not be developed playfully.

This is not a contradiction. On the contrary, only a building that has been worked out and resolved from the approach outlined above can be a good plastic creation; and a form in which the questions sketched out above were not addressed, or not adequately, actually could no longer be called good architecture today, even if the conditions derived from the inherent laws of plasticity had been fully satisfied.

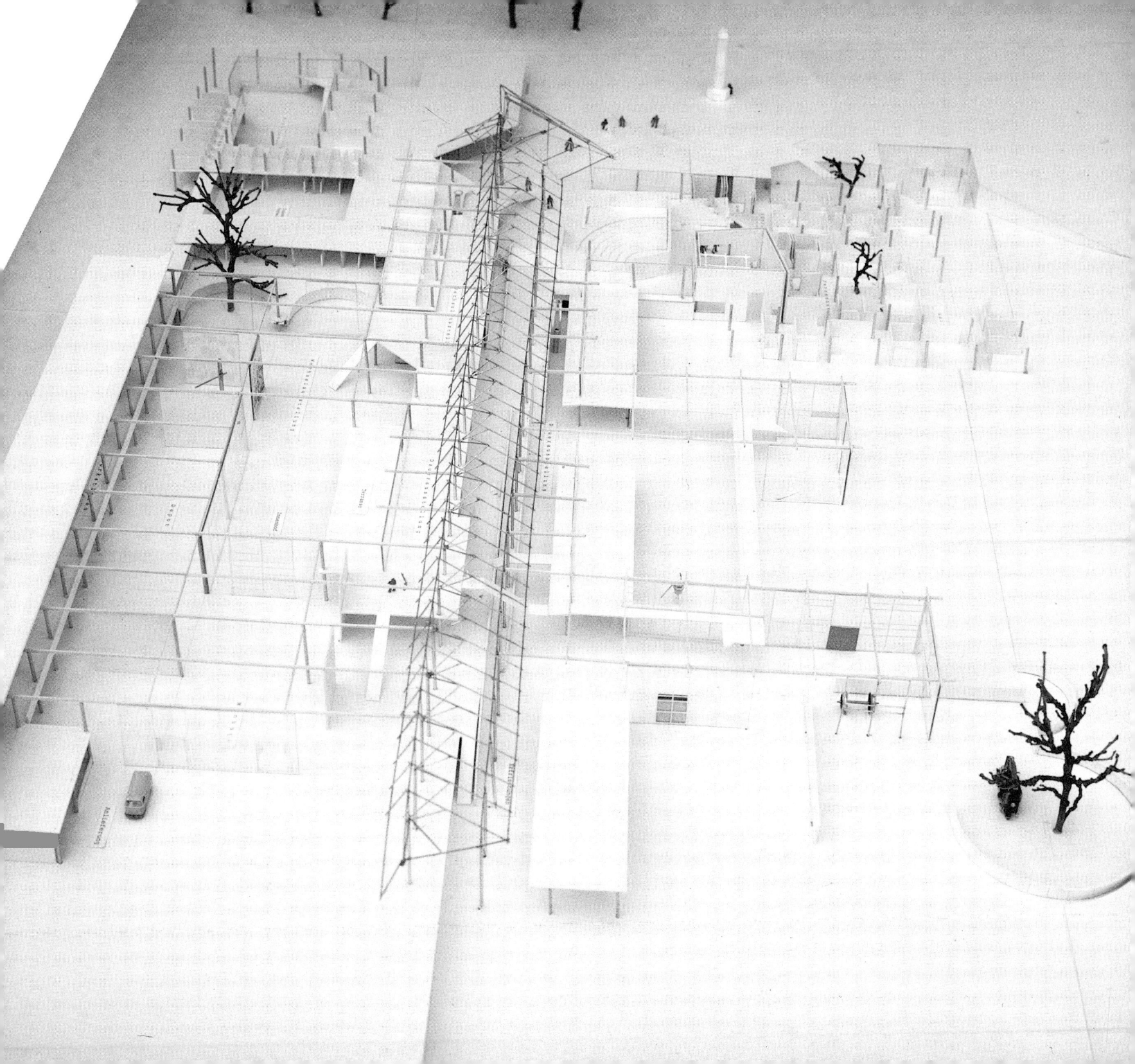

Die Entscheidung des Bundestages, die existierenden Gebäude zu erhalten, hat die Konsequenz, daß man sich beim weiteren Ausbau nun mit diesen vorhandenen Gebäuden auseinandersetzen muß.

Die neuen Gebäude sollten sich in materiellem und gestalterischem Aufwand nicht zu hoch über den Aufwand der bestehenden Gebäude erheben, einfach, um noch mit Anstand mit und auch in den vorhandenen Gebäuden leben zu können. Andererseits kann man sich mit der neuen Anlage den alten Gebäuden nicht einfach anpassen – man kann sich auch nicht einfach bescheiden einfügen; spiegelt das Vorhandene doch nur wenig wider von seiner heutigen Aufgabe.

Man muß das Vorhandene also respektieren und aufnehmen und selbstbewußt Neues hinzufügen.

Was ist das Neue, das über die geforderte Nutzfläche hinausreicht?

Was würde man wohl einem Gast, vielleicht einem Parlamentarier eines anderen Landes zeigen: den Rhein, die Rheinaue selbstverständlich, die Parklandschaft, die Uferpromenade, auch die Art, wie die Parlamentsbauten in diese schöne, von Ausländern als typisch deutsch empfundene Landschaft eingepaßt sind, aber in den Gebäuden – was kann man da vorführen?

Es fehlen einfach Innenräume, die die Funktionen und Werte des Parlaments angemessen repräsentieren. Und es gibt doch mehrere Momente des Parlamentes, die als architektonische Gestalt präsent sein sollten – nach außen hin zur Öffentlichkeit, aber auch nach innen hin, den Mitgliedern und Mitarbeitern gegenüber: das Plenum, dazugehörend Empfangsräume, Präsidialbereiche; auch die große Selbständigkeit der Fraktionen; genauso die Arbeit des einzelnen Abgeordneten und die Bedeutung der wissenschaftlichen und administrativen Dienste.

Das funktioniert zur Zeit schon, jedoch ohne angemessene Räume, beengt und ohne sichtbare ›Präsenz‹.

So wichtig es also ist, die neue Anlage einzufügen in die städtebauliche Situation und vor allem in die Rheinauenlandschaft, mindestens ebenso wichtig ist es, nach innen hin, von innen her, angemessene Räume zu entwickeln, großzügige Innenräume, die die Aufgaben selbst sichern und erkennen lassen.

Es kann also nicht so gesehen werden, daß eine Hierarchie der Aspekte existiert in der Art: oben: Städtebau, dann: Repräsentation, dann: innenräumliche Entwicklung usw.

Es war eine Lösung zu finden, die außen und innen, städtebaulich und architektonisch-räumlich, funktional und symbolisch stimmig ist, eine

A consequence of the Federal Parliament's decision to preserve the existing buildings is that when designing the additions it will now be necessary to take these buildings into consideration.

In their formal and material expenditure the new buildings should not be too superior to the existing buildings, if only to make it possible to live decently with and in the existing buildings. On the other hand, the new buildings cannot simply conform to the existing ones – they cannot just be modestly "fitted in". After all, the present buildings reflect only little of the purpose they are now used for.

Therefore, what is present must be respected and included, and the new must be added with self-assurance.

What is the new, which goes beyond the required floor area?

What would one show a visitor, for example a parliamentarian from another country? The Rhine, of course the riverbank area, the park landscape, the riverside promenade, and also the way the parliament buildings are integrated into this beautiful setting, which foreigners find typically German; but what could one show in the buildings?

There is simply a lack of interior spaces which appropriately represent the functions and values of Parliament. And there are, after all, several features of Parliament which should be present in architectural form – outwardly, toward the public, but also inwardly, toward the deputies and staff: the Assembly, with its ancillary reception and presidential rooms; also, the great independence of the parliamentary parties; and likewise the work of the individual deputies and the importance of the scientific and administrative services.

At the moment it all works, but without appropriate rooms; in cramped conditions, without any visible "presence".

As important as it is to integrate the new complex into the urban situation, and above all into the riverside landscape, it is at least as important to create suitable rooms, generous interiors, toward the interior, from the interior, which assure the tasks themselves and make them apparent.

So the problem cannot be seen in terms of a hierarchy of considerations, of the type "first urban development, second representation, third development of interiors" etc.

A solution had to be found which was appropriate, externally and internally, for urban development and architectural-spatial considerations, functionally and symbolically, an architectural solution which stands for its task, which represents this task. A solution in which all of the aspects are "merged". Buildings that have found their identity.

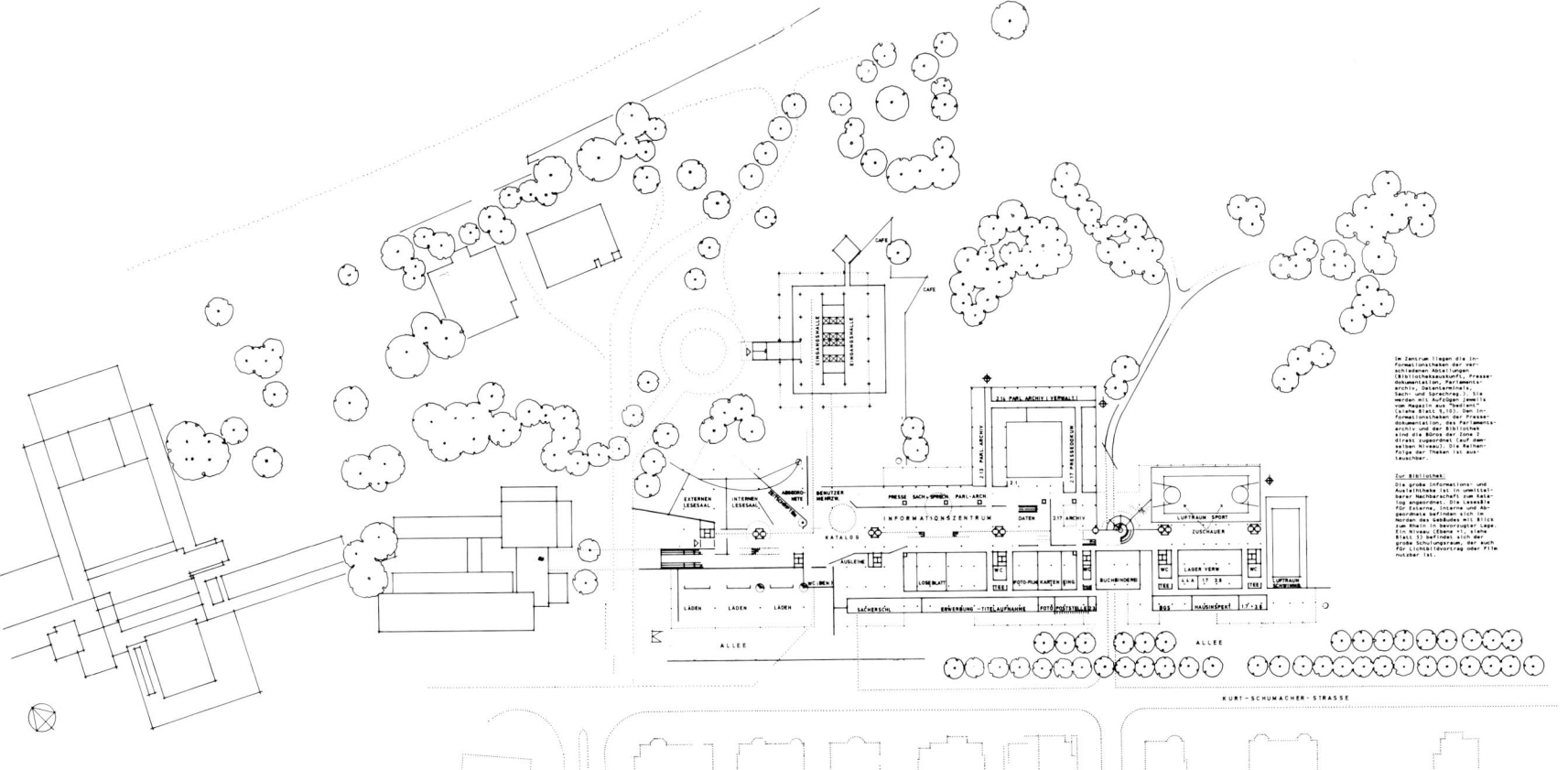

architektonische Lösung, die für ihre Aufgabe steht, die diese Aufgabe repräsentiert.

Die Schumacherstraße wird von der Planung stark betroffen. Bisher hatte sie Anteil an der Rheinaue, am Rhein, am Fernblick usw. Diese Beziehungen werden abgeschnitten durch eine längsgerichtete Bebauung. Auch der Rhythmus der Bebauung dieser Straße ›Baukörper-Grün-Baukörper‹ usw. wird durch langgestreckte Baukörper verwischt. Die Straße verliert ihren Charakter und ihren Maßstab.

Das neue Gebäude ist so gegliedert, daß in dieser Straße das Prinzip dieses Rhythmuses maßstäblich erhalten bleibt. Auf der Ebene der Straße wurden im neuen Gebäude ›aufgelöste Geschosse‹ geplant, die an geeigneten Stellen Durchblick zum Rheinauenpark und Einblick in die Anlage bieten. Man könnte sich vorstellen, daß am Abend in der Rheinaue zwischen den neuen Gebäuden und dem Rhein einzelne bedeutende Bäume beleuchtet werden. Diese lichten Bäume würden dann – wenn die Helligkeit der Innenräume nachläßt – von der Rheinaue durch das Gebäude bis zur Schumacherstraße hindurchschimmern.

Die Gliederung der Baukörper ist gebunden an Innen, an die Aufgabe und an die äußere Situation. Der Bezug zur Schumacherstraße wurde erwähnt. Zu ihr und zum Eingang hin sind die plastischen Elemente des

The Schumacher Strasse is greatly influenced by the design. Until now it was associated with the riverside area, the Rhine itself, the view etc. These relationships will be severed by a building extending along the street. The rhythm of development on this street, i.e. "building – green – building" etc. will also be blurred by long buildings. The street will lose its character and its relative scale.

The new building is arranged in such a way that the principle of this rhythm is preserved to scale. At street level the new building was designed with "decomposite floors", offering a view through to the riverside park and into the building complex at suitable points. One could imagine certain trees in the park, between the new buildings and the Rhine, being illuminated in the evenings. These illuminated trees would then – when the interiors darken – shine through the building from the park to Schumacher Strasse.

The arrangement of buildings is tied to the interior, to their purpose and to the situation outside the building. The relationship with Schumacher Strasse has been mentioned. Towards the street and the entrance the plastic elements of the building are most solid and formal, while towards the park the building opens out more.

With regard to the functional aspects of the project, there are two

147

Gebäudes geschlossen, formeller, während zum Park hin das Gebäude sich mehr öffnet. Von den Funktionen der Aufgabe her bilden sich vor allem zwei große Bereiche: Ein für den inneren Betrieb des Bundestages eher öffentlicher Bereich und ein privater Bereich.

Zum eher öffentlichen Bereich gehören:

Eingänge, Erschließungswege, Treppen, Hallen, aber auch Bibliothek, Medienteile. Diese Funktionen sind in zwei Hauptebenen angeordnet. Die eine Ebene liegt auf der Höhe der Straße, die andere Ebene verbindet sich mit dem Park.

Hier ist der Bereich, in dem das Zusammenwirken von Parlamentariern, Mitarbeitern, wissenschaftlichen und administrativen Diensten deutlich wird; hier sind die Wegebeziehungen offensichtlich, auch zu den bestehenden Gebäuden, hier sind die funktionalen Bezüge und die Beziehungen zur städtischen und landschaftlichen Situation erkennbar.

So bilden sich zwei Schwerpunkte, zwei Zentren im Gefüge der Gebäude: 1. um den Plenarsaal und 2. hier um das Informationszentrum.

Beide Bereiche sollen architektonisch-räumlich hervorgehoben und ästhetisiert werden.

Die große Zahl der Abgeordnetenräume wurde zu überschaubaren Bereichen gruppiert, unterschiedlich, charakterisiert durch ihre Größe, ihre Ausformung und ihre Lage im Gebäude und in der Gesamtsituation. So soll ein interner Schwerpunkt, eine funktionale und architektonisch-räumliche Mitte sich bilden und, zusammen mit dem neuen Zentrum und dem Plenarsaal, der gesamten Anlage inneren Halt und dem bisher eher beiläufigen Nebeneinander von Bauten und Anbauten einen neuen Sinn geben. Es soll erkennbar werden, daß die äußere Ordnung des Gebäudes ein Bild seiner inneren Ordnung ist. Noch ein Wort zur Repräsentation:

Repräsentation an sich, gelöst von den Zwecken, kann sicher nicht gemeint sein. Andererseits können wir dem Problem der Repräsentation auch nicht entgehen.

Was soll repräsentiert werden? – Speziell bei dieser Aufgabe.

Wir können die Ziele, Hoffnungen und Werte, die Verfassung unserer Gesellschaft durchaus abstrahieren und dann diese der Architektur zugrunde legen. In Realität und im schönen Schein. Im schönen Schein wird die Verfassung unserer Gesellschaft sich widerspiegeln in der Verfassung der Architektur. So wird die in der Verfassung unserer Gesellschaft garantierte Würde und Freiheit des einzelnen Menschen im Rahmen der Ordnung unseres Staates sein Metapher haben im Verhältnis des einzelnen von Architektur zu seiner Eigenheit, zu seinem Nächsten und zum Ganzen.

major areas: a more or less public area, for the internal workings of the Federal Parliament, and a private area.

The more public area includes entrances, access routes, staircases, halls, as well as a library and media areas. These functions are arranged on two main levels. One of these is at street level, while the other connects with the park.

This is the area in which the interaction between parliamentarians, staff, and scientific and administrative services becomes clear; here the relationships between routes are obvious, including those to the existing buildings; here the functional links and relationships with city planning and the surrounding landscape are recognizable.

Thus, two focal points are formed, two centres within the building complex: the first around the Assembly and the second around the information centre. Both these areas must be architecturally-spatially emphasized and aestheticized.

The large number of deputies' rooms was divided into smaller groups, variously characterized by their size, their design, and their location in the building and the overall complex.

These measures are intended to give rise to an internal focal point, a functional and architectural-spatial centre, and, together with the new centre and the Assembly, providing the entire complex with an inner stability and giving new meaning to the hitherto rather haphazard arrangement of buildings and additions. It should become apparent that the external organization of the complex reflects its internal organization.

A few more thoughts on representation:

Representation per se, detached from the purpose of the buildings, obviously cannot be what is intended. On the other hand we cannot avoid the problem of representation, either.

What is this project in particular intended to represent?

We can certainly abstract the aims, hopes and values, and the constitution of our society and then base the architecture on them, in both reality and mere illusion.

The real measures taken in this sense have already been outlined, e. g. that the more public areas should be treated more publicly, and the more private areas more privately.

In the illusion, the constitution of our society will be reflected in the constitution of the architecture. Thus the dignity and freedom of the individual within the order of our state, as guaranteed by our constitution, will be symbolized by the relationship of architecture to its individuality, to its neighbour, and to the whole.

Die Frage nach der demokratischen Architektur ist nicht nur eine Frage nach dem Äußeren. Das Demokratische liegt auch in den Prozessen.

Carlo Schmid wies darauf hin, daß es im einzelnen des Alltags durchaus demokratisch zugehen kann, auch wenn die Regierung nicht auf demokratische Art und Weise zustande gekommen ist, und wir wissen, daß bei uns, wo Regierungen und Parlamente demokratisch gewählt werden, Einzelheiten oft nicht demokratisch erledigt werden können.

Wir denken hier an die Wohnung des Einzelnen, an den Bereich, in dem der Einzelne doch zuerst ›Selbstverwirklichung und Wesensbejahung‹ finden könnte. Durch Behörden, Konzerne, Bauträger und Architekten werden dem Volke Mietwohnungen zugewiesen. Das mag effizient sein, demokratisch ist es nicht.

Demokratische Prozesse würden die Betroffenen bei der Planung und Organisation und der Verwaltung ihrer Wohnung, ihres Quartiers, ihres Stadtteils, ihres Arbeitsplatzes, ihres Betriebes, der Schule ihrer Kinder usw. beteiligen.

An diesem Problem haben wir mit unserem Beitrag für die Internationale Bauausstellung in Berlin-Tegel gearbeitet:

In der Stadt, in der stellvertretend für unsere Städte aktuelle Probleme der Großstadt ausgetragen werden; in einer Stadt, in der zigtausend Wohnungen fehlen, in der hunderttausende Menschen in schlechten Wohnungen wohnen, in der mehr Alte und Arme wohnen als in Frankfurt, München, Stuttgart zusammen; in einer Stadt, in der mehr Wohnungen als sonstwo leerstehend und unbewohnbar gemacht werden; in einer Stadt, die weitgehend in ihren Lebensäußerungen von außen her bestimmt wird, in der Privatinitiative fehlt, in der überall der Staat präsent ist usw.; wer wollte in solch einer Situation einfach mit einem attraktiven Stück Architektur antreten?

Die Probleme in Berlin liegen doch offensichtlich bei mehr Wohnungen, bei besseren Wohnungen, bei sozialem Ausgleich, bei der Möglichkeit der Selbstbestimmung, der Eigeninitiative usw.

Von solchem Ansatz her hatten wir unseren Beitrag entwickelt. Und wir hätten uns gut vorstellen können, daß zur Bauausstellung verschiedene Gruppen von Berlinern aus unterschiedlichem Milieu, mit verschiedenen Arten der Selbstbestimmung, der Mitbestimmung und der Selbstverwaltung und Selbstbeteiligung in Aktion hätten studiert werden können, betreut durch verschiedene Architekten; wenn sie selbst hätten sich erarbeiten müssen, wie sie und auch wo sie wohnen wollen und welche Konsequenzen daraus sie hätten auf sich nehmen müssen, welchen Anteil

Democratic architecture is not only a question of external appearance, but also of the processes involved.

Carlo Schmidt pointed out that individual day-to-day activities can be handled democratically even if a government has not come to power democratically; and we also know that in West Germany, where governments and parliaments are democratically elected, it is often not possible to handle certain details democratically.

We are referring to the home of the individual, the area in which he is most likely to find "self-fulfilment and self-affirmation". People are allotted rented apartments by authorities, large companies, property developers and architects. This may be efficient, but it is not democratic.

Democratic processes would mean the involvement of users in the design, organization and administration of their apartments, of their immediate locality, of their precinct, workplace, company and of their children's school etc.

In our contribution to the International Building Exhibition (IBA) in Berlin-Tegel we made a study of this problem: In Berlin, where typical problems currently besetting our cities could be aired; in a city where there is an acute shortage of housing and where hundreds of thousands of people live in low-standard accommodation, where more old and poor people live than in Frankfurt, Munich and Stuttgart together; in a city where more dwellings are left vacant and made unfit for habitation than anywhere else; a city whose way of life is largely determined from outside, where there is little private initiative, and where the state is omnipresent etc.; in such a situation, who would have been interested simply in submitting a pretty piece of architecture?

Yet solutions to Berlin's problems are readily identifiable: more housing of better quality, linked to social equality, a chance of self-determination, self-help etc.

Our contribution was based on such an approach. And we could imagine a situation in which a study in action could have been made for the building exhibition of different groups of Berliners from various backgrounds, with different forms of self-determination, decision-sharing, self-administration and participation; these groups would have been assisted by different architects. They would themselves have had to work out how and also where they wanted to live, what the consequences would be for them, what proportion of the apartment should be allotted to the kitchen, children's room, and living room, which room should have the morning sun, where the playground should be located, whether a private or communal garden was more desirable, etc.

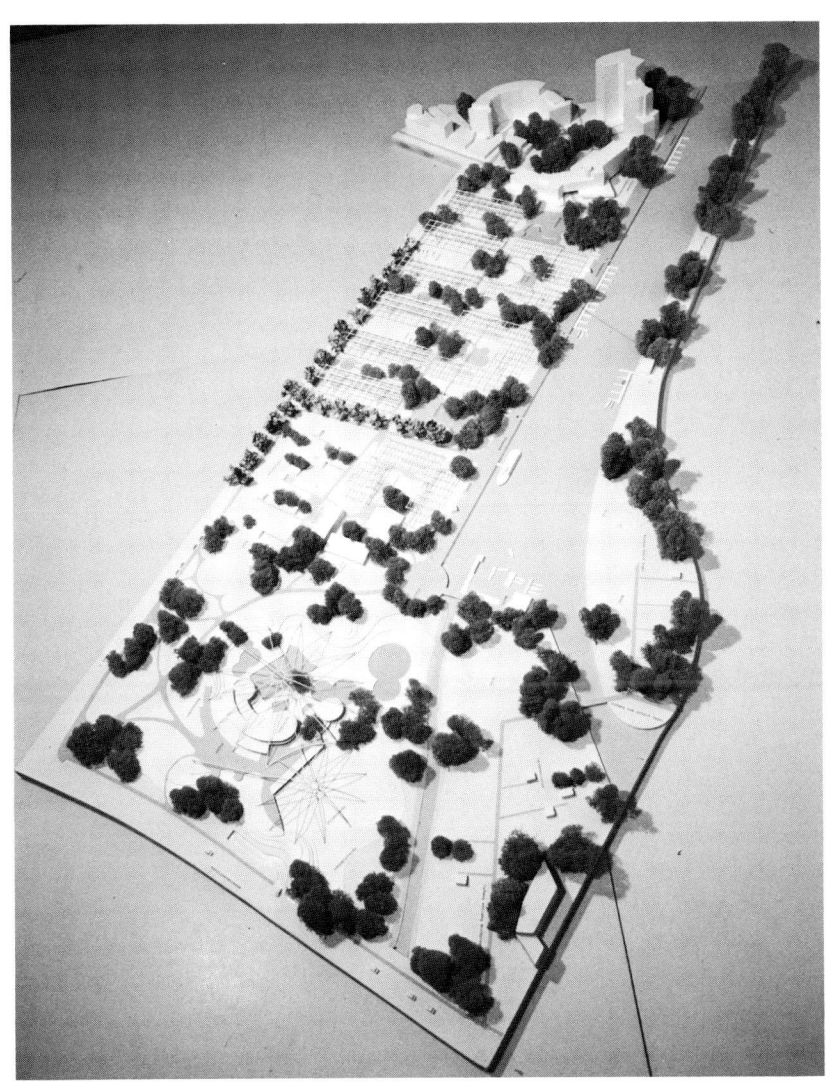

Bebauungsvorschlag Tegeler Hafen in Berlin · 1980
Proposal for redevelopment of Tegel docks, Berlin

an der Wohnung die Küche, die Kinderzimmer, der Wohnraum hat, welcher Raum Morgensonne bekommt, wo der Spielplatz liegen soll, ob ein privater oder gemeinschaftlicher Garten gewünscht wird usw.

Hierfür hatten wir städtebauliche und bauliche Vorgaben entwickelt, die Schutzräume und Schutzzonen für öffentliche, landschaftliche, städtebauliche, nachbarschaftliche und private Interessen waren, Vorschläge und Ermunterungen zum eigenen Handeln. Was hätte das für ein aktives, buntes, lustiges, vielfältiges, streitbares, lautes Leben geben können! Was hätte man damit anstellen, ausstellen und vorführen können! Das wäre sicher ein Experiment gewesen, das zu Berlin gepaßt hätte, Vertrauen aufgebaut und Ansehen eingebracht hätte, das man gut hätte vorzeigen können.

Zum Schluß hätten solche Häuser sicher ähnlich ausgesehen wie ›normal‹ entstandene Wohnhäuser; die ökonomischen Zwänge werden auch bei solcher Entstehungsgeschichte ähneln denjenigen, die die Gestalt von Wohnhäusern bisher prägten. Aber was wäre bis dahin alles geschehen, was hätten wir erlebt während eines solchen Prozesses. Alle wären nach Abschluß der Planung andere gewesen als zu Beginn derselben.

For this purpose we have formulated preconditions of urban design and structure that would provide protected spaces and areas for public, landscaping, urban, neighbourhood, and private interests – proposals and encouragement for individual initiative. What an active, colourful, vivid, diverse, quarrelsome and noisy scene this would have resulted in! Imagine the variety of projects that could have been started up, exhibited, and displayed! It would certainly have been an experiment appropriate to Berlin, it would have built up confidence and respect which could have been effectively displayed.

In the end such buildings would certainly have looked very similar to apartment blocks designed along "normal" lines. Economic pressures on buildings evolved in this way would have been similar to those that have left their mark on traditional residential buildings. A great deal would have happened, however, and we would surely have gained invaluable experience as a result of such a process. By the end of the design phase nobody would ever have been quite the same again.

Die im Krieg zerstörte Innenstadt Stuttgarts wurde nach dem Krieg relativ schnell aufgebaut. Dabei wurden Stadtgrundriß und Gefüge der Straßen der zerstörten Stadt benutzt. Dieses Gefüge konnte der wirtschaftlichen Dichte und dem damit verbundenen Autoverkehr unserer Tage nicht genügen. Leistungsfähige, autobahnenähnliche Verkehrsstraßen mußten neu geschaffen werden. Tatsächlich sorgen nun diese Straßen dafür, daß die Autofahrer noch fahren können, aber außerordentlich harte Eingriffe waren erforderlich. So wurde z. B. durch die Theodor-Heuss-Straße ein Teil der Stadt vom Stadtzentrum abgeschnitten. Und beim Bau der größten Querverbindung wurde der sogenannte Planiedurchbruch geschaffen. Mit Gewalt wurde für Autofahrer eine leistungsfähige Gasse geschlagen. Dabei ging vieles verloren, so auch die Reste des Kronprinzenbaues, eines älteren Gebäudes, welches im Ensemble mit anderen hervorgehobenen Gebäuden früher die Ordnung der Stadtmitte mitbestimmte. Und die zunächst nach Norden hin geschlossene Front der Königstraße wurde beim Schloßplatz aufgebrochen. Neben dem Schloßplatz – dem Kern der Stadt Stuttgart – entstand ein neuer Platz, ca. 8,0 m höhergelegen: der Kleine Schloßplatz. Mit manchen Folgen: So trauern viele in Stuttgart noch heute dem verlorenen Gebäude nach.

Um den Kleinen Schloßplatz hätte man sich bemühen müssen. Aber das geschah nur im formal-gestalterischen Bereich. Noch heute hängt der Platz ›in der Luft‹. Im Norden trennt eine ›Stadtautobahn‹ den Platz ab, nach Osten fehlt eine Verbindung überhaupt, im Westen ist eine solche miserabel ausgeführt, im Süden zum Schloßplatz hin muß man eine beträchtliche Höhe überwinden. Wie sollte ein solcher Platz funktionieren? Dabei war die Ausgangslage recht gut. Zum erstenmal hatten sich Königstraße und Schloßplatz zu ihrem im Norden liegenden bedeutenden Stadtteil geöffnet zu dem größten Krankenhaus, zu Bürohäusern, Geschäftshäusern und der Universität.

Aber dazwischen liegt halt die Stadtautobahn. Diese hätte wirkungsvoll überwunden werden müssen.

Wir meinten, es müßte eine Brücke geschlagen werden, wirkungsvoll und sichtbar den Willen erkennbar machend, die zerschnittene Stadt zu verbinden. Diese vorgeschlagene Brücke war mit einem Brückenbauwerk verbunden, einer Passage auf Fußgängerebene und Einrichtungen für Studierende in dem zur Universität hin sich öffnenden Teil des Bauwerkes.

Stuttgart's inner city, destroyed during the war, was rebuilt relatively quickly in the post-war period. Reconstruction was based on the old layout and street network. But this network was inadequate for a modern economy and the vehicle traffic associated with it. New, efficient, motorway-type roads had to be built. These roads have certainly ensured that traffic keeps moving, but the building of them involved taking draconian measures. For example, a part of the city was cut off from the city centre by Theodor-Heuss-Strasse. And the largest road link across the city became known as the "Planie Breakthrough" – a major thoroughfare for cars. Much was lost as a result, including the remains of the Kronprinzenbau, an older building which, as part of an ensemble of outstandig constructions, had previously helped to define and delineate the city centre. And the northern end of Königstrasse, originally closed off, was opened up at Schlossplatz. Next to this square – the very heart of the city of Stuttgart – a new plaza was created, some eight metres higher – the Kleiner Schlossplatz. Not without consequences: there are still many people in Stuttgart who regret the loss of the building that had to make way for it.

More trouble should have been taken with the Kleiner Schlossplatz. But only as regards its formal design was an effort made. The plaza is still "hanging in mid-air" today. To the north it is cut off by an urban motorway, to the east there is no connection at all, to the west, there is a very poorly designed one, and to the south, towards Schlossplatz, there is a considerable difference in level to be overcome, What chance is there of such a plaza fulfilling its function? Yet the original conditions were rather good. For the first time, Königstrasse and Schlossplatz had been opened up to the important district to the north, to the biggest hospital, office blocks, business premises, and the university.

But between them there happens to be an urban motorway. This ought to have been effectively overcome.

We thought that a bridge ought to be built, effectively and visibly making the will to join the dissected city together again apparent. This bridge we proposed involved a bridge structure, a passage at pedestrian level, and facilities for students in the part of the building which opened out towards the university.

Das Erscheinungsbild des neuen Verwaltungsgebäudes soll der internationalen Stellung der Firma Daimler-Benz entsprechen. Für Außenstehende wird dieses Erscheinungsbild nur von wenigen Orten her erkannt werden können; vor allem aus den Fenstern der startenden und landenden Flugzeuge.

Daraus folgt, daß dieses Zeichen aus der Vogelschau deutlich, unverwechselbar und unmißverständlich für Daimler-Benz stehen und auch so erkennbar sein muß.

Auch für Besucher und Betriebsangehörige sollte deutlich und unmißverständlich sein, daß Anlage, Gebäude und Betrieb sich entwickelt haben aus der Eigenart der Daimler-Benz AG.

Der Entwurf soll sich lösen von denjenigen Qualitäten der Situation, die üblicherweise negativ bewertet werden: z.B. von der großen Umfahrung (der Verkehr soll funktionieren, soll aber nicht dominieren) und von Art und Ordnung der umgebenden Bebauung. Die Anlage soll sich verbinden mit denjenigen Qualitäten, die charakteristisch für die ursprüngliche Situation waren und die üblicherweise positiv bewertet werden; das sind Topographie und Landschaft. In diesem Falle wird der Schwerpunkt der Anlage den der Topographie suchen, die Anlage wird sich zur Landschaft hin öffnen, so daß Landschaft und Anlage sich durchdringen.

Der Entwurf sollte sich frei und aus sich heraus entfalten können, wie ein Baum dies tut in einer ungezwungenen landschaftlichen Situation.

Es liegt natürlich nahe, eine Lageplanfigur zu wählen, aus der der ›Mercedes-Stern‹ herausgelesen werden kann, zumal einer solchen Figur über ihren Symbolwert hinaus formale und funktionale Qualitäten zu eigen sein können.

Dann sollte jedoch dieser Mercedes-Stern nicht vordergründig und aufdringlich verwendet werden, er sollte modifiziert sein und durch die Lageplanfigur ›hindurchscheinen‹, vielleicht durch Grünzüge und formalisierte Wasserflächen.

Beim Verwaltungsgebäude der Automobilfabrik Daimler-Benz sollte das Auto der Mitarbeiter nicht auf der Wiese vor den Toren, in Hoch- oder Tiefgaragen weggestellt werden. Es würde doch von einem gesunden Selbstbewußtsein zeugen, wenn man hier mit seinem Auto leben wollte und wenn alle Mitarbeiter bis knapp an ihren Arbeitsplatz heranfahren könnten.

The outward appearance of the new administration building should reflect the international standing of the Daimler-Benz corporation. This impression will only be apparent to outsiders from certain positions; principally from the windows of planes taking off and landing.

Therefore, this symbol, visible only from a birds-eye view, must stand clearly for Daimler-Benz and be recognizable as such.

It must also be obvious and unmistakable for visitors and staff that the complex and the buildings have developed from the unique character of the Daimler-Benz corporation.

The design should detach itself from those characteristics of the situation which are generally regarded as negative; e.g. from the large bypass (the flow of traffic should function but not dominate) and from the type and arrangement of the surrounding buildings. The building should connote those qualities which were characteristic of the original situation and which are generally regarded as positive, i.e. topography and landscape. In this case, the focal point of the building will strive towards a unity with that of the topography. The building will open out towards the landscape so that building and landscape blend in with each other.

The design should be able to develop freely, just as a tree in an unconstrained landscape.

The best solution seems to be to choose a configuration depicting the Mercedes "star", especially as this type of figure can have formal and functional qualities beyond its purely symbolic value.

The Mercedes star should not, however, dominate to the extent of being obtrusive. It should be modified so that it emerges through the formal layout, possibly through the use of green areas and formalized water surfaces.

The cars belonging to the staff in the administration building of Daimler-Benz, which is after all an automobile manufacturer, should not be tucked away in the area in front of the gates or in multi-storey or underground carparks. It would be indicative of a healthy self-confidence if these cars were accepted as an integral part of the complex and if all the staff could drive right up to their place of work.

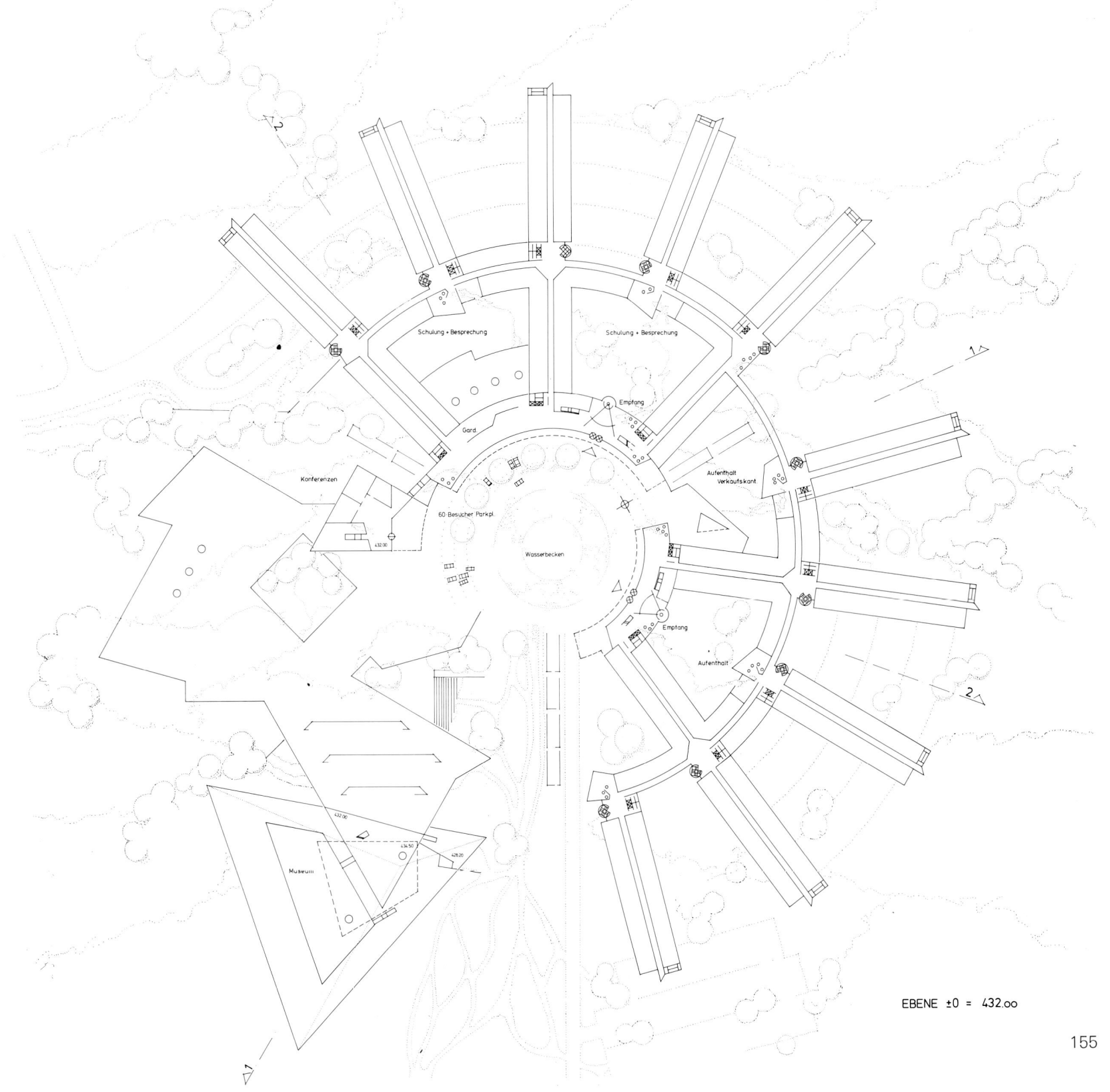

Schulung + Besprechung

Schulung + Besprechung

Empfang

Gard.

Konferenzen

Aufenthalt
Verkaufskant.

60-Besucher Parkpl.

432.00

Wasserbecken

Empfang

Aufenthalt

Museum

432.00

434.50

426.20

EBENE ±0 = 432.oo

155

Vielfalt, das ist nicht das Viele, was ja recht willkürlich sein kann. Vielfalt ist mehr: Vielfalt beinhaltet Einheit.

Und auch Einheit ist mehr als eins, auf welches man sich beschränken kann. Einheit wird sichtbar in der Vielfalt, setzt diese also voraus.

Die vielen Falten eines Gewandes … ein Bild, in dem dieses Problem sichtbar wird.

Unsere Welt sei monoton? Das ist schwer zu glauben. Sie wird wohl eher monoton gesehen und monoton gemacht. Eins oder weniges überdeckt dabei das Vielfältige: Die Rentierlichkeit des eingesetzten Geldes z.B. Vielleicht aber auch nur das Funktionieren des Apparates. Wer sich an diesen Aspekten in seiner Arbeit orientiert und die vielen anderen Aspekte übersieht, dessen Arbeit wird monoton sein.

Solche sicher recht mächtigen, oft monumentalen Kräfte sind nicht einmal besonders sorgebedürftig; ohnehin werden sie von anderen mit Macht vertreten.

Anderes wartet darauf, daß wir uns seiner annehmen: Ökologie z.B., der andere, das Kind, Menschen, Arbeitsweisen, Zusammenleben und vieles andere mehr.

Möglichst viele dieser praktisch zahllosen, ohne uns nicht vertretenen Seiten der Aufgabe – die uns täuscht dadurch, daß sie in einem Begriff, z.B. Krankenhaus, auf uns zukommt – können wir aufdecken und ergründen. Den verborgenen, in unserer Realität unterprivilegierten Kräften können wir helfen, zum Wort und zu ihrer sichtbaren Gestalt zu kommen.

Je mehr solcher Aspekte wir erkennen, um so vielfältiger sehen wir die Aufgabe, um so vielfältiger wird in der Konsequenz auch die architektonische Gestalt erscheinen. Zusätzliche Harmonisierungen – etwa mathematischer, geometrischer, formaler oder anderer Art – sind dann nicht erforderlich.

Sicher ist es eine besondere Qualität auch architektonischer Werke, wenn sie immer neu und anders und vielfältig und nie endgültig verstanden und gedeutet werden können. Architektur als Spiegel der unserer Welt zugehörenden Vielfalt und unserer Sorge um diese.

Diversity is not the same as abundance, which can indeed be very arbitrary. Diversity implies more: it also comprises unity. Unity also implies more than restriction to a single unit. Unity can only be perceived in diversity; without it diversity cannot exist.

The many folds of a single garment … an image that gives visual expression to this concept.

The world we live in is monotonous? This is hard to believe. It is more likely that the way it is perceived is monotonous and that it is made monotonous. Diversity is obscured by a single consideration or a small number of them: for example, returns on money invested. Or quite simply by the way the system works. The architect who allows himself to be influenced primarily by these considerations and who disregards the many other aspects will produce monotonous work.

Such interests which are indeed powerful, and often monumental, hardly need much promotion from us: their claims are powerfully represented by other parties.

There are other considerations that are in urgent need of our commitment: ecology, for example, our fellow-men, children, people, working methods, communal living and many others. We can uncover and investigate as many as possible of the almost unlimited number of facets of a brief – that we receive in the deceptive guise of a single concept, e. g., a hospital – facets that otherwise remain unrepresented. We are in a position to enable hidden forces, neglected in the reality of our society, to find expression and to assume their visible form.

The more such aspects we can identify, the more richness we will recognize in the brief and the greater the diversity of the resultant architectural form. Additional techniques of harmonization – be they mathematical, geometrical, formal or of any other type – become superfluous. It is also certainly true of architecture that it assumes a special quality if it is constantly new, different and many-sided, or if it can never be definitively understood or interpreted: architecture as the mirror of the diversity inherent in our environment and as the reflection of our concern for it.

1980 begannen wir, auf dem ›Schäfersfeld‹ in Lorch das Gebäude für eine Hauptschule zu planen; neben dem zehn Jahre zuvor gebauten Realgymnasium und neben der fünf Jahre alten Sporthalle. Beide Gebäude hatten unter Pädagogen und Architekten Ansehen gewonnen, und Gemeinderat und Schulleitung wünschten, daß das neue Gebäude gleichermaßen ›berühmt‹ werden sollte. Das neue Gebäude sollte auch über diejenigen Besonderheiten (Halle, Grünhaus, Galerie, Glasdach usw.) verfügen, die das Progymnasium aufwies.

Wir meinten dann, daß es richtiger wäre, wenn das neue Gebäude nicht gleich dem bestehenden Gebäude sein würde, sondern gleichwertig, und daß auch die gewünschten Besonderheiten in diesem Sinne behandelt werden sollten; dabei sollten diejenigen Dinge und Momente, die verbesserungswürdig schienen, auch verbessert werden.

So bekam auch das neue Schulgebäude eine zentrale Halle. Anstelle der im Progymnasium kreisrunden zentralen Halle, die dort über zwei Geschosse von Unterrichtsräumen ringsum umgeben ist, haben wir dann in der Hauptschule eine Halle geplant, die die Form eines Dreiecks hat und die nur an den zwei ›attraktivsten‹ Seiten mit Klassenräumen besetzt wurde. An der dritten Seite konnte nun die Halle über eine hohe Glaswand verbunden werden mit dem Äußeren, mit Wiese, Sonne, Wald, Himmel, Wolken usw. Und die Galerie der Halle, die im Progymnasium kreisförmig die Halle umgibt, damit auch etwas abschließt, ist hier nur noch an zwei Seiten, gibt damit der Halle mehr Raum und richtet diese zum Walde hin aus.

Auch die architektonische Ordnung entwickelte sich weiter: beim Progymnasium waren Teile, Konstruktionen, Momente des Ganzen wohl von sich aus entwickelt worden, arrangierten sich dann im Gebäude in einer eher ausgeglichenen Art; während in der Hauptschule nun die Teile und Momente stärker auf ihrer Individualität beharren und damit auch deutlicher, sogar etwas eigensinnig aufeinandertreffen. Das ›harmonische‹ des Ganzen entsteht dabei nicht infolge eines äußeren Überformens der Teile und des Ganzen in einer einheitlichen Art, sondern dadurch, daß allen Teilen gleichermaßen Individualität, Gelöstheit und doch Rücksicht aufeinander zueigen ist. Eine Gesellschaft tendenziell von sich her bestimmter Individuen.

In 1980 we started designing a secondary school to be built on the "Schäfersfeld" in Lorch, next to the grammar school, built ten years previously, and the gymnasium, which was five years old. These two buildings stood in high repute among teachers as well as architects, and both the town council and the governors of the school wanted the new building to become equally "famous". The new building was also to have the same features (hall, "greenhouse", gallery, glass roof etc.) as the grammar school.

We were of the opinion that it would be better if the new building were not the same as the existing one, but equally good, and that the special features calle for should also be treated on this basis; and in treating them we should also improve the things and factors which seemed capable of being improved.

Therefore, the new school building was planned with a central hall. Instead of the circular central hall in the grammar school, which is surrounded by classrooms on two floors, we designed a triangular hall for the secondary school, with classrooms only on its two "most attractive" sides. It was thus possible to use the third side to create a link with the exterior, with field, sun, forest, sky, clouds etc., via a tall glass partition. And the gallery, which in the grammar school is a circle enclosing the hall and thus isolating it to some extent, in this case only extends over two sides, making the hall appear more spacious and "directing" it towards the forest.

Architectural order also developed a stage further: in the grammar school, elements, constructions, factors of the whole had developed "autonomously" and their subsequent arrangement in the building turned out to be quite well balanced; while in the secondary school, the elements and factors insist more strongly on their individuality, and hence encounter one another more clearly, if not to say more stubbornly. The "harmoniousness" of the whole is not the result of any external restructuring of the parts and the whole in a uniform manner; it arises out of the fact that all the parts are in equal measure individual, detached, while at the same time respecting one another: it is a society in which each individual tends to be self-determining.

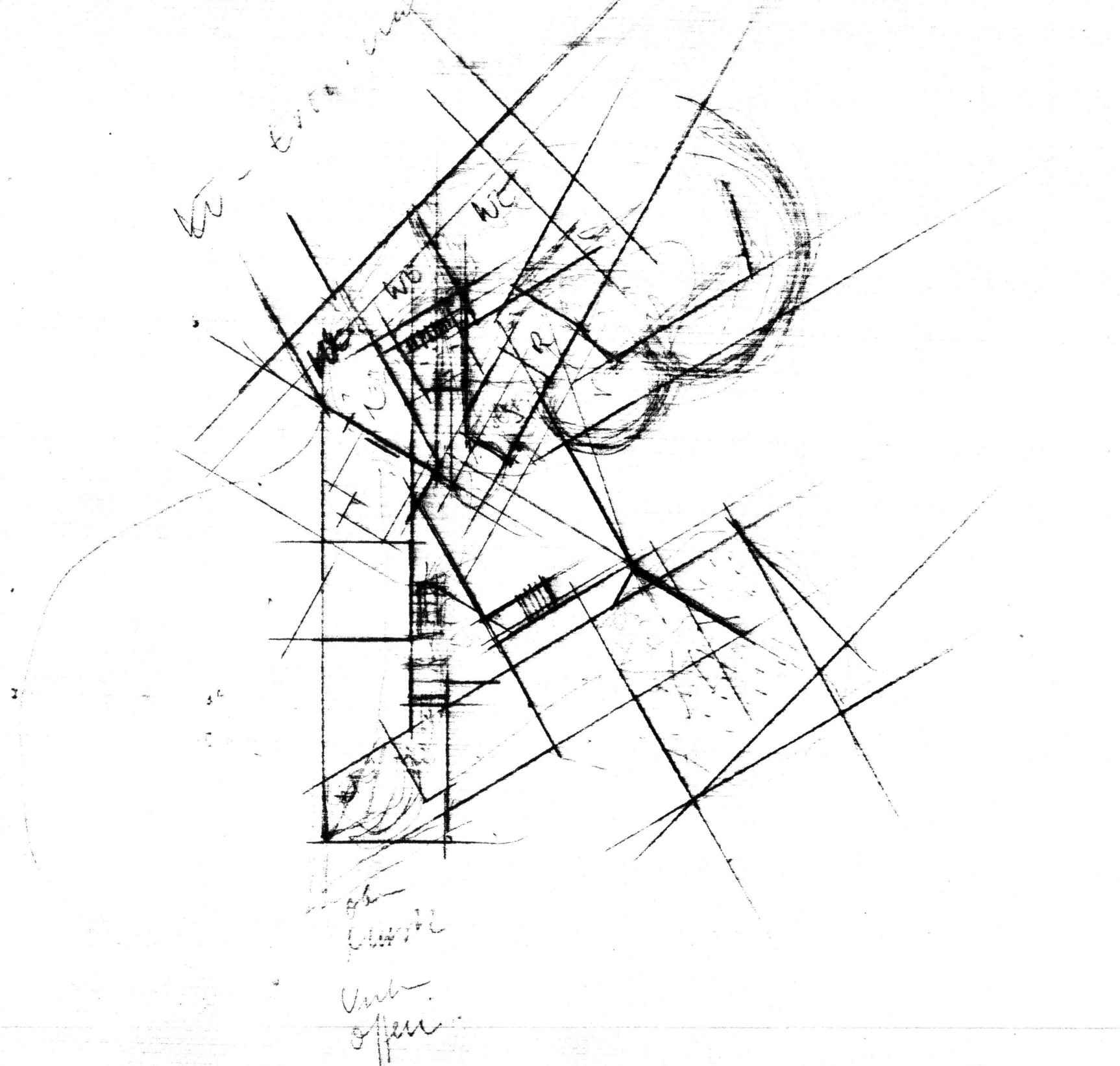

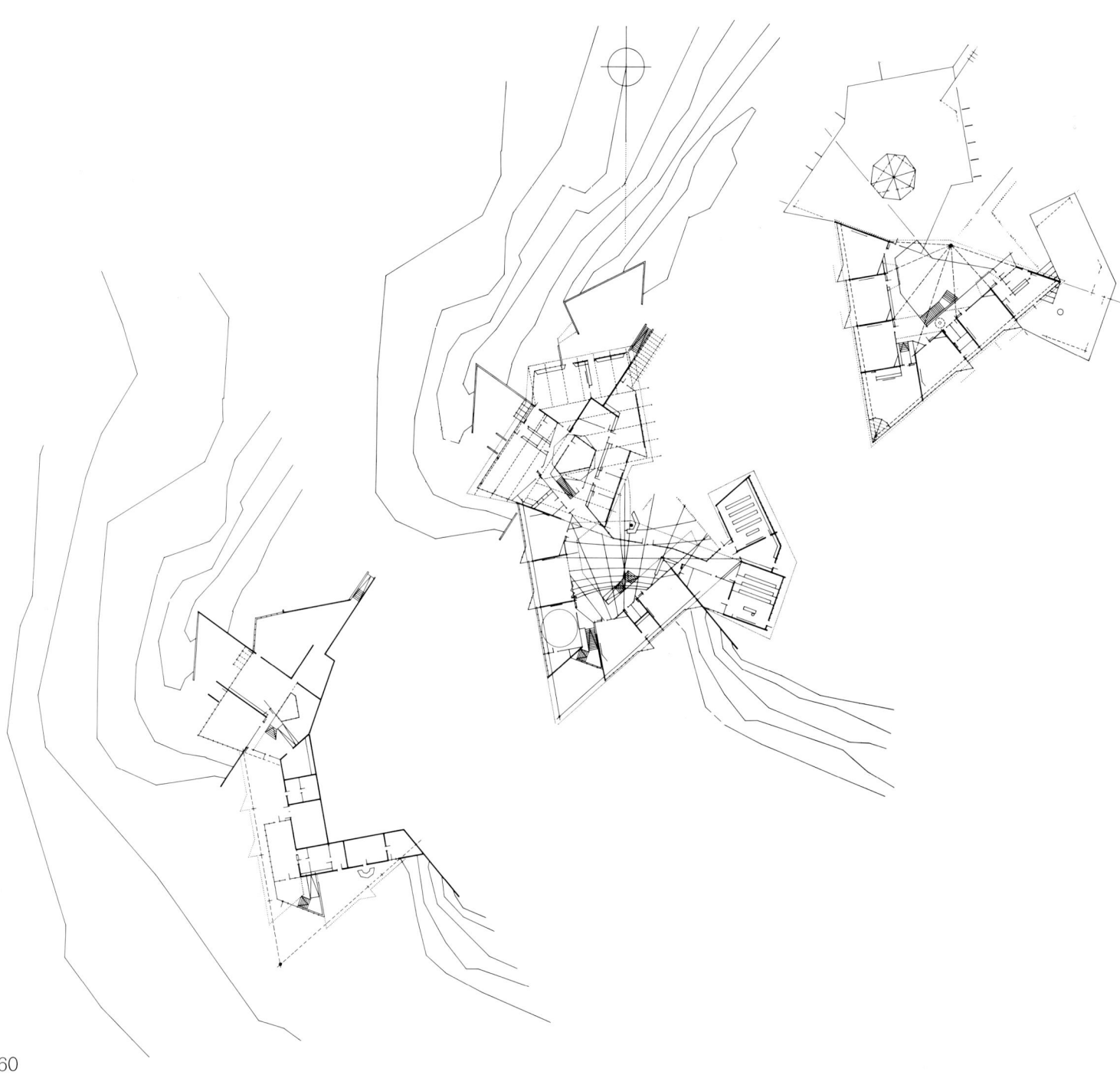

N

Fahrräder

Werkhof

Pergola

Maschinenraum

Technikraum

Lehrerzimmer

Brennraum

Garten

WC Gard

Putz

Gewächshaus

Zeichensaal

Eltern

Verwaltung

Lehrmittel

Biologie

Hof

Teich

Klasse

Vorbereitung

Biologiegarten

Halle mit Sonnenuhr

Hausmeister

Mehrzweckraum.

Vorbereitung

Naturwissenschaft

WC

Chemie/Physik

Klasse

Klasse

Lehrmittel

Lernmittel

Klasse

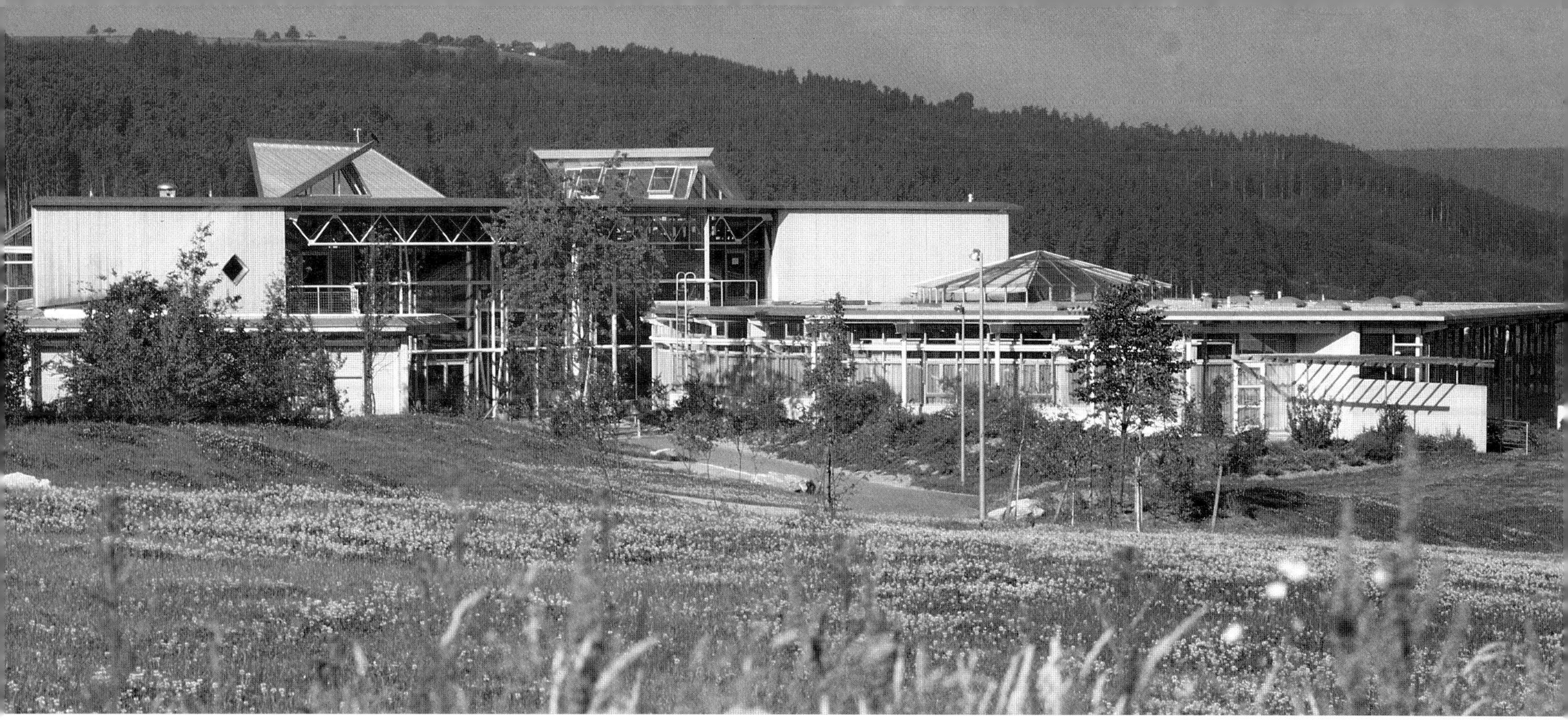

SCHAFERSFELD
ORT
KLOSTER

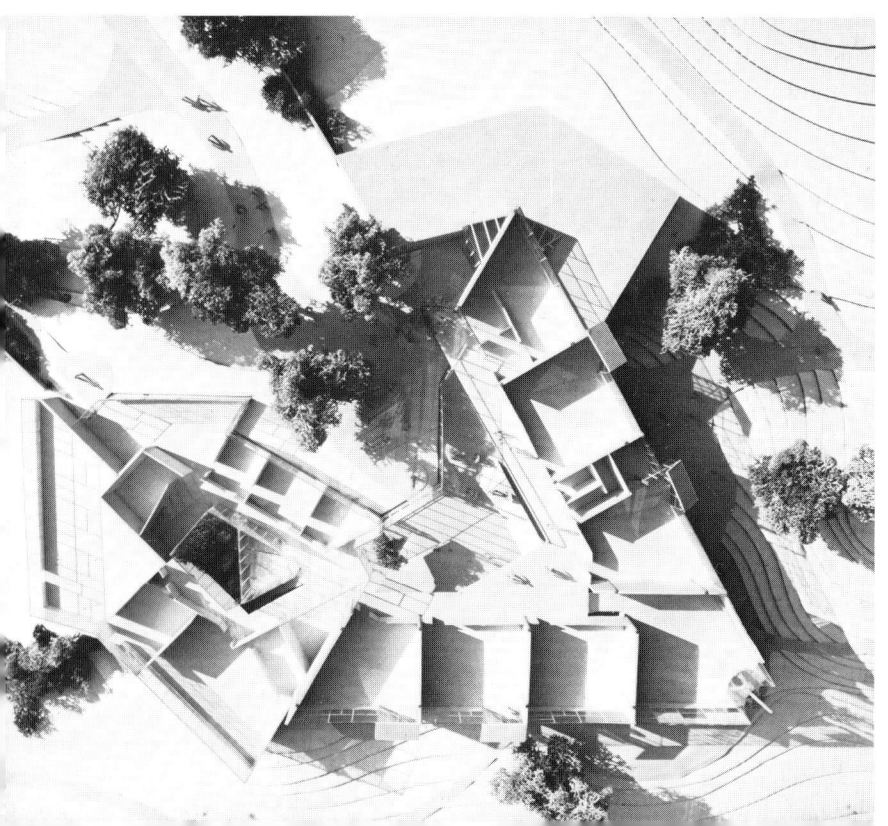

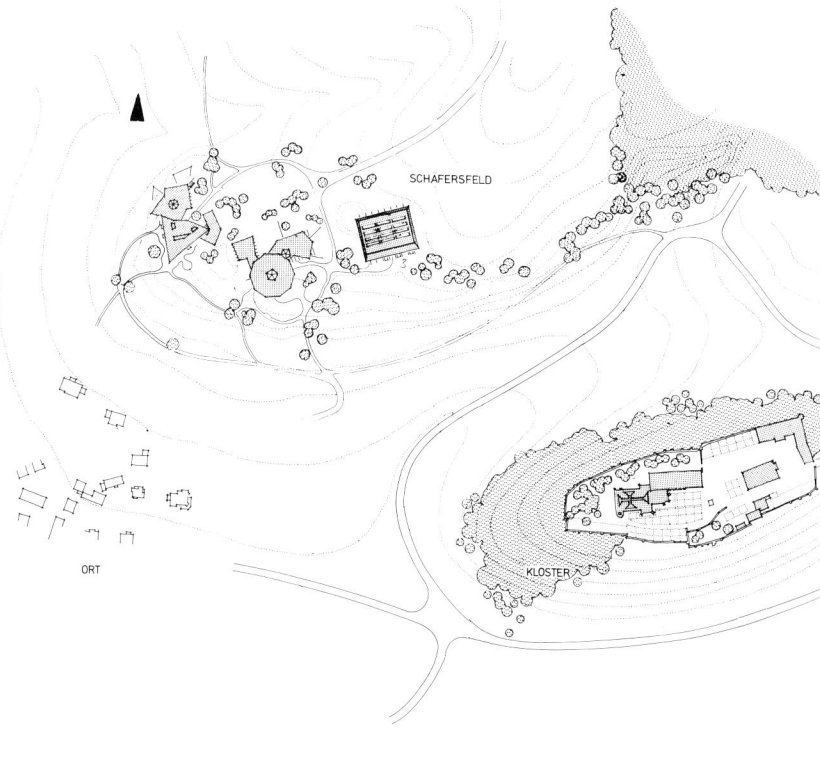

›Es wird ein architektonischer Beitrag erwartet, der der kulturpolitischen Bedeutung einer Nationalbibliothek entspricht ...‹

Diese Forderung und die nach einem sinnvollen funktionellen Gesamtgefüge stehen im Mittelpunkt der Arbeit. Von diesem Ansatz her haben sich die Lösung der Aufgabe und die Lösung von Einzelproblemen, seien sie städtebaulicher, architektonisch-räumlicher oder technischer Art, entwickelt ...

... Allen Strömungen der Architektur ist der Wunsch zu eigen, Architektur nicht ausschließlich der empirischen Realität ausliefern zu müssen, Architektur vielmehr an ›Höheres‹ zu binden. Und tatsächlich, hinter Architektur steht, durch Architektur scheint das ›Höhere‹ der jeweiligen Zeit.

Wenn wir Architektur betrachten, so können wir durchaus neben dem Trivialen dieses ›Höhere‹ sehen, das, was denjenigen, die diese Architektur schufen, blieb an Hoffnungen, Wünschen, Idealen neben dem, was der Befriedigung des Notwendigen diente und neben den Sachzwängen. Und wenn wir Architektur schaffen, so dürfen wir uns nicht ausschließlich an das Triviale binden, wir dürfen dasjenige nicht aus den Augen verlieren, was hinter, besser: über unserem Alltage steht; und das sollen hier nicht sein die von der Bauherrschaft zunächst in den Vordergrund gestellten Ersatzgötter: Technik oder Variabilität. So wichtig diese Teilaspekte sein mögen, es lohnt sich nicht, diese anderen Momenten gegenüber zu erhöhen, diese zu ästhetisieren in unserer Arbeit; sie sind vielmehr einzubinden, unterzuordnen unserem Streben, unseren Wünschen nach Freiheit und Würde für jeden und für jedes und unserer Hoffnung, uns diesem Ziele nähern zu können!

Diesen Weg ist die Moderne und ist das Neue Bauen gegangen; in diesem Sinne sind Mays Wohnsiedlungen in Frankfurt und Scharouns Philharmonie in Berlin Landmarken unserer Kulturgeschichte, und in dieser Tradition sollen wir stehen.

Freiheit und Würde für sich und für andere, für alle und für alles, auch für Dinge, d.h.: abbauen, zurückweisen der sich fortwährend neu aufbauenden Zwänge, Freiraum und Spielraum für alle und alles und die Möglichkeit für jeden und jedes – auch das Kleine –, sich, seine Gestalt und seinen Platz im Gesamtgefüge, in der Gesellschaft finden zu können.

Aus diesem Ansatz ergeben sich die Lösungen auch der einzelnen Probleme: so erhält z.B. der Büroteil der Bibliothek selbstverständlich die Erscheinung eines Büroteils, ein Saal wird ein Saal, eine Verteilerebene eine Verteilerebene und so fort.

"An architectural contribution is expected which corresponds to the cultural and political significance of a national library..."

This brief and the demand for an efficient functional overall structure form the focal point of the project. The answers to all the problems posed by the project, whether from the point of view of town planning or of an architectural, spatial or technical nature, developed from this approach...

... All trends in architecture are accompanied by the desire of the architect not to submit totally to empirical realities, but rather to aspire to "higher" things. And indeed, architecture always represents the higher aims of its age.

If we observe architecture, we can see, along with the more trivial aspects, this "higher aim", that which the people who created this architecture retained of their hopes, wishes and ideals after submitting to necessities. And when we create architecture we must not concern ourselves solely with the trivial aspects. We most not lose sight of that which stands behind, or rather above the commonplace. We do not mean here the pseudo-gods of the owners: technology or variability. Important as these aspects may be, there is no reason why they should be given priority over other aspects or aestheticized in our work: they should rather be integrated and subordinated to our aspirations to and desire for freedom and dignity for everyone and everything and our hope of approaching this goal!

This is the modern way and the way taken by modern building. May's residential schemes in Frankfurt and Scharoun's Philharmonic Hall in Berlin were built in this spirit and represent landmarks in our cultural history. We should regard ourselves as being part of this tradition.

Freedom and dignity for oneself and for others, for everyone and everything, even inanimate objects. This means a rejection of the ever-increasing pressures, open space and freedom to move for everyone and everything, as well as the opportunity for everyone and everything – even small things – to find their own form and position in the overall structure of society.

This approach leads to the solutions to the individual problems: thus, the office area of the library appears as an office area, a room is a room, a distribution area is a distribution area, etc.

The overall structure is similar to a landscape where everything stands for itself and is related to everything else and to the whole (a tree is a

Das Ganze gleicht damit einer Landschaft, in der ja auch jedes für sich und in Verbindung zum anderen und zum Ganzen steht (ein Baum ist ein Baum, eine Rose ist eine Rose). Zusätzliche Harmonisierungsmaßnahmen, z.B. durchgehende geometrische oder formale Ordnungen usw. werden damit überflüssig. Sie würden die Vielfalt der Erscheinungen und deren Einheit stören, die darin zu sehen ist, daß alle und alles tendenziell gleichermaßen für sich selbst frei und tolerant dem anderen gegenüber sind, sich und den eigenen Platz gefunden haben, sich ausformen konnten, und das in spielerischer Art.

Mit diesem Ansatz, der ja auch in der Deutschen Literatur zu Hause ist, ist auch das Thema für die Kunst im Zusammenhang mit diesem Bauwerk gegeben. Zwei Maßnahmen – Ebenen sind erkennbar:

– künstlerische Arbeiten, die diejenigen Teile der Architektur, die sich selbst nicht befreien konnten von übermächtigen Bindungen, im schönen Schein befreien können; also Maßnahmen, die Dunkles hell, Schweres leicht und Enges weit, die Einfältiges vielfältig, Licht sichtbar und Wasser erlebbar machen können usw.

– nicht direkt an den Bau gebundene Werke (Plastiken, Bilder usw.), die den gleichen Zielen, dem gleichen Thema folgen; also Werke in der Entwicklung zur Freiheit und Toleranz, die inhaltlich jedoch zum Bauwerk gehören, die das ›Gemeinsame‹ vielfältig macht.

Damit sind auch die Orte für Kunst vorbestimmt:

a) Orte, denen geholfen werden soll und

b) solche, die thematisch gesteigert werden könnten.

Zu den letzteren gehören sicherlich der halböffentliche Raum zwischen Bibliothek und Straße, Eingangshalle, Foyer, Galerie usw.

Eine Stadt lebt auch von der Qualität, der Art und der Vielfalt ihrer Einzelgestalten. Das meiste ist in Frankfurt vertreten: die repräsentative Architektur der Konzerne, die technokratische der Administrationen, die restaurative am Römer, die postmoderne und die neue amerikanische moderne Architektur am Schaumainkai usw. Nicht vertreten in repräsentativen Gebäuden der letzten Jahrzehnte ist die hier angestrebte, aus den Funktionen und aus unseren Idealen entwickelte architektonische Gestalt.

Diese Lücke könnte geschlossen werden. Ein solches Vorhaben wäre verwurzelt in der deutschen Kultur und würde anknüpfen an die lange, spezielle, zugegebenermaßen nicht sehr breit entwickelte architektonische Tradition in Deutschland.

tree, a rose is a rose). Additional attempts at harmonization, e. g. continuous geometric or formal order, are therefore superfluous. They would only interfere with the variety of images and their sense of harmony, which consists in the endeavour of everyone and everything to strive towards freedom and tolerance for him-, her- or itself and for others, in everyone and everything having found a place to develop in a playful manner.

This approach, which is also at home in German literature, forms the theme for the artistic in conjunction with this project. Two levels are recognizable:

– Artistic work to liberate those parts of the architecture which cannot liberate themselves from excessively powerful bonds; measures, therefore, to brighten dark areas, lighten heavy elements, broaden narrow areas, give variety to monotony, to make light visible, to make it possible to "experience" water, etc.

– Works of art not directly connected with the building structure (sculptures, paintings, etc.) which aspire to the same aims and follow the same theme; i. e. works of art aspiring towards freedom and tolerance, whose content, however, is related to the building; works of art that lend variety to the common element of the structure.

The locations of works of art are thus predetermined:

a) places which require enhancement and

b) places which can be improved thematically.

Without doubt, the latter include the semi-public room between the library and the street, the entrance hall, the foyer, the gallery, etc.

A city lives from the quality, type and variety of its individual forms. Frankfurt has almost everything: the representative architecture of the big companies, the technocratic architecture of administration buildings, restoration architecture at the "Römer", post-modern architecture and the new American modern architecture on the "Schaumainkai", etc, Lacking, however, from the representative architecture of recent decades is the architectural form aspired to here and developed from the functions required and from our ideals.

This gap could be closed. This type of project would have its roots in German culture and would continue the long, albeit not very well developed specific architectural tradition in Germany.

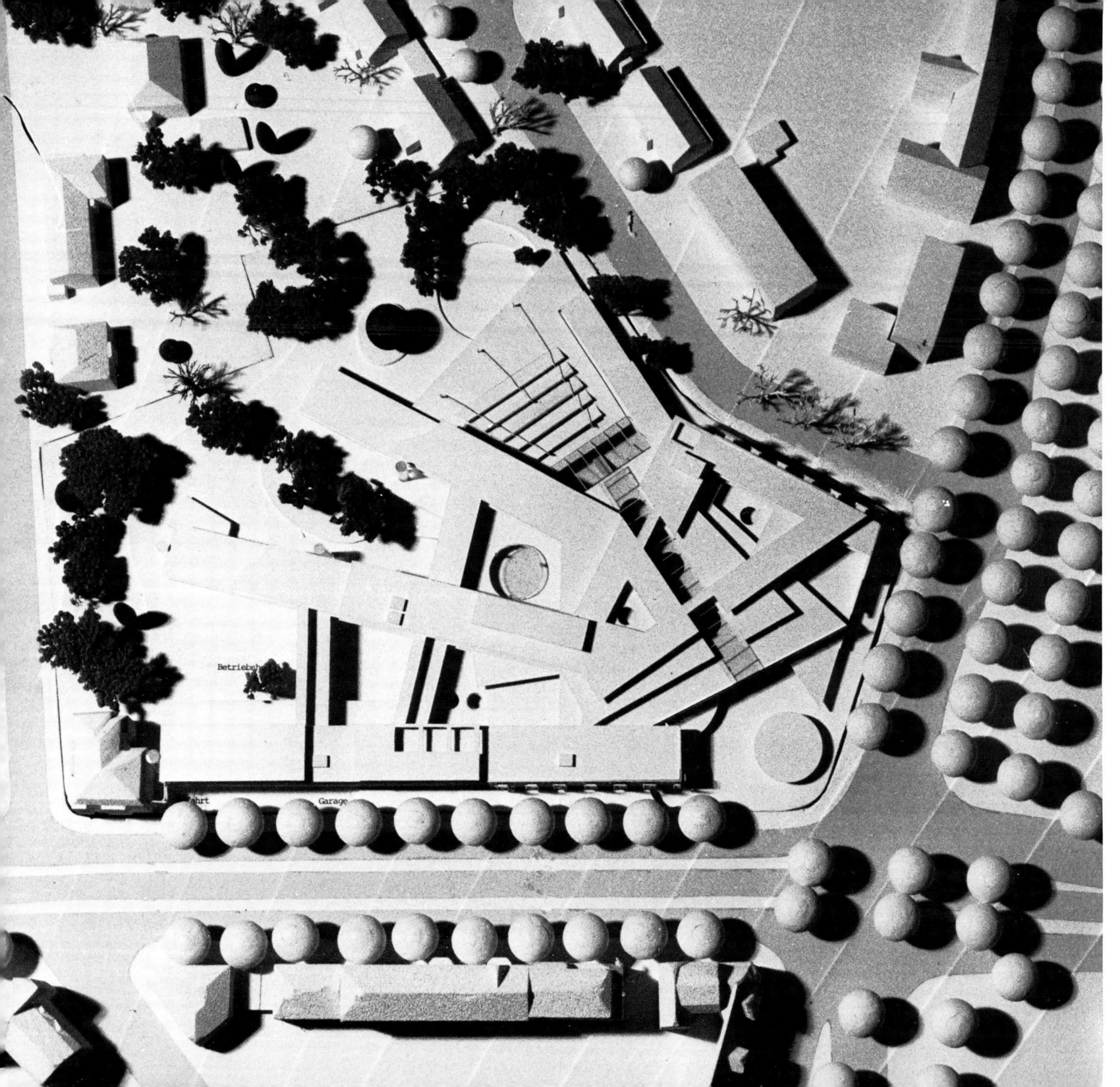

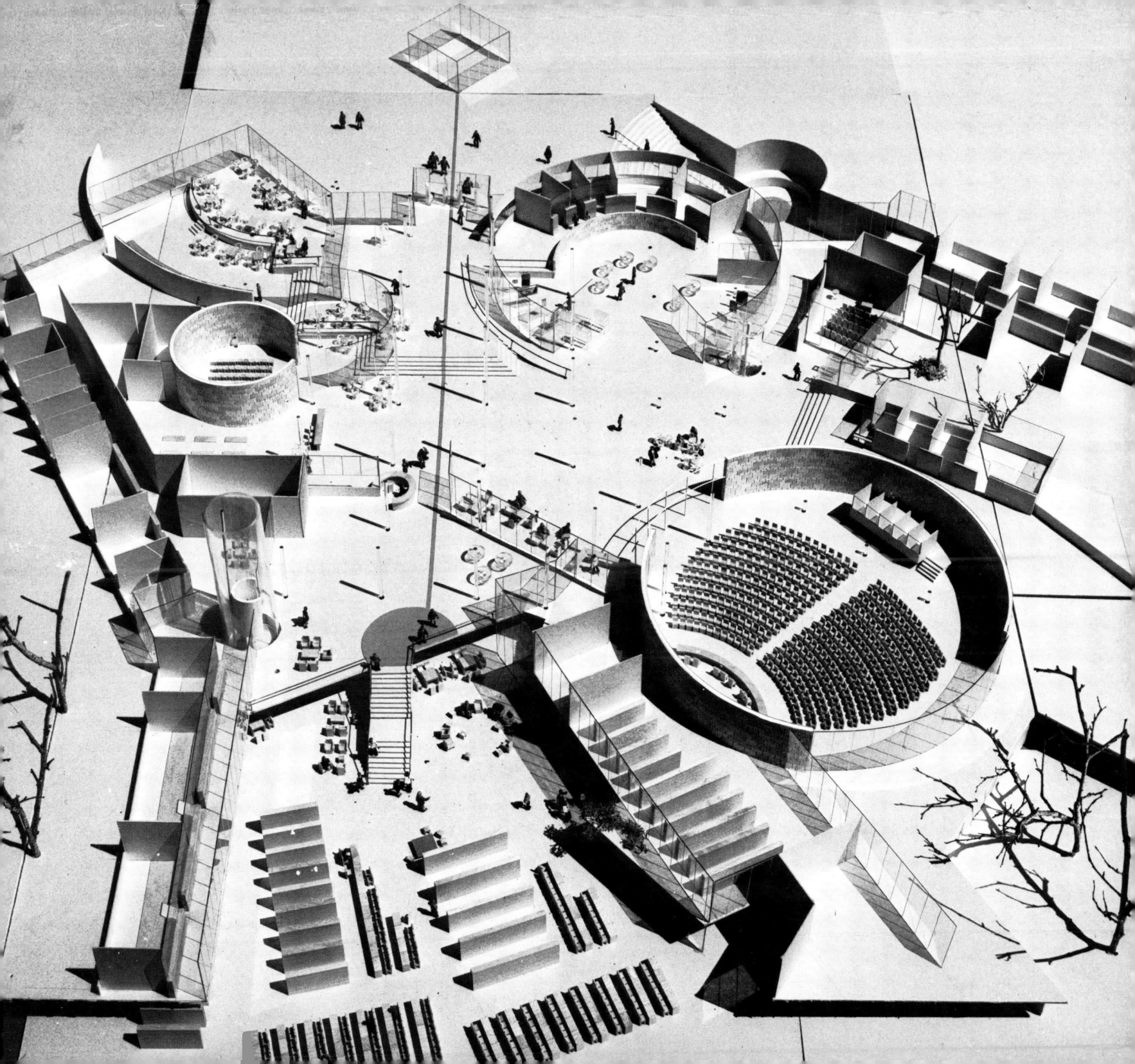

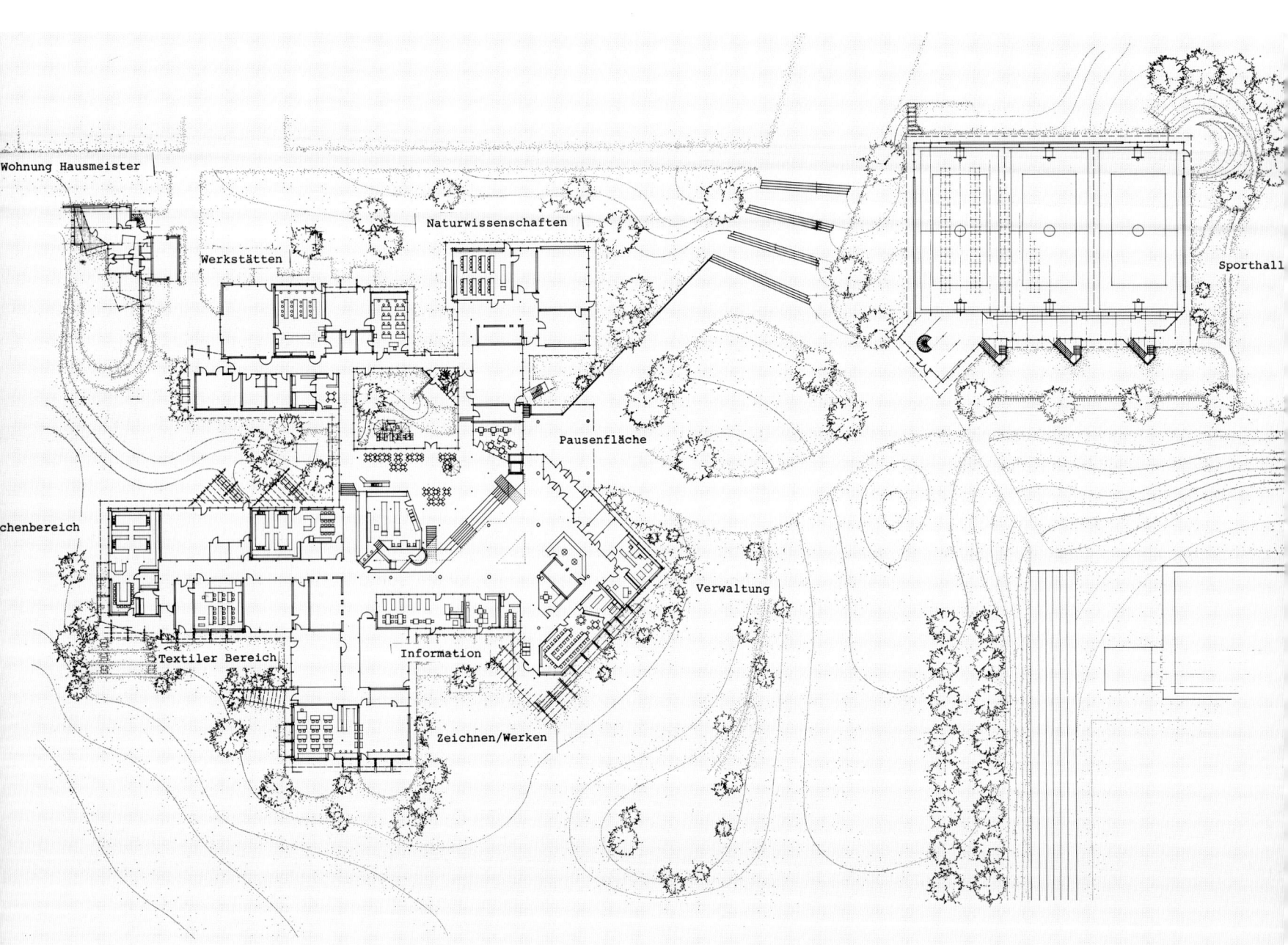

Wohnung Hausmeister

Naturwissenschaften

Werkstätten

Sporthall

chenbereich

Pausenfläche

Verwaltung

Textiler Bereich

Information

Zeichnen/Werken

Aus der Ansprache des Architekten anläßlich der Übergabe des neuen Gebäudes an die Bauherrschaft.

Lassen Sie mich beginnen mit folgenden Gedanken:

Die Stalinallee in Ostberlin –

Jeder versteht die Sprache dieser Architektur, einer Architektur, in der Haus, Baum, Mensch aufgereiht sind entlang einer langen Aufmarschstraße. Stein, Baum, Haus, Dekoration … sind Kulissen für das große Staatstheater, und die Menschen, die Bewohner der Häuser in der Allee sind darin Statisten.

Wir können ruhig davon ausgehen, daß jede Gesellschaft sich die ihrem Wesen entsprechende Architektur schafft. Bewußt oder unbewußt. Und weiter können wir ausgehen davon, daß – um bei einem bekannten Wort zu bleiben – wir erst Häuser schaffen, daß dann diese Häuser Menschen schaffen. Absoluten Herrschern war diese Wirkungweise immer bekannt. Architektur wurde in diesem Sinne eingesetzt. Grund genug für uns, uns mit Vorsicht, mit besonderer Sorgfalt und mit Bedacht unserer Aufgabe zu nähern.

Der demokratische Staat ist angewiesen darauf, daß der Mensch – und nun nicht als allgemeines, anonymes Wesen – vielmehr, daß jeder einzelne Mensch mündig sei und so mitwirken könne am mühsamen Prozeß der Herrschaft durch das Volk. Das heißt doch: im demokratischen Staatswesen und in seinen Bauten wird jeder persönlich angesprochen. Und unsere Häuser sollten dann so geplant sein, daß jeder sich finden und erkennen kann – als Individuum, welches er ja sein soll im Interesse aller. Und jeder soll in unseren Bauten erkennen können, daß er in dieser Art als Persönlichkeit auch von anderen gesehen und anerkannt wird. (Um nur einen Aspekt eines großen Themas anzusprechen.) Und jeder soll in unseren Bauten sich sehen können als Glied der Gesellschaft. Und jeder soll auch diese Gesellschaft erkennen können. Und dies in Realität, in allen Einzelheiten – eine an der wesensmäßigen Ordnung unserer Gesellschaft orientierte Ordnung in Architektur.

Gelingt uns dies, so können wir auf zwanghafte äußere Ordnungen, wie die große Achse der Stalinallee z.B. verzichten.

Adolf Arndt hat 1961 dazu gesagt: ›Nehmen wir als Beispiel öffentlichen Bauens die Schule. Ob ich die Schüler in schmutzig gelben Ziegelbauten einkaserniere, wie sie uniform auch für die Feuerwehr oder das Katasteramt jederlei Behörde einst üblich waren, oder ob ich sie hinter Stahl und Glas mit Sachlichkeit und Stoffgerechtigkeit einkastle, ist allenfalls ein hygienischer Unterschied.

Extract from the address of the architect on handing over the building to the users:

Please allow me to begin by expressing the following thoughts:

The Stalin-Allee in East Berlin:

Everyone understands the language of this type of architecture, a work of architecture in which house, tree and residents are lined up along a parade street. Every stone, tree, house and decoration… is merely a prop for the great theatre of state where the people, the residents of the houses in the street are "extras".

We may assume that every society creates the architecture which corresponds most closely to its nature – whether consciously or unconsciously. We can also assume that first we create houses and that these houses then create people. Dictators have always been aware of this principle and have used architecture to this end. For this reason, we are well advised to approach our task with the appropriate caution, care and consideration.

The democratic state relies on each citizen being politically conscious – not as an anonymous entity but rather as an individual – and thus being able to participate in the painstaking process of the leadership of the state by the people. This means that the buildings in a democratic state are addressed personally to every individual. Our houses, therefore, should be designed in such a way that all people are able to find and identify themselves as individuals, which is what they should be in everyone's interest. And all people should be able to recognize in our buildings that they are regarded and acknowledged by others as individual personalities, to touch on just one small aspect of a very broad theme. Moreover, all people should recognize themselves in our buildings as members of our society.

And everyone should be able to recognize this society, and be able to do so in a very real sense, in every detail – an architectural order corresponding to the natural order of our society.

If we succeed in this we can dispense with formal external order such as displayed by the large axes of the Stalin-Allee.

In 1961 Adolf Arndt said: "Let us consider the school as an example of public building. Whether the children are housed in dirty, yellowbrick buildings, as used to be common for the fire brigade or the land registry of various authorities, or whether they are boxed in behind steel and glass with all their material needs catered for is, at best, a purely hygienic distinction.

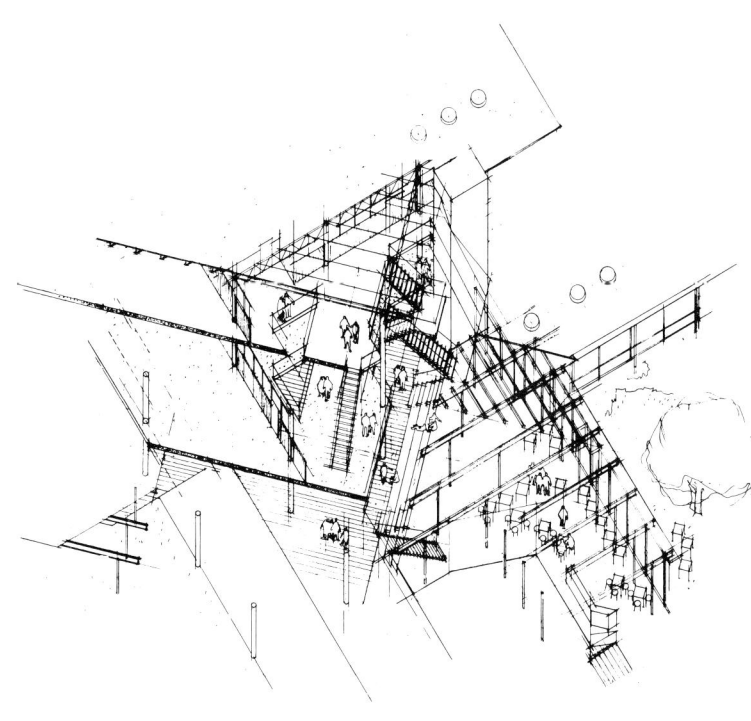

Wenn Bauen Wohnen und wenn Bauen ein Stiften und Fügen geistiger Räume sein soll, muß dann nicht in einer Demokratie der begehbare Schul-Zeit-Raum zur Schul-Wohnung werden, die sich in Ruhe und Bewegung so aufgliedert, daß sie den Schüler dazu geleitet, seiner selbst als politischer Mensch bewußt zu werden und mit sich ins Gleichgewicht zu kommen.

Hier liegt anscheinend das Ziel des ›neuen Bauens‹, das sich organisch nennt und das Gebaute als Gliedmaßen versteht, mit denen ein Mensch seiner selbst mächtig wird, die man aus politischer Sicht humane Bauweise nennen könnte.‹

Soweit Adolf Arndt.

Auch im schönen Schein, im Bilde der Architektur wird dieses Bild des Ideals unserer Gesellschaft aufleuchten: die Mündigkeit des einzelnen und sein Eingebundensein in die Gesellschaft, nämlich dann, wenn auch die Teile und Elemente unserer Bauten individuell und mündig gesehen werden und – eher freiwillig – sich verbinden zum Ganzen.

Um eine Architektur dieser Art haben wir uns bemüht. Wie könnten wir meinen, auf Dauer selbst frei und individuell sein zu können in einer Welt, in der die Dinge unterjocht sind.

If building is regarded as living and the creation and unification of spiritual rooms, then is it not obvious that in a democracy the school-room must become a school-home, designed in such a way that the school-children are encouraged to regard themselves as political entities and to come to terms with themselves.

This, apparently, is the aim of 'modern building' which calls itself organic and regards buildings as limbs which man can use to gain control over himself and which from a political point of view can be regarded as a humane method of building."

These were the views of Adolf Arndt.

This picture of the ideal in our society is also illuminated by the appearance, the image created by architecture: the political consciousness of the individual and his involvement in society; namely, when even the parts and elements of our buildings can be seen individually and consciously, and – voluntarily – unite to form the whole.

We have endeavoured to achieve this type of architecture. How could we feel free and individual in the long term in a world where everything is subjugated?

174

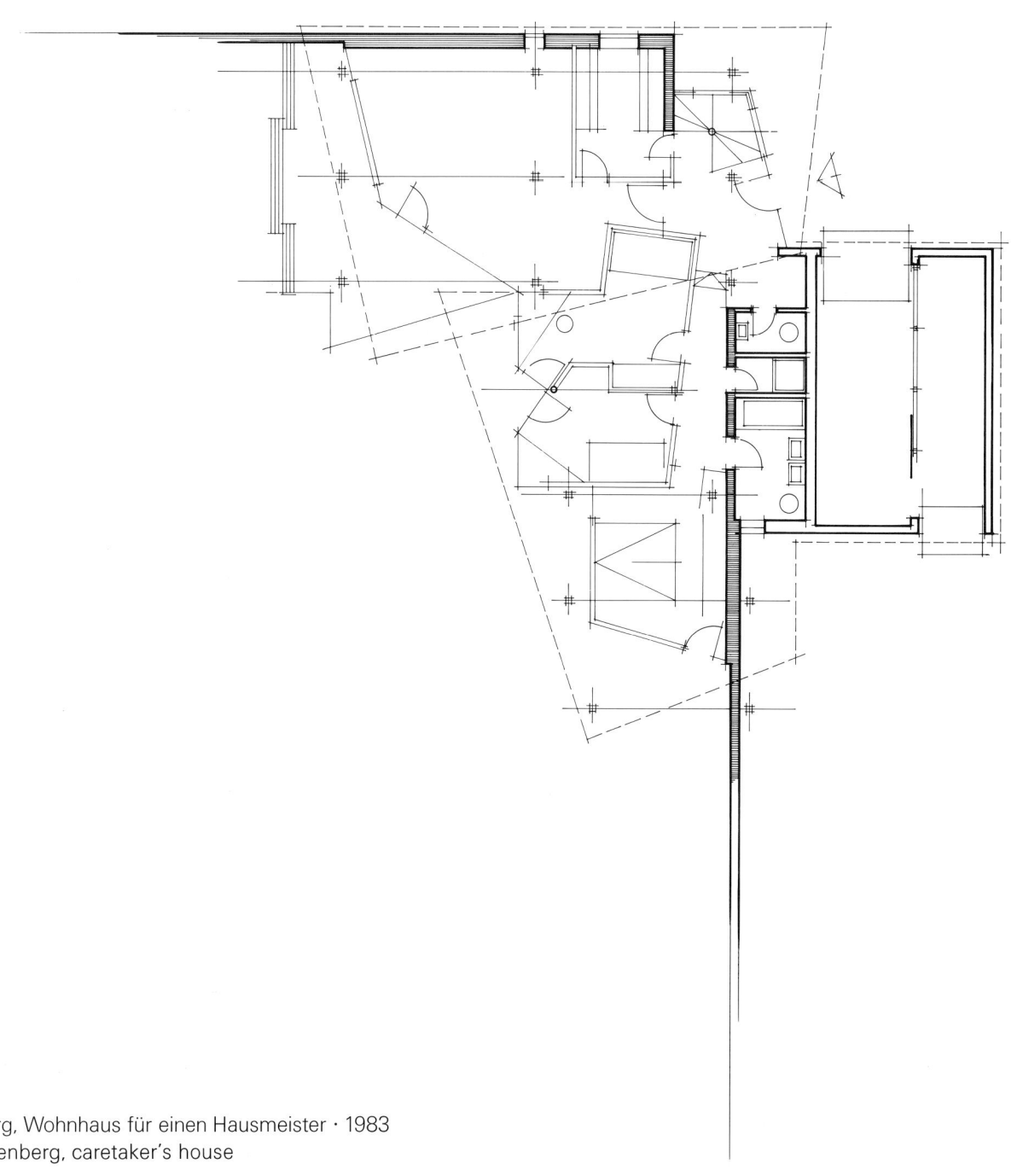

Berufsschule in Herrenberg, Wohnhaus für einen Hausmeister · 1983
Vocational school in Herrenberg, caretaker's house

176

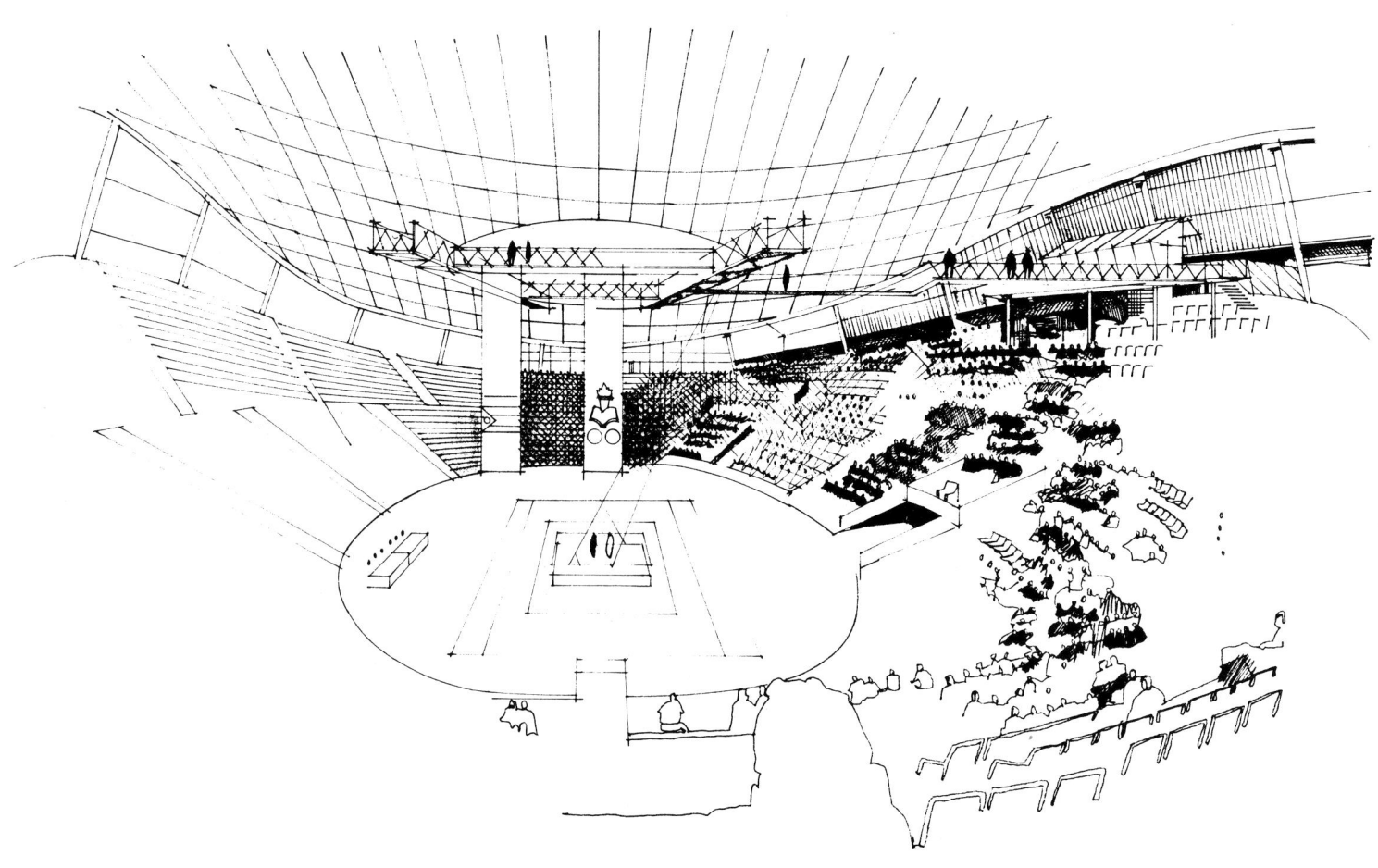

Das Wort Raum ist ein Sammelbegriff für viele Arten von Räumen: Außen- und Innenräume, Zwischenräume, den Raum um einen Gegenstand herum oder um eine Person, mathematische Räume, geometrische harmonische Räume, visuelle, akustische Räume, begehbare Räume, ertastbare Räume, Geruchsräume, Funktionsräume, symbolische Räume und vieles andere mehr.

In Häusern der Vergangenheit entstanden in der Regel Räume, in denen die meisten der oben genannten Räume zu einem Raum verschmolzen waren; einfach deshalb, weil Raum nur zwischen den Tragwänden, der Überdeckung und dem Fußboden üblich war. An der Innenseite der Wand und des Gewölbes endeten gemeinsam die visuellen, akustischen, geometrischen, begehbaren, ertastbaren usw. Räume. Einfache, starke, monumentale Räume waren so entstanden, jedoch auch eingeschränkte Räume, die real nicht aufgelöst werden konnten; sondern nur transzendental, z.B. durch das in Kuppeln angebrachte Bild des Erlösers.

In dem Maße wie die Welt differenzierter und analytischer betrachtet wurde, veränderte sich auch der Raum: zwischen den Stützen weitgespannter Skelettkonstruktionen entsteht eine andere Qualität. Viele Raumarten (z.B. visueller, begehbarer, klimatisierter …) enden nun nicht mehr an der Innenseite der Tragkonstruktion. Und eine Glaswand begrenzt wohl den klimatisierten und begehbaren Raum, aber auch nicht endgültig – schließlich können heute Glaswände versenkt oder beiseite geschoben werden; der visuelle Raum endet vielleicht erst an einer Gartenmauer, oder gar am Horizont.

Mit unseren differenzierten Techniken und mit unseren differenzierten Bearbeitungsweisen sind präzisere bauliche Antworten möglich.

The word space is a blanket term for many different types of space: exterior and interior space, intermediate space, the space surrounding an object or a person, mathematical space, geometrical and harmonious space, visual and acoustic space, space that can be perceived by touch and smell, functional space, symbolic space and many other types of space.

In buildings of the past, the many types of space listed were normally condensed into a single room. This was because space was normally only created between the loadbearing walls, the ceiling and the floor. The visual, acoustic, geometrical, accessible, touchable etc. types of space all ended at the inside of the wall and the arch. The result was simple, strong, monumental types of space which were nevertheless constricted and which could not be opened up in reality. They could only be opened up transcendentally, with an image of the Redeemer in the cupola, for example.

The nature of space, however, changed gradually in step with Man's more differentiated and analytical vision of his environment. A quite different quality is to be found in the space between the columns of widespan skeleton structures. Many types of space (e. g. visual, accessible, air-conditioned. . .) are no longer terminated by the inner wall of the loadbearing structure. And a glass wall may indeed form the limit of an airconditioned and accessible space, but not definitively – today, glass walls can be lowered or be made to slide to one side; visual space may perhaps only end at a garden wall or at the horizon. The differentiated techniques and methods at our disposal make it possible to give a more precise architectural response to each particular problem.

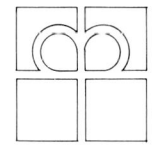

Schwer kann man sich Widersprüchlicheres vorstellen:

Auf der einen Seite eine von einer Baugesellschaft aufgestellte Vorplanung, die geprägt ist von dem Bemühen, erworbenen Grund und Boden extrem zu nutzen … durchaus auch zu Lasten der Stadt, der Umgebung, des einzelnen … und auf der anderen Seite das ›Diakonische Werk‹, dessen Arbeit den Alten und den Behinderten, den sozial gefährdeten Kindern und Jugendlichen, Kranken, Suchtkranken, psychisch Kranken, Gefährdeten – kurz allen, die zeitweilig oder auf Dauer Hilfe, Beratung oder Therapie brauchen, gilt – Menschen also, die eigentlich vor denjenigen Konditionen, die bisher hier wirksam waren, geschützt werden sollten.

Dieser Konflikt muß aufgedeckt werden in Architektur, d.h.: die sich nicht gleichenden Wertvorstellungen sind sich gegenüberzustellen. Die Teile der Vorplanung, die bis zum Stützenskelett durchgreifen, werden von sich aus rational, rationell, technologisch richtig, stark, zwingend, verschlossen sein. Diejenigen Teile und Momente jedoch, über die das Diakonische Werk verfügen kann, sollten dagegen offen, nicht perfektioniert, einsichtig, schwächer, reaktionsfähig … sein.

Damit können im ›großen System‹ Orte entstehen, die von der eigenen Individualität bestimmend sind; z.B. der Bereich um den ›Innenhof‹, ein Glashaus, dessen Glasdach zu öffnen ist, oder die Sitzungssäle, die die Geometrie des Systems verlassen und sich freier ausformen, oder die Cafeteria, die im Erdgeschoß liegt, die mit ihrem kleinen Garten einen

It is difficult to conceive of a greater contradiction:

On the one hand, a design compiled by a construction company, based on optimal exploitation of the land available with no regard for town planning, the environment or the individual…

On the other hand, the Charitable Service, whose work serves to benefit the old, the handicapped, socially disturbed children and youths, the infirm, addicts, the mentally ill, and endangered groups; in short, all those who require help, advice or therapy on a long or short term basis; people, therefore, who need protection from those very conditions which have up to now been prevalent here.

This conflict must be brought to light by architecture; i. e. the contradictory values must be subjected to confrontation. The elements of the original design, which extend as far the skeleton construction, will, by their nature, be rational, technologically correct, strong, forceful and closed. The elements and aspects available for use by the Charitable Service, however, should be open, non-perfected, transparent, more gentle, capable of reaction…

Thus, locations can be developed within the overall system which possess a certain determination based on their own individuality. For example, the area around the interior court, a glasshouse, the roof of which can be opened, or the meeting rooms which depart from the geometry of the system and take shape freely. or the cafeteria on the ground floor, creating a very special atmosphere with its garden, and much more; this applies also to the corridors and halls, which widen and narrow in the horizontal and vertical plane; which form niches, views, and contexts which all serve to create special situations which are all part of the whole complex while retaining their individuality.

The positions of the various locations in the overall complex are also of significance. It might have seemed the obvious solution to locate the rooms for receiving visitors on the lower floors. This, however, would mean that the administration areas would be located in and withdrawn position on the upper floors, thereby enjoying preferential treatment. This does not correspond to the character of the Charitable Service. Thus, it has been arranged so that visitors walk through the building up to the highest floor.

The materials and constructions must be considered in the same way: as open systems. There are no generally suitable and thus overdimensioned solutions but rather recognizable and reliable special architectural answers to individual problems. If it looks like wood, then it should be

ganz speziellen Ort markiert, und vieles mehr; so auch die Situationen in
den Verkehrsflächen, Fluren, Hallen, die sich in der Horizontalen und Vertikalen weiten und verengen, die Nischen, Durchblicke, Zusammenhänge,
besondere Orte bilden, die durchaus Teile des Ganzen und doch sie
speziell sind.

Auch der Lage der Orte im Gesamtgefüge kommt Bedeutung zu. Es
hätte naheliegen können, die Räume mit Besucherverkehr in den unteren
Geschossen anzuordnen. Dies würde jedoch dazu führen, daß die Ver-
waltungsteile dann in den ›entrückteren‹ Obergeschossen liegen würden,
daß ihnen damit eine bevorzugte Situation zugesprochen würde. Dies
entspräche nicht dem Charakter des ›Diakonischen Werkes‹. So laufen
heute die Besucher durch das Haus bis in das oberste Geschoß.

Die Materialien und Konstruktionen müßten unter den gleichen Voraussetzungen betrachtet werden: keine geschlossenen Systeme, keine gene-
rell für jeden Fall geeignete, damit überdimensionierte Lösungen, vielmehr
spezielle architektonisch-technische Antworten für spezielle Probleme,
erkennbar und verläßlich. Was wie Holz aussieht, soll Holz sein, und
schwer arbeitende Stahlbetonkonstruktionen sind schwer und sehen
kräftig aus. Keine Kunstsprache – für alle erkennbar und beurteilbar.

Eine Architektur kann so entstehen, die offen ist, die sich freiwillig in die
Rolle des Schwächeren begeben hat und zu der auch Schwächere kommen können. Indem wir uns dem Anspruch der Mächtigen auf Alleinherr-
schaft entgegenstellen, geben wir Raum den schwächeren Kräften, der
Individualität von Ort, Ding und Mensch. Wir geben ihnen die Möglichkeit, sich zu finden und auszuformen.

wood, just as reinforced concrete constructions, bearing great weights,
are heavy and look strong. No artificial language – everything must be
recognizable and subject to individual appraisal.

Thus, a type of architecture can evolve which is open and which puts
itself voluntarily in the position of a weaker element, thereby allowing
weaker elements to identify with it. By confronting the claim of the
powerful to sole leadership, we are aiding the weaker elements and pro-
moting individuality of location, object and man, giving these the opportunity to find themselves and develop accordingly.

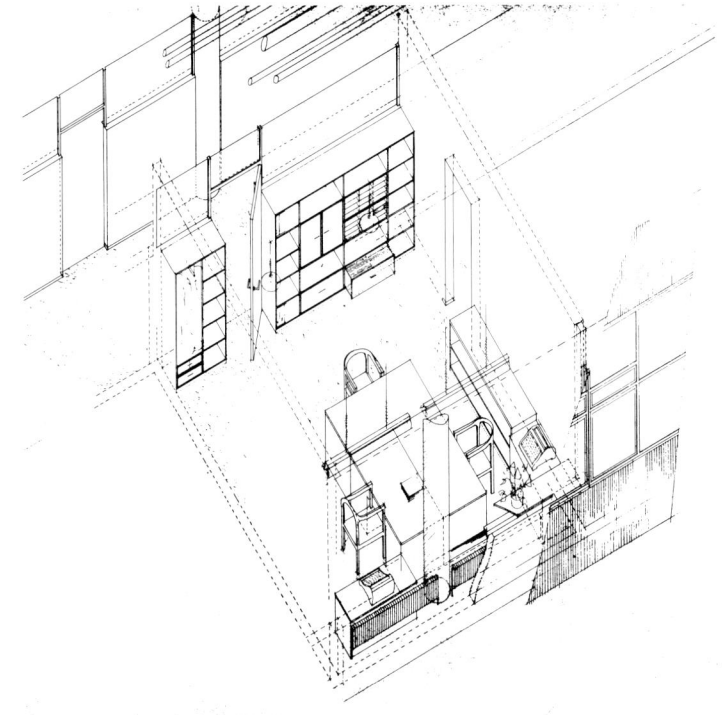

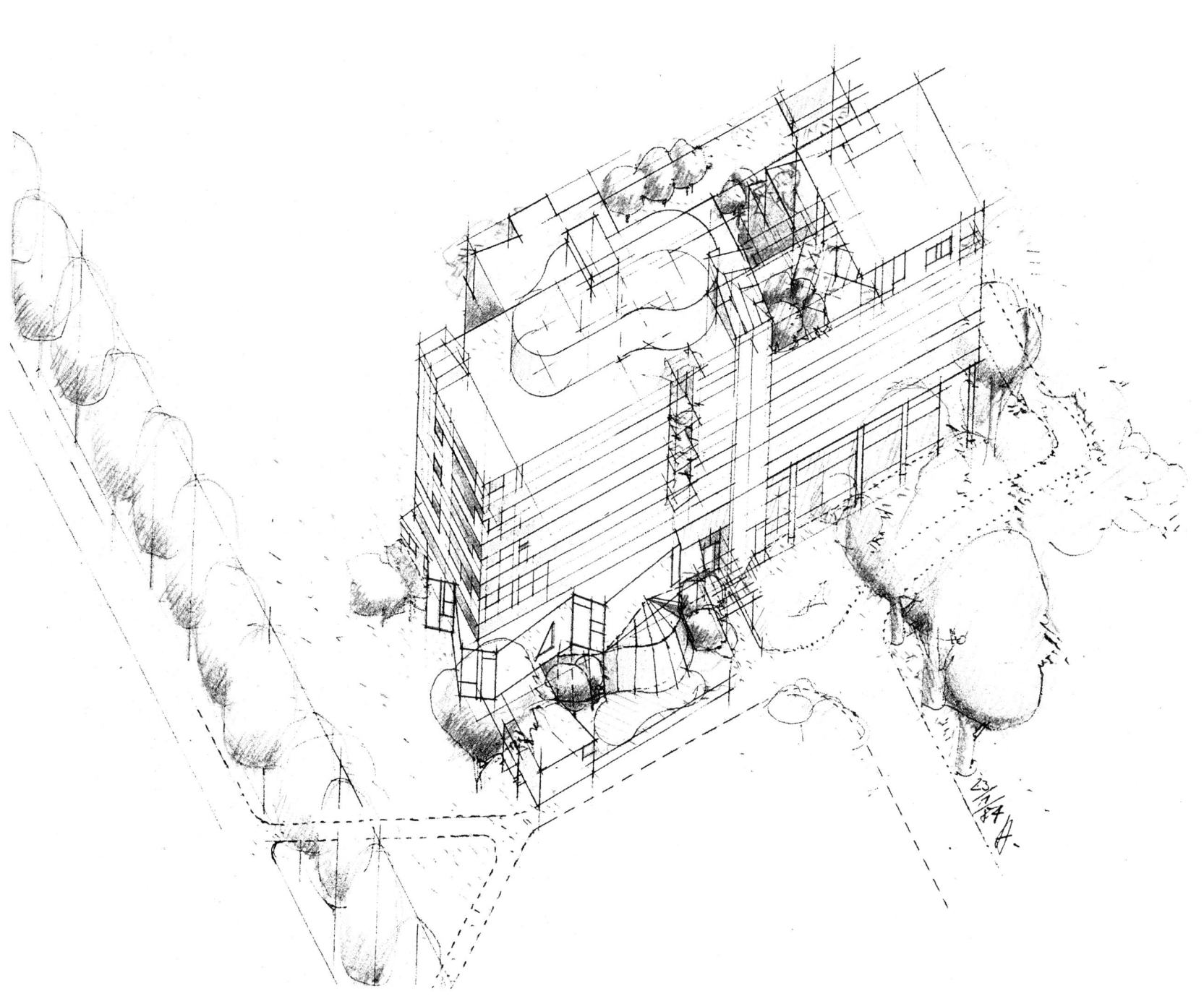

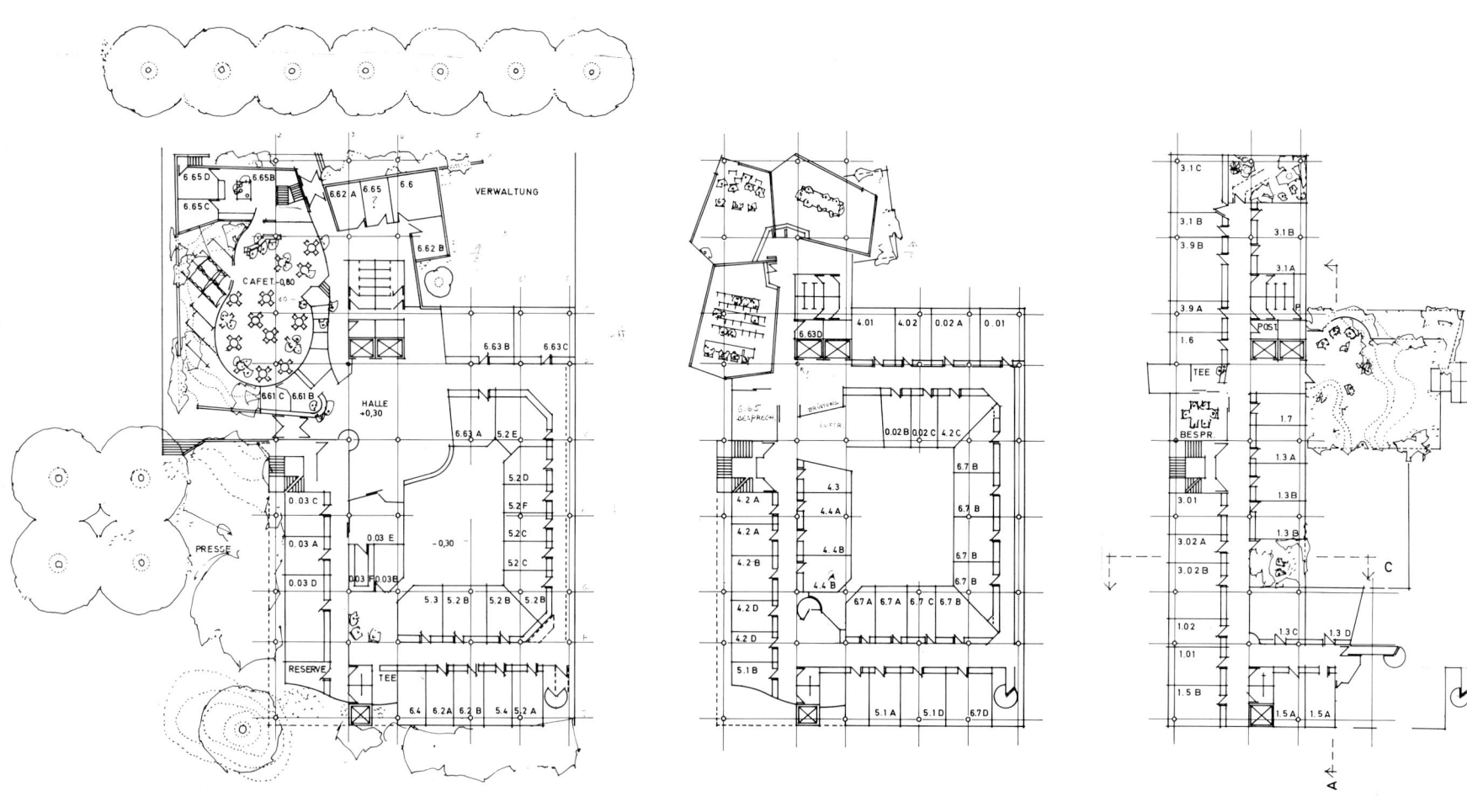

Erdgeschoß
Ground floor

1. Obergeschoß
1st floor

3. Obergeschoß
3rd floor

Leybold-Heraeus ist in den vergangenen Jahren rasch gewachsen. Die existierenden Gebäude der Firma spiegeln diesen Wachstumsprozeß wider.

1983 beschloß die Firma, einen planerischen Rahmen für zukünftige Entwicklungen aufzustellen. Dabei sollte eine Struktur gefunden werden, die Entwicklungsrichtungen, Flächen, deren Versorgung usw. vorgab und sicherte, die darüber hinaus jedoch Größe und Ausformung zukünftiger Bauten offen ließ.

Vom Zuschnitt des Geländes her bot sich eine lineare Entwicklungsachse an. In dieser Achse sollten die Bauten erschlossen und mit den bestehenden Bauten verbunden werden; im oberen Geschoß durch einen wettergeschützten Fußweg. Die im Erdgeschoß liegenden Verbindungen für die Transportfahrzeuge etc. sollten freigehalten werden. An der geplanten Erschließungsachse lagern sich dann Flächen für die unterschiedlichen Funktionsbereiche der Firma an: Flächige Laborgebäude, ausgedehnte Produktionshallen und – wegen der beschränkten Größe des zur Verfügung stehenden Grundrisses – Bürobereiche in turmartigen Bauten.

Diese Bürotürme stehen auf einem Schaft und dieser Schaft wird in den Bürogeschossen zu einem Kern ausgeformt, in dem die Versorgungsfunktionen (Treppe, Aufzüge, WC etc.) eingeschlossen sind.

Kreisrunde Geschoßdecken (d = 20 m) kragen von diesem Kern aus. Es ergeben sich stützenfreie Büroflächen, die als Großräume genutzt oder in Gruppenräume unterteilt werden können. Die Ecken des ›dreieckigen‹ Kernes bilden Ansätze für eine solche Unterteilung.

Konstruktion und Technik der Türme wurden präzise entwickelt: Die Last aus den Decken wird über den massiven Stahlbetonkern abgetragen. In den kreisförmig auskragenden Stahlbetondeckenplatten entsteht eine Ringwirkung. Eine flächige und kontinuierliche Lastabtragung wird so erreicht. Eine kreisförmige, massive Stahlbetonplatte bildet den Übergang zum Kern. Die sehr guten Bodenverhältnisse ermöglichen eine wirtschaftliche Gründung, obwohl hohe Bodenpressungen entstehen.

Das Gebäude wird natürlich be- und entlüftet. In der Fassade werden die Metallsprossen als Heiz- und Kühlffächen benützt. Die Außenhaut wird durch einen feststehenden und einen beweglichen Sonnenschutz verschattet. Die massiven Stahlbetonteile sind auch ›Temperaturpuffer‹: In der Stahlbetonkonstruktion ist ein System von Rohrleitungen eingelegt, durch das nachts kühle Luft geblasen werden kann. Mit Hilfe der ausgekühlten Stahlbetonkonstruktion kann auch im Sommer die Raumtemperatur ohne Klimaanlage in erträglichem Rahmen gehalten werden.

Leybold-Heraeus have expanded rapidly in recent years, and this development is expected to continue in the future. The company's existing buildings reflect this growth.

In 1983 the company decided to prepare a master plan for future developments. The aim was to find a structure which laid down and assured the directions developments should take, as well as areas, services etc., but which left the size and design of future buildings open.

Considering the site, a linear development axis was an obvious choice. Access to the new buildings and connections with the existing ones would be provided within this axis; on the upper floor by a walkway protected from the elements. The connections on the ground floor, for transport vehicles etc., were to be kept free. Areas for the company's various function areas would then lie along the planned access route: large-area laboratory builddings, extensive production facilities and – because of the limited size of the site – office space in tower-like buildings.

These office towers stand on shafts which, on the office floors, form cores incorporating the building services (stairs, lifts, WCs etc.).

Circular floors 20 metres in diameter project from this core, so that the office space has no columns and can be used as open-plan offices or subdivided into smaller rooms for groups. The edges of the "triangular" core form starting points for a subdivision of this kind.

Constructively and technologically, the towers were developed with great precision: The floor load is transferred via the solid reinforced concrete core. In the circular projecting reinforced concrete floor slabs a ring effect occurs. Thus, continuous two-dimensional load transfer is achieved. A solid circular reinforced concrete slab forms the transition to the core. Even though ground pressures are high, the very good soil conditions made an economical foundation possible.

The building is naturally ventilated. The metal fins in the façade are used as heating and cooling surfaces. The outer skin is shaded by both fixed and moving solar protection equipment. The solid reinforced concrete components also act as "temperature buffers": there is a system of pipelines laid in the reinforced concrete construction, through which cool air can be blown overnight. The cooled-down concrete construction enables the room temperature to be kept within tolerable limits in summer, too.

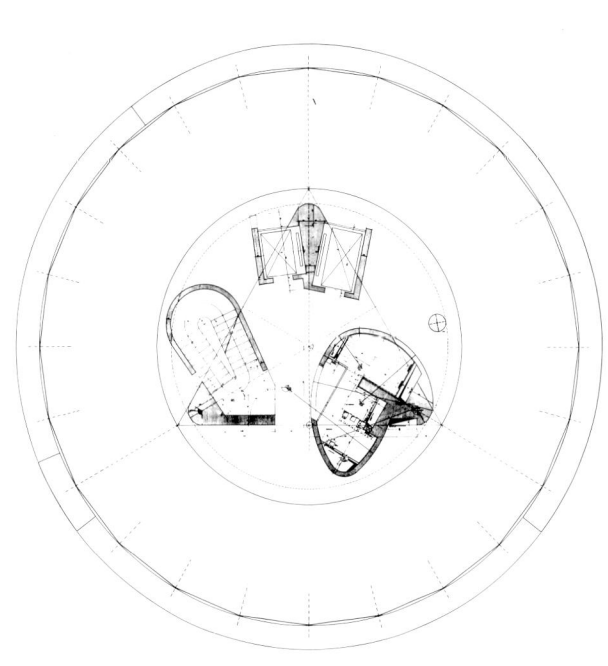

Büroturm von Leybold-Heraeus in Hanau · 1984
Office Tower for Leybold-Heraeus, Hanau

Die neue Sporthalle liegt in der Talaue der Murr, zwischen den das Tal begrenzenden Hängen des Schwäbischen Waldes. Die Halle ist Teil des im Laufe der Jahre gewachsenen Schul- und Sportzentrums von Sulzbach.

Nach Süden hin öffnet sich der Hallenraum der freien Talaue und dem gegenüberliegenden bewaldeten Hang zu. Im Norden begrenzen die Umkleidebereiche die Halle. Wohnbauten schließen sich hier an.

Wenige Elemente formen die Erscheinung:

Die schöne Talaue, die Hänge des Schwäbischen Waldes, die dünne, weit ausladende Dachplatte mit den durch Oberlichte abgedeckten Hauptträgern, die Glasflächen, das tieferliegende Spielfeld, Wiesen, Sportplatz, Bäume.

Man meint, die Halle stünde schon Jahre an diesem Ort.

The new gymnasium is in the valley of the River Murr, between the hills of the Swabian Forest, which enclose the valley. The gymnasium is part of the Sulzbach school and sports centre which has developed here over the years.

To the south, the gymnasium opens out towards the unspoiled valley meadow and the wooded hillside across the river. To the north, the locker room areas form the boundary of the building and residential buildings adjoin the site.

The overall appearance is moulded by just a few elements: The beautiful banks of the river, the hillsides of the Swabian Forest, the thin, broad span of the roof slab with its main girders covered by skylights, the glazed areas, the games pitch below, meadows, the sports field, trees.

One has the impression that the gymnasium has been there for years.

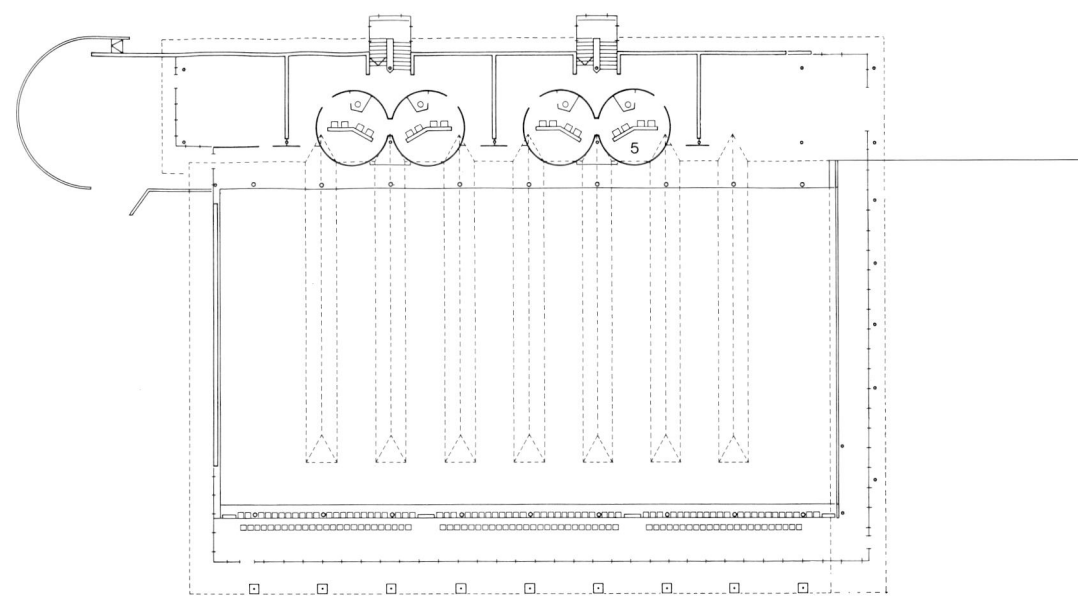

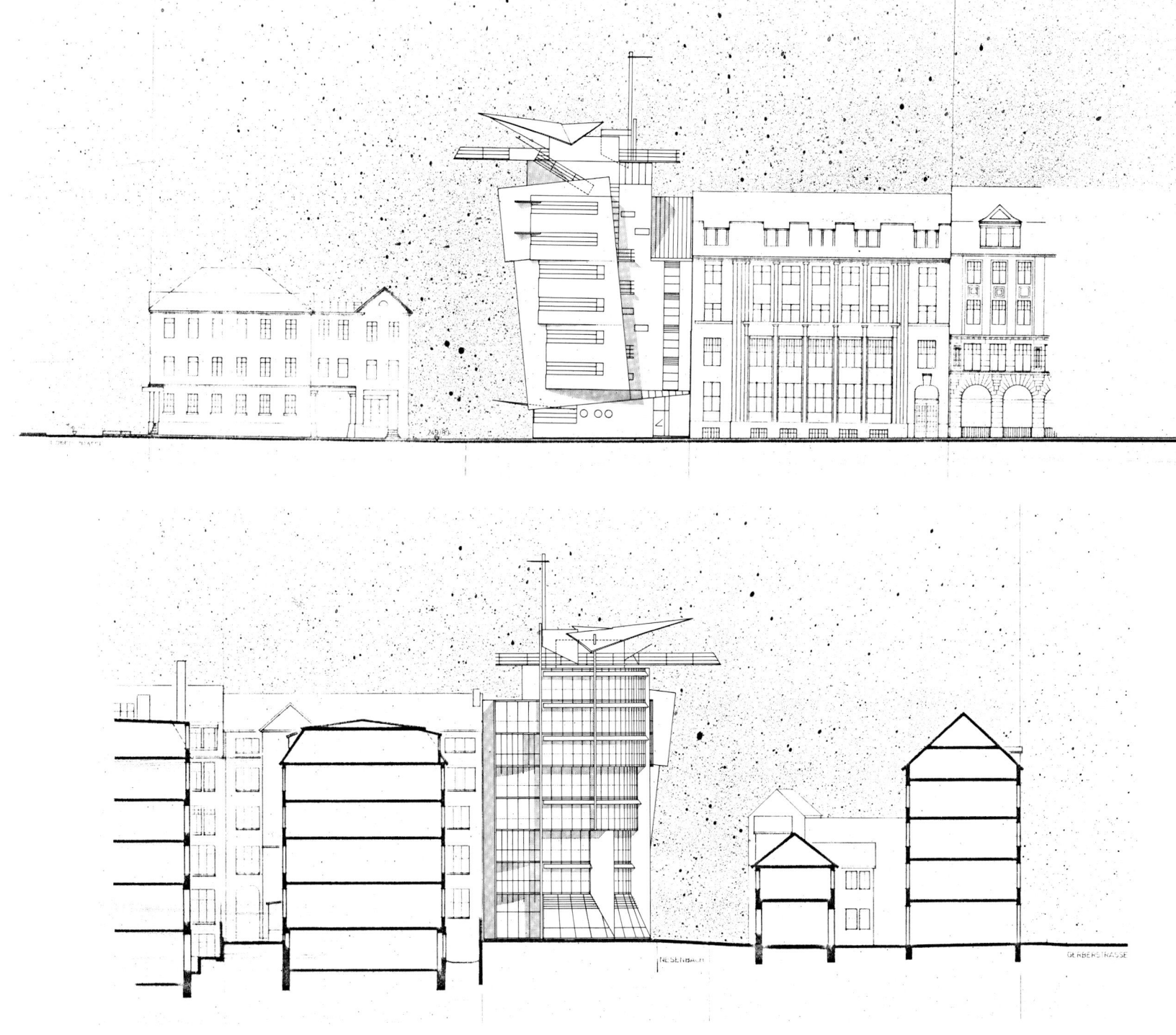

Wohngebäude im Gerberviertel Stuttgart · 1986

Residential buildings in the "Gerberviertel" (Tanners' quarter) in Stuttgart

Der ›Kleine Schloßplatz‹ in Stuttgart entstand in Folge eines vor zwei Jahrzehnten ausgeführten Durchbruches einer Bundesstraße durch das Zentrum Stuttgarts, eher ein Abfallprodukt dieser Maßnahme als das Ergebnis von Stadtbaukunst. Dieser Platz ist einer derjenigen Punkte in der Stadt, an denen diejenigen keine Ruhe geben, die alles ›in Ordnung bringen‹ wollen. Und eigentlich fürchtet man sich gerade vor diesen Ordnungsvorstellungen.

Der Platz hat schon heute Qualitäten, darüber hinaus könnte er große Bedeutung in der Stadt gewinnen; als Dreh- und Angelpunkt, als Verbindungselement dreier Stadtteile. Von seiner Lage her ist der Platz prädestiniert für diese Aufgabe. Er müßte nur in die Lage versetzt werden, diese Aufgabe übernehmen zu können, d. h. er müßte städtebaulich sichtbar und für den Fußgänger leistungsfähig angebunden werden an die angrenzenden Stadtteile. Das macht wohl administrative Mühe, kostet Engagement und Geld.

Selbst unter den heute ungünstigen Voraussetzungen hat der Kleine Schloßplatz seine Klientel; Gruppen, die sonst nicht ohne weiteres Platz finden in dieser Stadt, die durch Geld und Handel im Zentrum besetzt ist. Der Kleine Schloßplatz ähnelt heute einer Brache, auf der sich ja auch manches ansiedelt, was auf den intensiv genutzten Flächen keine Bleibe findet.

Nun möchte die Stadt Stuttgart diesen Stein des Anstoßes beseitigen; das heißt, den Platz verändern. Ein Gebäude soll zwischen dem eigentlichen Schloßplatz und dem Kleinen Schloßplatz errichtet werden, ungefähr in Front der Randbebauung der Königstraße. Ein Museum. Einerseits gedacht wohl als Wiedergutmachung gegenüber dem dort früher plazierten Kronpinzenbau, der seinerzeit der Bundesstraße weichen mußte, andererseits wohl auch mit dem Ziele, den Stein des Anstoßes zu beseitigen.

Auch das würde nicht ohne Folgen sein. Möglicherweise könnte man dann das vorhandene städtebauliche Problem hinter einem Museumsgebäude verstecken. Damit wäre es aber nicht getan. Dabei würde auch der Kleine Schloßplatz mit dem sehr schönen Gebäude der Württembergischen Bank von Rolf Gutbrod weiter in den Hintergrund gedrängt. Und wer möchte das?

Und die beim seinerzeitigen Durchbruch der Straße quasi als Nebenprodukt entstandene Chance, den im Norden liegenden Teil der Stadt Stuttgart mit Universität etc. funktional und sichtbar mit dem Zentrum der Stadt zu verbinden, würde zumindest sehr erschwert.

Kleiner Schlossplatz in Stuttgart came into being two decades ago as the result of a Federal trunk road being driven through the centre of Stuttgart, and is thus more a by-product of this measure than the result of the urban developer's art. This plaza is one of those places in Stuttgart that none of those who want to "create order" can leave in peace. And indeed, it is precisely these notions of order that one is afraid of.

Even today, the plaza has its qualities. It could gain additional great significance as a pivotal point, a focus serving to link three city districts. Its position predestines the square for this task. It would only have to be enabled to assume this task, that is to say, it would have to be connected to the adjoining city districts in a way that was logical in terms of urban development and practical from the point of view of the pedestrian. Of course, this would need administrative effort and be costly in terms of commitment and money.

Even given today's unfavourable conditions, Kleiner Schlossplatz has its clientele; groups who otherwise would not easily find room in the city, the centre of which is occupied by finance and commerce. Today's Kleiner Schlossplatz resembles a fallow field on which many have settled who have not found an abode in the intensively used areas.

The City of Stuttgart would now like to remove this stumbling block; that is to say, alter the plaza. A building is to be erected between Schlossplatz itself and Kleiner Schlossplatz, roughly in a line with the buildings lining Königstrasse. A museum. On the one hand, presumably to make amends for the Kronprinzenbau which used to stand there and which had to make way for the Federal trunk road and, on the other, presumably also with the aim of removing the stumbling block.

Even this would not be without consequences. One possibility would then be to hide the existing urban development problem behind a museum building. This would be no solution, however. Moreover, it would only push Kleiner Schlossplatz, with its very attractive Württembergische Bank building by Rolf Gutbrod, even further into the background. And who would want that?

Furthermore, it would at the very least be much more difficult to make a functional and visual connection between the northern district of the city, with the university etc., and the city centre – an opportunity which arose more or less as a by-product of the breach made by the road.

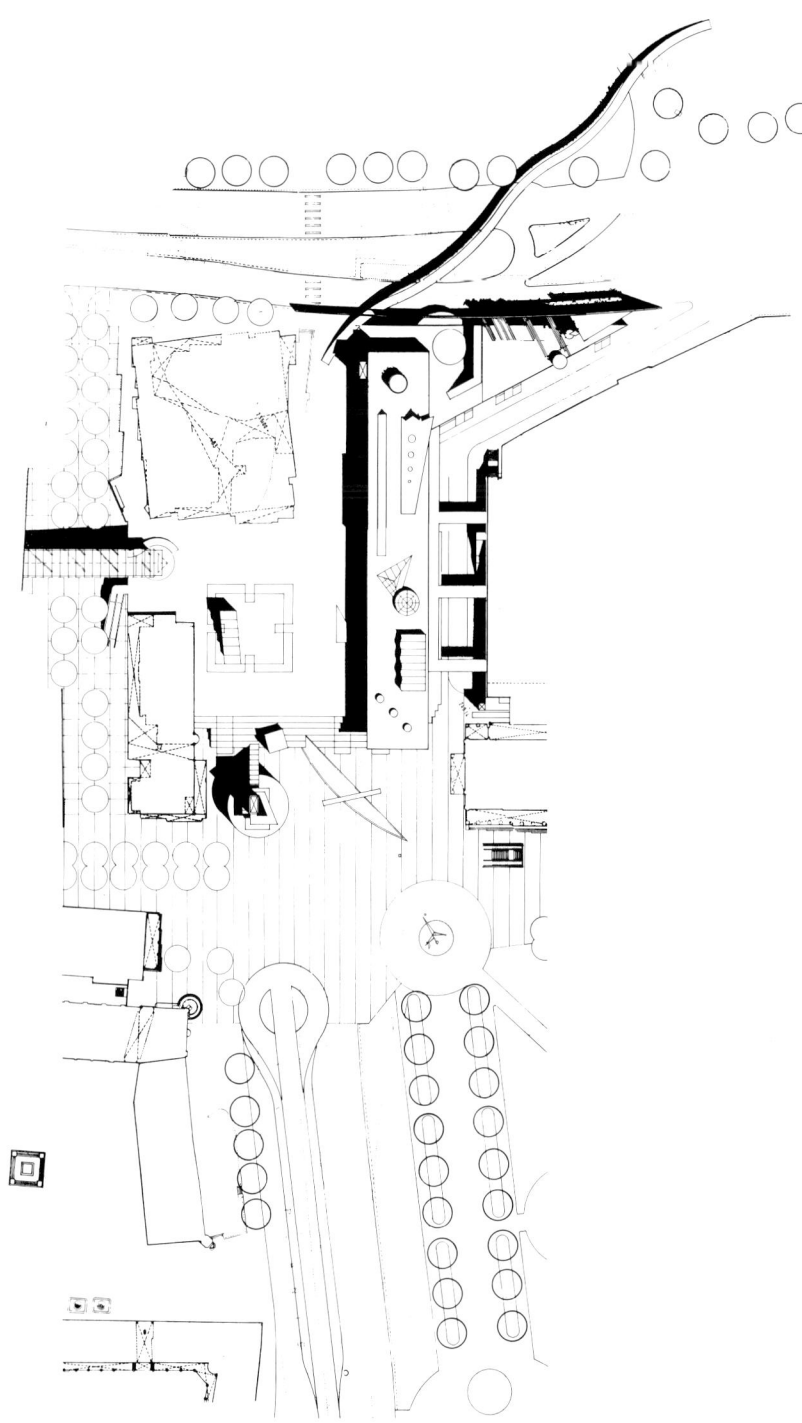

Es hat sich einfach zu viel verändert seit der Zeit, in der der Kronprinzenbau gebaut wurde. Es ist schwer zu beurteilen, ob die damalige Stadtsituation überhaupt besser war als die heutige. Zu reproduzieren ist sie nicht mehr, selbst wenn man dieses alte Gebäude originalgetreu rekonstruieren würde.

Von diesem Ansatz aus entwickelte sich unser Entwurf: Die Verbindung zwischen dem Schloßplatz und dem Kleinen Schloßplatz wurde offengelassen, die Verbindungsstelle selbst architektonisch ausgeformt, leistungsfähige, architektonisch gut ausgebildete Verbindungswege nach Norden und nach Westen zu den angrenzenden Stadtgebieten wurden vorgeschlagen, der Drehpunkt am Übergang Schloßplatz/Kleiner Schloßplatz durch ein plastisches, turmartiges Gebilde akzentuiert; und das Gebäude für die städtische Galerie hätte dann den Kleinen Schloßplatz im Osten fassen können und sich ausdehen in die für den Verkehr nicht mehr erforderlichen Räume unter der Ebene des Kleinen Schloßplatzes.

Quite simply, too much has changed since the time when the Kronprinzenbau was built. It is difficult to say whether the situation of the city was at all better in those days. It can no longer be replicated, not even if one were to reconstruct the old building stone for stone.

This thought was the basis of our design: the connection between Schlossplatz aand Kleiner Schlossplatz was left open, with the point of connection itself being given architectural expression. Practical, architecturally well-formed connecting pathways were proposed to the adjoining city districts to the North and West, while the pivotal point at the transition between Schlossplatz and Kleiner Schlossplatz was to be accentuated by a plastic, tower-like construction. The building housing the municipal gallery would then have defined Kleiner Schlossplatz to the East, and have extended down into the space, no longer needed for traffic, below the level of Kleiner Schlossplatz.

Kleiner Schloßplatz in Stuttgart · Architektenwettbewerb · 1985   Kleiner Schlossplatz, Stuttgart · Architectural Competition

In den neuen Gebäuden werden unterschiedliche Funktionsbereiche angesiedelt sein. Die architektonischen Gestalten ergeben sich aus diesen unterschiedlichen Aufgaben und ihrer Lage im Gesamtgefüge. Sie stehen miteinander im Dialog. Ihre Beziehungen zueinander sind weitgehend zwanglos und nicht ›von oben herab‹ festgelegt.

So entsprechen die Gebäude zur stark befahrenen Kurt-Wolters-Straße hin in Gliederung und Maßstab den Dimensionen des fließenden Verkehrs, zum Campus hin werden sie den dort bestehenden Bauten gerecht, während das Innere entsprechend den unterschiedlichen Anforderungen der Nutzer organisiert und gestaltet ist. Die Gebäude bleiben ›durchsichtig‹, d.h. sie gewähren Einblick, Ausblick und Durchblick. In diesen Gebäuden kann man sich auch ohne geometrische Ordnung gut zurechtfinden.

Kunst am Bau:

Nach den Erfahrungen der Verfasser ist es so gut wie unmöglich, namhafte Künstler im Wettbewerbsstadium für eine ernsthafte Mitarbeit zu gewinnen. Es scheint daher sinnvoller, für die Kunst zunächst einen Rahmen abzustecken, der zu einem späteren Zeitpunkt, wenn die Planungen in ein konkreteres Stadium eintreten, mit Künstlern ausgefüllt werden kann.

Beim vorliegenden Projekt bieten sich für die Kunst am Bau aus der Sicht des Architekten folgende Möglichkeiten:
– Thematisch gebundene Kunstwerke, in diesem Fall z.B. ›ästhetisierte Technik‹ in loser Verbindung zum Gebauten.
– Freie Kunstwerke, die wichtige Punkte markieren und aufwerten, z.B. Plastiken in freier Aufstellung auf Plätzen oder in Hallen.
– Kunstwerke in enger Verbindung mit dem Gebauten, die Situationen verbessern, also dazu beitragen, Enges weiter, Niedriges höher, Dunkles heller zu machen.

The new buildings are intended to house various functional areas. The architectural forms are based on these various functions and their position in the overall complex. They are intended to communicate with each other. Their interrelation is to a great extent informal and not imposed "from above".

Thus, the buildings along the busy Kurt-Wolters Strasse correspond in arrangement and scale to the dimensions of the flowing traffic. The buildings facing the campus blend in with the existing buildings there, while the interior is organized and designed to cater for the various demands of the users. The buildings maintain a certain transparency; in other words, they provide a clear view and optimal visual "access". They are designed so that one can find one's way around even without a definite geometric arrangement.

Art in Buildings

The experience of the authors has shown that it is almost impossible to gain the serious cooperation of well-known artists at the competition stage. It makes more sense, therefore, to set up a framework in the initial stages which can accommodate artists later, when design work reaches a more concrete stage.

The present project offers the following possibilities for art in building from the point of view of the architect.
– Thematically united works of art, in this case for instance "aestheticized technology" loosely related to the buildings.
– Individual works of art marking and emphasizing important points, e.g. free-standing sculptures in squares or halls.
– Works of art closely related to the building, effecting improvements to certain situations; i.e. broadening narrow spaces, causing low elements to appear higher or brightening dark areas.

4. OG + 19.00
3. OG + 15.75
2. OG + 12.50
1. OG + 9.25
ERSCHLIESSUNGSEBENE + 6.3
EG ± 0.00
DURCHGANG IM EG
EG ± 0.00
WERKSTÄTTEN IM EG
U1 - 4.75
U2 - 8.00
TIEFGARAGE
ERDKERN
UNTERFÜHRUNG HOLLÄNDISCHER PLATZ
ERSCHLIESSUNGSTURM
EINGANGSHALLE MIT ROLLTREPPE
ZENTRALER BEREICH
MASCHINENBAU
TIEFGRÜNDUNG AUF TRAGENDE SCHICHT

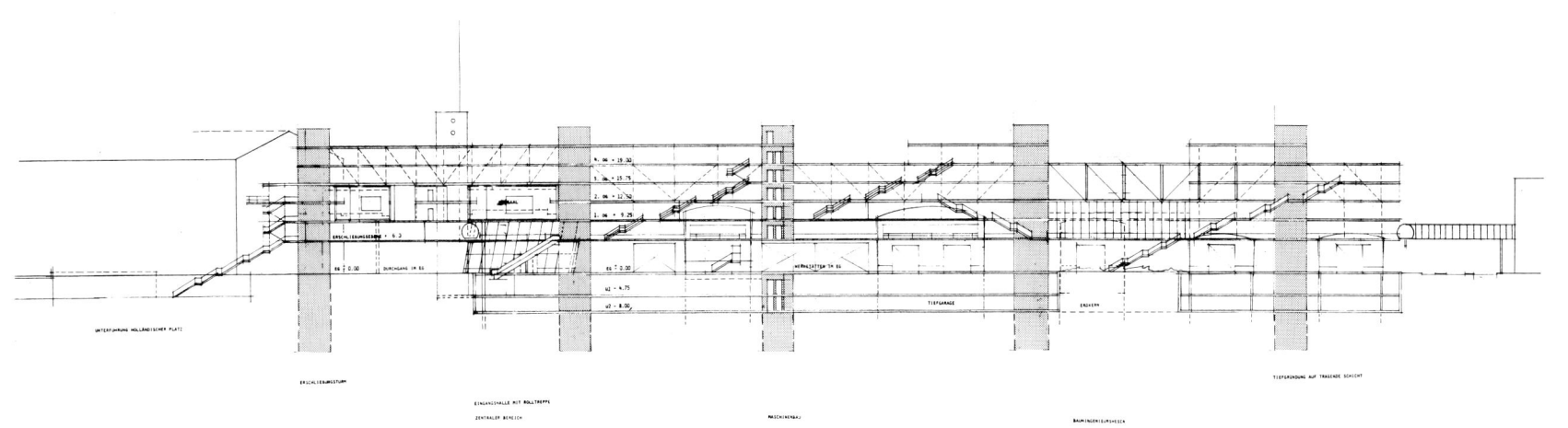

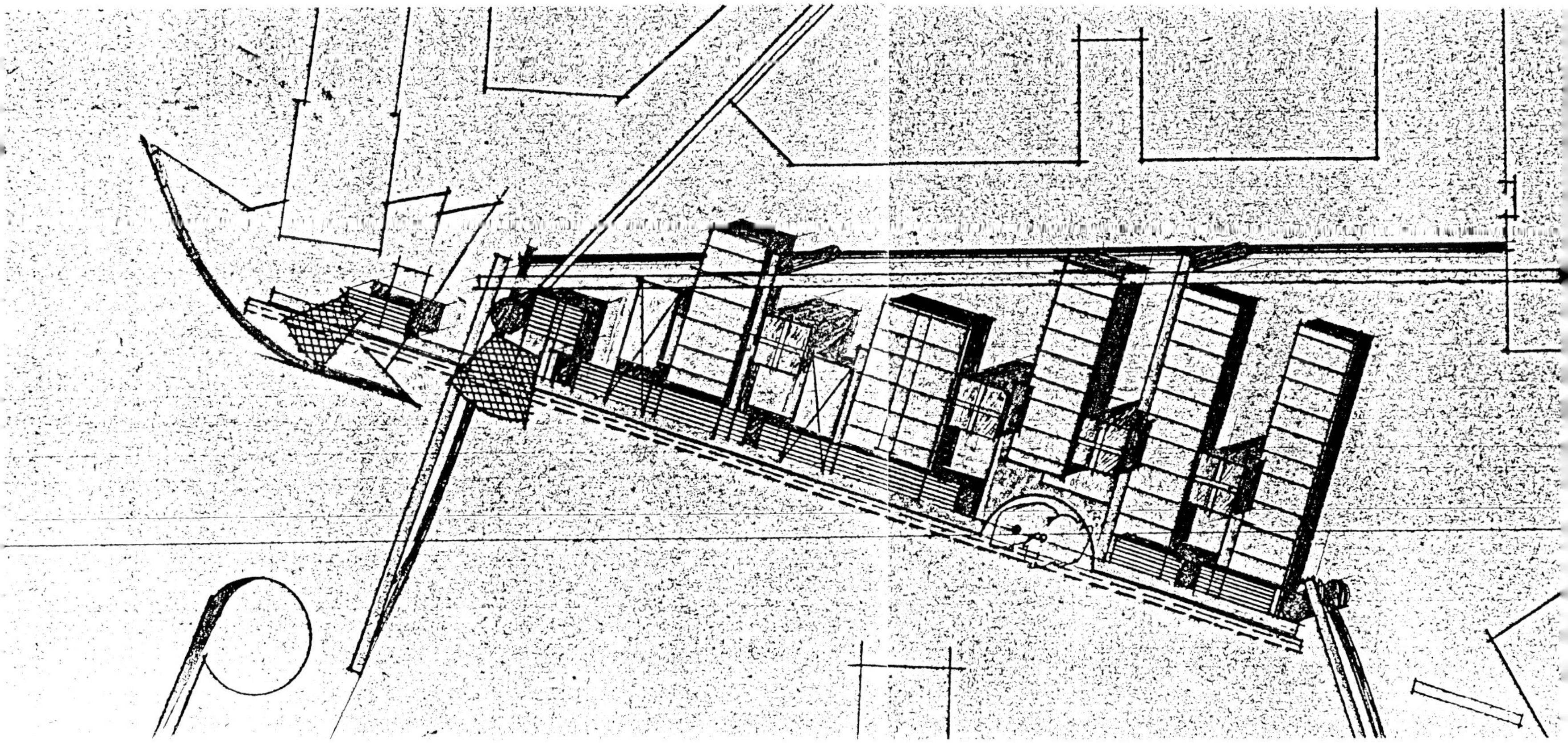

Das Hannover-Messe-Gelände hat sich in den letzten 40 Jahren entwickkelt. Begonnen wurde nach dem Kriege mit Hallen einer früheren Fabrik. Dann wurden Hallen hinzugefügt und Freiflächen geschaffen. Heute soll der zentrale Bereich neu geschaffen werden.

Das Messegelände soll geordnet sein für Besucher durch
– die zentrale Nord-Süd-Achse und
– zwei Querachsen (Alleen).

Diese Achsen werden besonders wirksam für die Orientierung als Grünzüge, mit möglichst wenig Bebauung. Hier sollten die den Besuchern dienenden Service-Einrichtungen liegen.

Dem entspricht die Absicht, die heute im zentralen Grünbereich liegenden Hallen zu entfernen. Die Masse des neu zu planenden Kongreß- und Ausstellungszentrums müßte allerdings diese Situation erneut belasten.

Im vorgelegten Entwurf soll diese neuerliche Belastung so klein wie möglich gehalten werden. Diesem Ziele dienen folgende Maßnahmen:

Das Kongreßzentrum wird vom Boden gelöst und ›in Luft gestellt‹ und so vom allgemeinen Messebetrieb etwas abgehoben,

die geforderten Läden etc. liegen ›unter der Erde‹,

die Ausstellungshalle ist abgesenkt, so daß man von der Fußgängerebene aus durch die Halle hindurchsehen kann.

Damit bleibt die Fußgängerebene weitgehend frei.

Das Kongreß- und Ausstellungszentrum wird sich in seiner architektonischen Erscheinung von den bestehenden Ausstellungshallen abheben, mit seinen Sonderformen ist es Teil der zentralen Grünzone. Darüber hinaus hat das Zentrum einen Gestalt-Wert an sich – im Sinne von Attraktivität, Einmaligkeit etc., eine zugkräftige Qualität auch im Verhältnis zu den Rivalen an anderen Plätzen.

In seiner Großform und damit auch bezüglich seiner Fernwirkung ist das Kongreßzentrum technisch akzentuiert. Symbol einer Messe, die neueste Technik präsentiert.

Jedoch nicht ausschließlich und unausweichlich. Die Einzelheiten, die Räume, die Vorzonen, die Details sind dann auf den Menschen bezogen. So haben z.B. alle Räume Tageslicht, Ausblick und Überblick. An der Klima-Außenhaut liegt eine Vorzone, die als Balkon, Loggia, Umgang, Vorhang o.ä. feinmaßstäbliche Elemente und Teilungen den Maßstab des Menschen widerspiegelt.

So kann das geplante Zentrum entsprechen
– in seiner Fernwirkung den 70 000 Messebesuchern,

The Hanover trade fair centre has developed over the last forty years. It began in the halls of a former factory. Then more halls were added and open areas created. Now the central area is to be redesigned.

The trade fair centre is to be arranged for visitors through
– the central north-south axis and
– two diagonal axes (avenues).

These axes will achieve their effect for orientation purposes in the form of green stretches with a minimum of building. This is an ideal location for visitor service facilities.

This corresponds to the plan to remove the existing halls in the central green area. The greater part of the newly planned congress and exhibition centre, however, will represent a new burden in this respect.

The design presented is intended to keep this new burden as small as possible. This aim is served by the following measures:
– the congress centre will be raised up above ground level and thus stand out from the general trade fair activities;
– the necessary shops, etc. are located "underground";
– the exhibition hall is at a lower level so that one can look through it from the pedestrian level.

This leaves the pedestrial level free for the most part.

The congress and exhibition centre will stand out from the existing exhibition halls due to the architectural design. With its special forms it constitutes part of the central green zone. Furthermore, the centre has architectural value in its own right due to its attractive and unique appearance and a certain appealing quality even compared to its rivals elsewhere.

The congress centre is technically accentuated by its large-scale dimensions and its consequent far-reaching effect. It serves as the symbol for a trade fair which exhibits the latest developments in technology.

Not, however, exclusively or inevitably. The details, the rooms, the approach areas all cater for human requirements. All rooms, for example, have daylight, a view to the outside as well as of the internal arrangement. The air-conditioned outer shell embraces an area which, in the form of a balcony, loggia, surrounding passage, curtain or similar finely dimensioned elements and partitions, adequately reflects human dimensions.

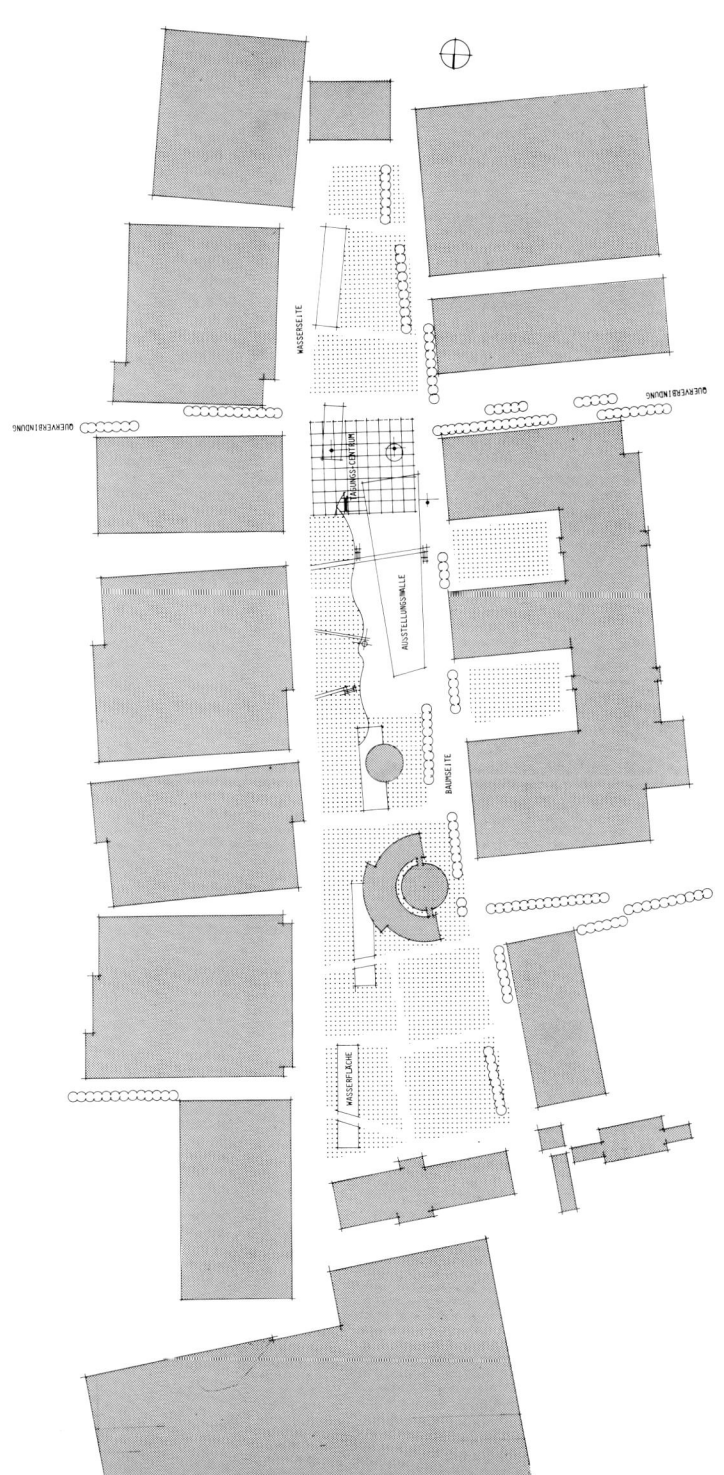

– in seiner Organisation, seinen Verkehrselementen, Raumgröße etc. den max. 4000 Kongreßteilnehmern und
– in seiner architektonisch-räumlichen Ausbildung dem Einzelnen.

Mit diesem Ansatz kann man den hier extrem unterschiedlichen Anforderungen gerecht werden.

Die abgehobene Position des Zentrums hat Konsequenzen. So sind z.B. leistungsfähige Rolltreppen- und Aufzugsanlagen erforderlich. Andererseits kann gerade das eine neue Qualität sein, wenn z.B. – wie vorgeschlagen – von diesen verglasten Elementen aus sich ein hervorragender Überblick über die gesamte Anlage bietet.

The planned congress centre corresponds, therefore,
– in its far-reaching effect, to the 70,000 visitors;
– in its organization, transport facilities and size of rooms, etc., to the max. 4,000 congress participants; and
– in its architectural and spatial form to the individual.

With this approach, it is possible to come to terms with the extreme diversity of requirements.

The elevated position of the centre has consequences. For example, powerful escalators and lift systems are required. On the other hand, this can have a positive effect, if, for example – as suggested – a magnificent view over the whole structure is available from these glazed elements.

Ausstellungs- und Tagungszentrum der Deutschen Messe- und
Ausstellungs AG Hannover · 1986

Exhibition and Conference Centre of the German Trade Fair
and Exhibition Corporation, Hanover

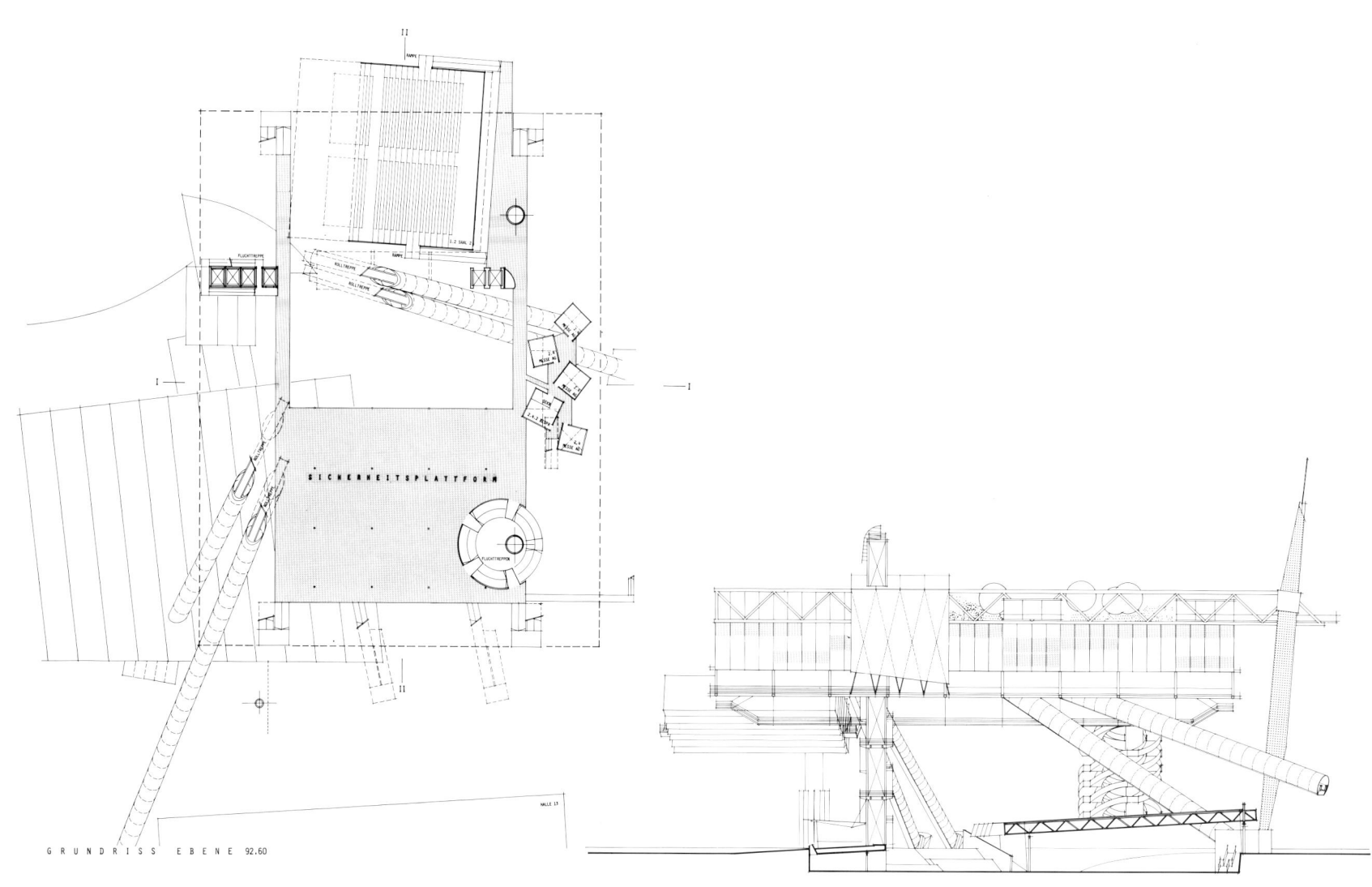

GRUNDRISS EBENE 92.60

ANSICHT NORD / SCHNITT HALLE

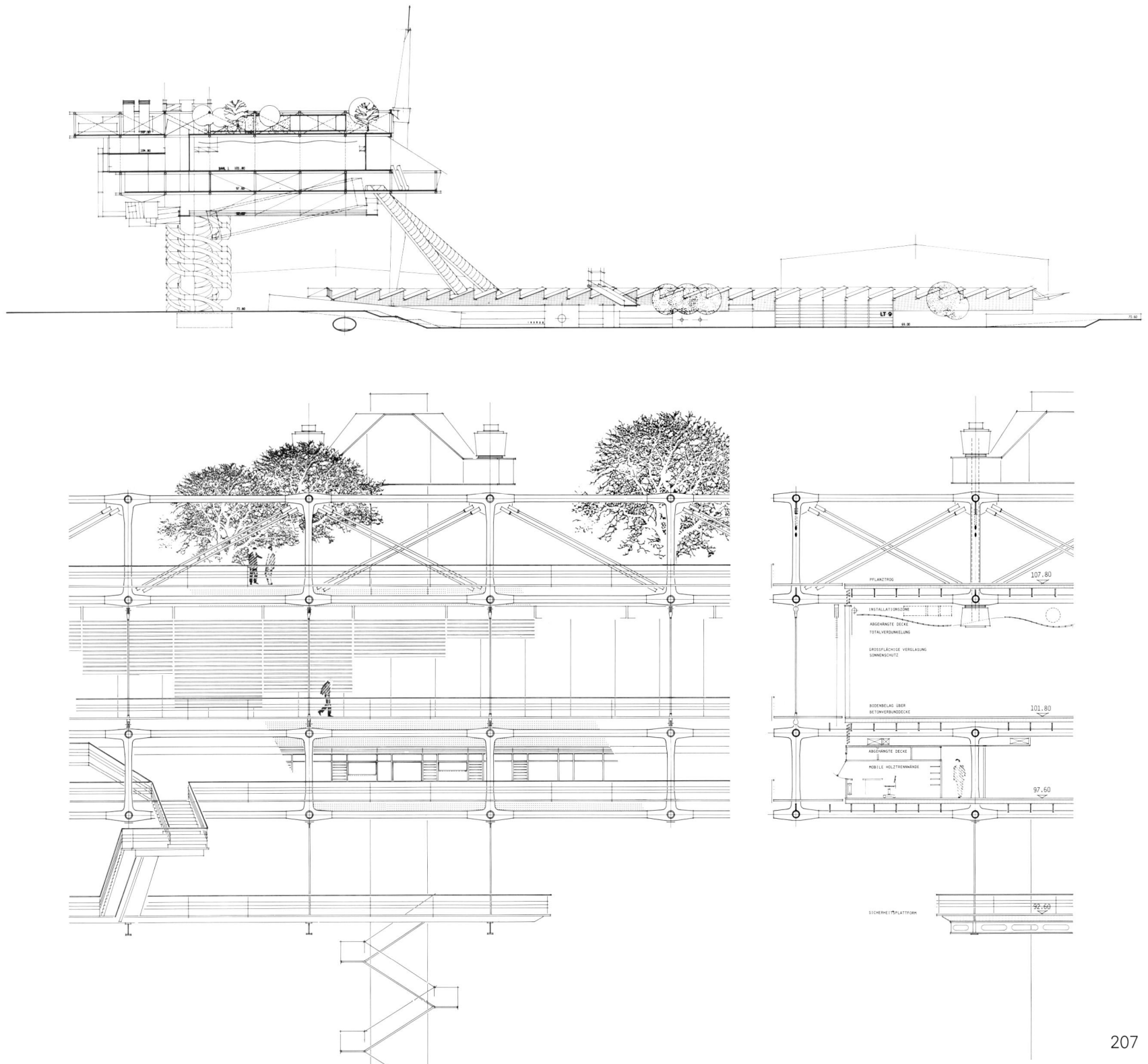

PFLANZTROG

INSTALLATIONSZONE
ABGEHÄNGTE DECKE
TOTALVERDUNKELUNG

GROSSFLÄCHIGE VERGLASUNG
SONNENSCHUTZ

BODENBELAG ÜBER
BETONVERBUNDDECKE

ABGEHÄNGTE DECKE

MOBILE HOLZTRENNWÄNDE

SICHERHEITSPLATTFORM

107.80

101.80

97.60

92.60

207

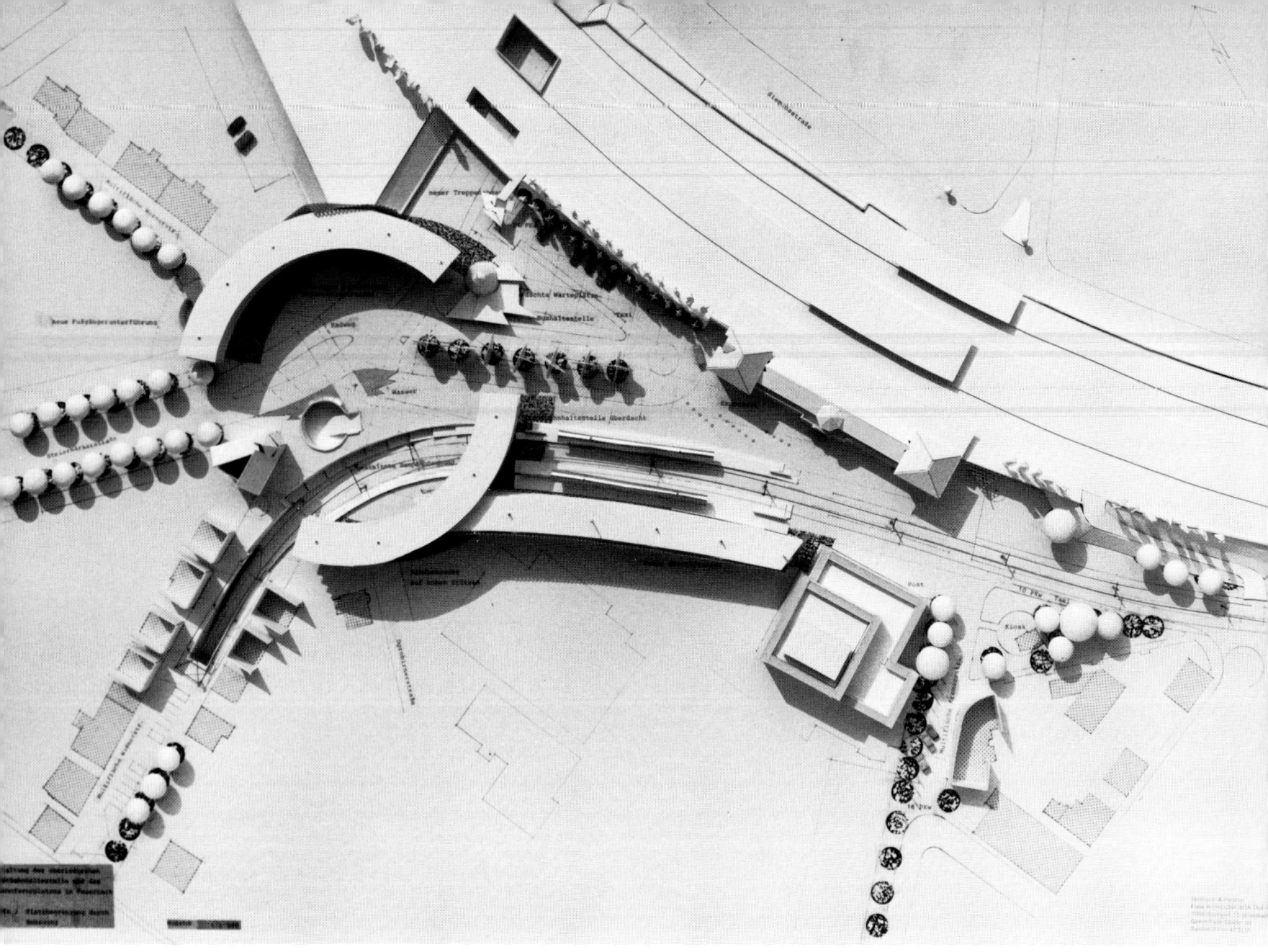

Bahnhofsvorplatz in Stuttgart-Feuerbach · 1987

Station square in Stuttgart-Feuerbach · 1987

208

Eichstätt, barocke Stadt und Bischofssitz, liegt eine gute Autostunde nördlich von München. Die schöne Altstadt mit ihren Baudenkmälern lockt viele Besucher an; die Studenten der Katholischen Universität, die hier angesiedelt ist, beleben den Kleinstadtalltag.

Zurückhaltend und einfühlsam hat der Diözesanbaumeister Karljosef Schattner die Funktion dieser Hochschule teils in die barocke Bausubstanz eingefügt, teils in maßstäblich fein abgestimmten Ergänzungsbauten untergebracht.

Das Programm für die neue Universitätsbibliothek war schon von seiner Größe her für diese Arbeitsweise nicht geeignet, zugleich bestand das Problem des Einpassens eines so großen Gebäudes in die kleinmaßstäblichen Altstadtstrukturen.

Über einen Wettbewerbserfolg erhielten wir den Auftrag, dieses Haus in der freien Flußaue vor der Stadt zu bauen.

Von diesem Ort bezieht es seine äußeren Einflüsse – weniger aus der gebauten Stadt; d.h. weniger gebaute Geborgenheit, aber auch weniger Enge, weniger Zwänge, weniger geometrische Ordnung – dafür mehr Offenheit, mehr Möglichkeit sich selbst zu finden, mehr Rücksicht den Gestalten der Natur gegenüber, eher eine ›natürliche‹ Ordnung.

Von diesem Ansatz aus konnte das meiste abgeleitet werden, z.B.:
- die sich einfügenden Zuwege durch die Brückenbögen und vom Damm her.
- der erhaltene Zusammenhang der Auenwiesen – das Gebäude wurde ›freigestellt‹, es ist eine Insel in der Aue.
- die Bäume der Aue am Gebäude,
- der Bezug des Grundrisses zu Fluß, Wiese, Ausblick,
- die freien Koordinaten des Gebäudes u.v.a.m.
- So auch die Wahl der Materialien, der Konstruktionen und der ›Gestalt-Absicht‹. Der Situation entsprechen eher ›schwache‹ natürliche Materialien und adäquate Konstruktionen.
- Das Gebäude ist nicht eine monolithische oder formal harmonisierte Einheit, eher ein Gefüge vieler Einzelgestalten. Seine Harmonie liegt in ihm selbst; indem weniger Zwang ausgeübt wird, indem tendenziell jede Einzelgestalt sie selbst sein darf, auch hierin der Situation ähnlich, in der das Gebäude steht.

Eichstätt, a Baroque town and bishopric, is a good hour's drive to the north of Munich. The fine old town centre, with its architectural monuments, attracts many visitors. And the students of Eichstätt's Catholic University add zest to the everyday life of the little town.

Unobtrusively and with great empathy, diocesan architect Karljosef Schattner housed the university partly in existing Baroque buildings, partly in extension buildings carefully matched for scale.

If only because of its size, the planned new university library could not be built along the same lines. Besides this there was the problem of fitting such a large building in among the small-scale structures of the old town.

As the result of a competition we won the brief to design the library, which was to be built on the river bank outside the town.

It is from this location that it derives its external influences – less from the town; i. e., it is less ensconced among other buildings, but there is also less restriction, less constraint, less geometric order, and instead more openness, more chance to find its own identity, more consideration for the forms of Nature, more of a "natural" order.

It proved possible to derive most of the building's characteristics from this approach, e. g.:
- the access routes through the arches of the bridge and from the embankment, fitting in with the design;
- the preserved context of the riverbank meadows – the building was "released" – it is an island in the meadow;
- the trees in the meadow around the building;
- the relationship between the plan and the river, the meadow, the view;
- the "free" coordinates of the building, and much more besides.
- Thus, also, the choice of materials, of constructions, and the intended form. "Weak" natural materials and "adequate" constructions are better suited to the surroundings.
- The building is not a monolithic or formally harmonized unity; rather, it is a complex of many individual forms. Its harmony is intrinsic; by virtue of the facts that less constraint is exercised, that there is a tendency to let each individual form be itself – in this, too, resembling the surroundings in which the building stands.

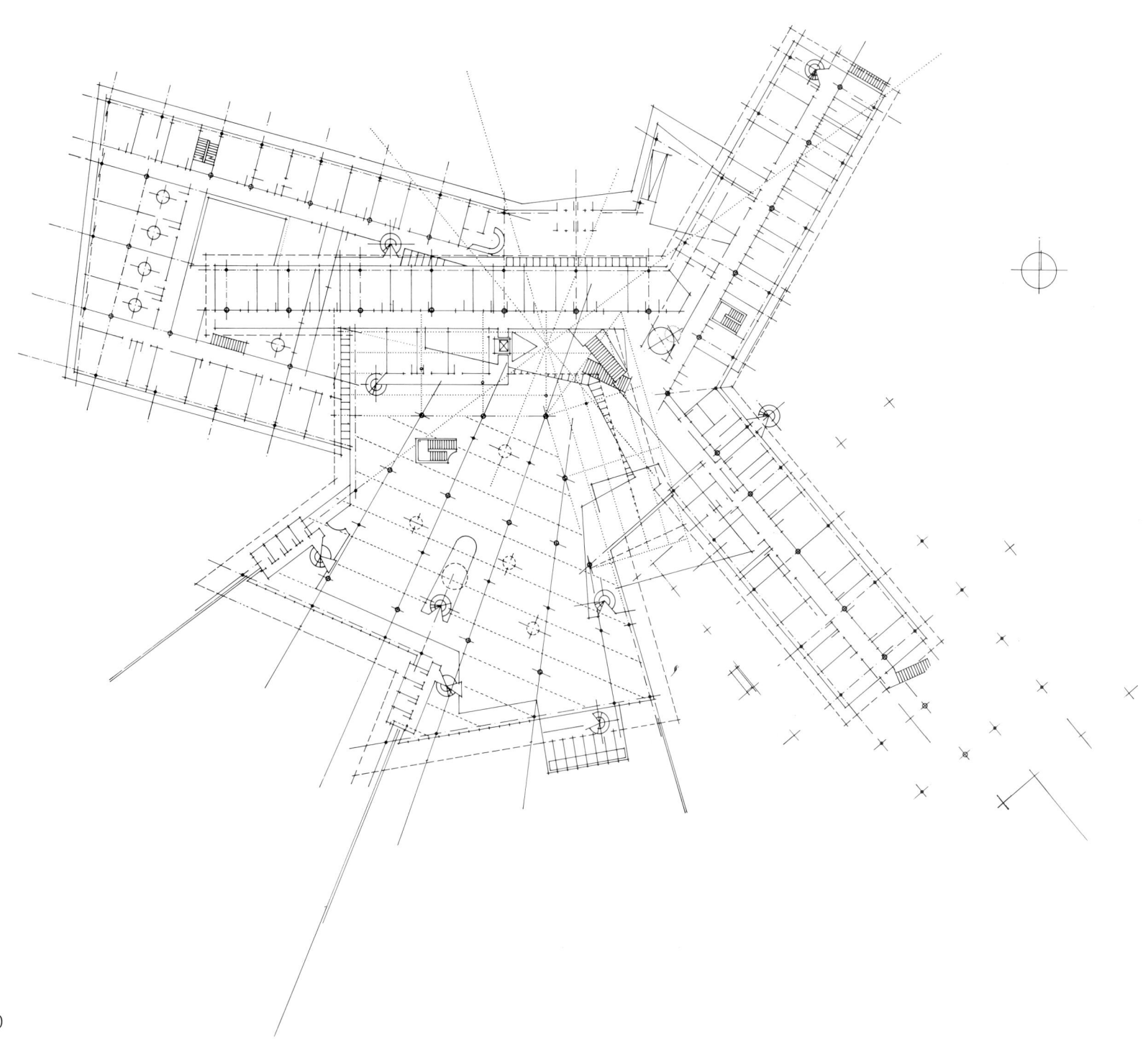

Die Art, in der wir uns mit der Realisierung der von uns geplanten Gebäude oder Anlagen beschäftigen, hat Einfluß auf die Art des Planens selbst. Beides, Planen und Realisieren, bilden den Rahmen, in dem dann unsere Architektur sich entwickelt.

Wir planen im eigenen Büro, wir arbeiten die Kontrakte mit jedem einzelnen Unternehmer und Handwerker aus, leiten die Arbeiten an der Baustelle, kontrollieren die Qualität dieser Arbeiten und ›verwalten‹ das Geld unserer Bauherren. Das hat Konsequenzen. Schon beim Planen müssen wir uns fragen, ob und wie unsere Planungen realisiert werden können und natürlich auch, ob wir mit dem Geld hinkommen. Wir müssen versuchen, die beim Bauen entstehenden Probleme im Rahmen zu halten. Eigentlich nachfolgende Probleme wirken also nach vorne ins Planen, z.T. sogar bis in den Entwurf.

Wir stellen uns vor, daß wir im Formalen freier und unbeschwerter arbeiten könnten, wenn andere für das Realisieren der von uns geplanten Gebäude zuständig und verantwortlich wären. Generalunternehmer, Generalübernehmer usw. In dieser Art entstehen z. B. hervorragende Hochhäuser in den USA. Die Kraft der Gestalt konzentriert sich dort auf wenige Momente des Äußeren von Architektur, scheinbar unbeschwert von den Problemen des Realisierens.

Andererseits hat die bei uns übliche Art der Arbeit auch Vorteile. Sicher, wir müssen uns um alles selbst bemühen. Aber wir dürfen uns auch um alles selbst bemühen. Wir können noch während des Bauens Probleme erkennen und auch noch reagieren darauf. Wir können Architektur gelassen angehen. Wir müssen nicht von vorne herein alles ›in Ordnung bringen‹. Wir dürfen erkennen, daß dies ›in Ordnung bringen‹ bei der Vielschichtigkeit der anstehenden Probleme von Architektur gar nicht möglich ist. Und diejenigen, die ein Gebäude im Zustand der Planung komplett definieren und komplett übergeben müssen, die dann nur noch beobachten können, wie das von ihnen geplante von anderen exekutiert wird, haben nicht diese Möglichkeit, vielschichtig zu arbeiten. Sie müssen sich konzentrieren auf wenige Aspekte des Ganzen, auf das Plastische z.B. oder auf das Graphische, auf das Farbliche oder auf das Konstruktive … Von daher sind diese Hochhäuser vorwiegend monumental, plastisch und graphisch definiert, weniger experimentell. Der Schein des ›Rechthabens‹, der Schein von ›Perfektion‹ gehört zu den besten Beispielen der in dieser Art entstandenen Gebäude. Diese Perfektion bezieht sich dann auf die Oberfläche der Dinge. Wir nennen diese Art der Architektur ›Sicherheitsarchitektur‹. Selbstverständlich entstehen dabei auch hervorragende

The way we approach the execution of the buildings or complexes that we have designed influences our planning methods themselves. These two elements, planning and construction, form the framework in which our architecture develops.

We plan in our own office, working out the contracts with every single contractor and craftsman, we supervise work on the building site, check the quality of the work and "manage" our clients' money. This has several consequences. Even at the planning stage we have to ask ourselves whether and how our plans can be implemented, and naturally also whether the money available will be enough. We have to try to keep the problems which arise during construction within bounds. So problems that are actually consequences have a retrograde effect on planning, and in some cases even on the design.

We imagine that we could work more freely on formal aspects if others were responsible for executing the buildings planned by us – general contractors etc. This is how, for example, magnificent high-rise buildings are built in the USA. There, the strength of form is concentrated on just a few external architectural factors, apparently unburdened by the problems of execution.

On the other hand, the method which is customary here has its advantages. Certainly, we have to look after everything. But we are also entitled to look after everything. Even while building is in progress we can identify problems and react to them. We can adopt a relaxed approach to architecture. We do not have to "get everything right". We are entitled to recognize that this "getting everything right" is simply not possible, given the complexity of the architectural problems. And people who have to define a building completely at the planning stage and hand it over complete, who can then only stand back and watch how others execute what they have designed, cannot adopt a complex approach. They have to concentrate on a few aspects of the whole, for example the plastic or the graphic, on colour or on structural considerations… This is why most of those high-rise buildings are monumental, plastically and graphically defined, less experimental. The best examples of buildings which are the result of this method look "dogmatic", "perfected." And this perfection is superficial. We call this kind of architecture "safety architecture". Needless to say, it can sometimes produce outstanding results, though usually only in parts of buildings, and they are achieved differently from the way we would achieve them.

In this respect we are more inhibited, if only because we are constantly

Ergebnisse. Vorwiegend jedoch in Teilbereichen und anders, als sie bei uns entstehen werden.

Wir sind da gehemmter, alleine dadurch, daß wir konfrontiert werden fortwährend mit den Problemen des Realisierens. Wer Handwerkern in die Augen schauen muß, wird darüber nachdenken, ob eine Arbeit unter menschenwürdigen Bedingungen ausgeführt werden kann.

Unsere Gebäude können über einen längeren Zeitraum hinweg und dann auch vielfältiger bedacht werden, und Probleme, die während des Bauens auftauchen, können auch in diesem Stadium noch gelöst werden bei uns. So kann eine vielschichtige Architektur entstehen. Gelassen können wir das Planen angehen. Ohnehin wissen wir, daß wir das zu planende Gebäude in all seinen Dimensionen und Verflechtungen von vorneherein nicht bedenken können. Wenn wir uns gleich zu Beginn unserer Arbeit festlegen müßten, so könnten auch wir nur wenige Aspekte und wenige Teile bedenken. Bei der bei uns üblichen Arbeitsweise jedoch haben wir mehr Zeit, eigentlich über den gesamten Planungs- und Bauprozeß hinweg, um Dinge und Momente weiter behandeln zu können. Wir müssen unsere Architektur nicht im frühen Stadium verschließen, nur zum Teil entwickelt, wir können Architektur offen lassen und vertrauen darauf, daß unseren Planungen und unseren Gebäuden ein längerer Entwicklungsprozeß zugestanden wird. Das Bild der Aufgabe wird sich im Laufe dieser Zeit verändern, differenzieren, runder, vielfältiger werden. Aufgrund dieser Situation können wir auch differenziertere Entwürfe fertigen und realisieren. Und wir können kompliziertere Systeme architektonischer Ordnung wählen.

Vom Verfahren her wäre bei uns eine Architektur möglich, die vielschichtig, differenziert, individuell und auch kompliziert sein kann. Ob und wie weit diese Möglichkeit genutzt wird, wie weit Architektur differenziert und vielschichtig gesehen und gestaltet wird, ob Architektur offengehalten wird, diese Fragen müssen wir uns stellen und beantworten.

confronted with the problems of execution. If you have to look a craftsman straight in the eye you will also wonder whether a job can be done under humane conditions.

Our buildings can also be considered in a more complex way for a longer period of time. And if problems crop up in the course of construction we can still resolve them at that stage. In this way complex architecture is possible. We can adopt a relaxed approach to planning. We know in any case that we cannot take into account all the dimensions and interrelationships of the building to be designed from the very start. If we had to commit ourselves right at the start of our work we too could only consider a few aspects and a few parts. But with our usual working methods we have more time to think beyond the entire design and construction process, to give more attention to things and factors. We do not have to conclude our architecture at an early stage, only partially developed; we can leave it open and trust that our designs and our buildings will be granted a long development process. In the course of this process the image of the brief will be modified, differentiated, it will become fuller and more varied. Given this situation we can also prepare and execute more differentiated designs. And we can opt for more complex systems of architectural order.

Given our methods, we could create a complex, differentiated, individual and even complicated type of architecture. Whether and to what extent this possibility is exploited, how far architecture is seen and created in a differentiated, complex way, and whether architecture is kept open – these are questions which we must ask ourselves and answer.

In der Architektur des neuen Bibliotheksgebäudes werden auch Themen bearbeitet, die nicht direkt in den praktischen Funktionen zu begründen sind, Themen, die übergreifend jedoch das neue Gebäude mitbestimmen, in seinen Teilen und im Ganzen.

Ein solches Thema liegt im ›Licht‹. Das Licht macht uns sehend, unsere Welt erkennend, modelliert die Dinge plastisch, läßt sie farbig erscheinen, zeigt uns die Tages- und Jahreszeiten an und vieles andere mehr.

Vor allem mit Hilfe des Lichtes ist das Gebäude der Bibliothek erkennbar in seine Welt eingebunden. Und dieses Licht kann nicht nur physikalisch gesehen werden, es steht darüber hinaus für vieles andere. So ist das Licht auch ein Metapher für Geist, den Geist des Menschen und darüber hinaus für göttlichen Geist, für göttliche Weisheit. In der Geschichte finden wir hervorragende Beispiele für diese Zusammenhänge in den Kathedralen des Mittelalters z. B. im Barock, aber gerade so in der Glasarchitektur unseres Jahrhunderts.

Es lag nun nahe, bei der Planung des Bibliotheksgebäudes der Katholischen Universität in Eichstätt sich diesem Thema zuzuwenden und Licht-Phänomene zu bearbeiten und ästhetisch zu überhöhen. Gleichermaßen liegt es nahe, Werke der Kunst, die der neuen Anlage zugeordnet werden sollen, auch aus diesem Bereich auszusuchen. Einerseits wird so

Panamarenko

das Thema gestärkt, andererseits wird verhindert, daß Kunst sich gegen die die Architektur bestimmenden Themen stellt.

Dies kann nicht heißen, daß sich Bildende Kunst der Architektur unterordnen sollte; es heißt jedoch, daß Kunst – so wie Architektur das auch tut – ein die Aufgabe tragendes Thema behandelt.

Die Kunstwerke selbst sollen nicht ›Kunst am Bau‹ sein – in dem üblicherweise etwas abwertenden Sinne, vielmehr selbständige Werke, die auch alleine für sich von hoher Qualität und ›fertig‹ sind bevor sie aufgestellt werden bei dem Bibliotheksgebäude, die leicht auch an anderen Orten stehen könnten, die aber eben doch im Kontext des neuen Bibliotheksgebäudes der Katholischen Universität Eichstätt ganz besonders sinnvoll und gut ›zu Hause‹ sein werden.

Heinz Mack

The architecture of the new library building also deals with themes which cannot be directly explained by its practical functions. Even so, they are themes which encroach on the new building, affecting both parts of it and the whole.

One such theme is "light". Light makes us see, recognize our world, gives objects plastic form, makes them appear coloured; it tells us the time of day and the season, and much more besides.

It is by means of light in particular that the library building is recognizably integrated into its world. And this light is not only physically visible, it also stands for many other things. For example, it is a metaphor for spirit – the spirit of mankind, and beyond this the divine spirit, divine wisdom. There are many outstanding historical examples of these relationships, in the mediaeval cathedrals, for example, or in Baroque architecture, though also in the glass architecture of our own century.

In designing the library building of the Catholic University in Eichstätt it seemed an obvious step to adopt this theme, to treat light phenomena and aesthetically to exaggerate them. It was an equally obvious step to select works of art to decorate the new building from the same area. On the one hand they underscore the theme, while on the other it is thus possible to avoid the risk of art opposing the themes determining the architecture.

This is by no means to say that visual art should subordinate itself to architecture; but it does mean that art treats a theme on which the project is based – as does the architecture.

The works of art themselves are not intended as "art in buildings" – in the customary, rather degrading sense; rather, they are autonomous works which also manifest high quality in their own right, and are "finished" before they are installed in and around the library building. They could easily be elsewhere, but in the context of the new library building of the Catholic University in Eichstätt they happen to be particularly meaningful and are genuinely "at home".

Adolf Luther

223

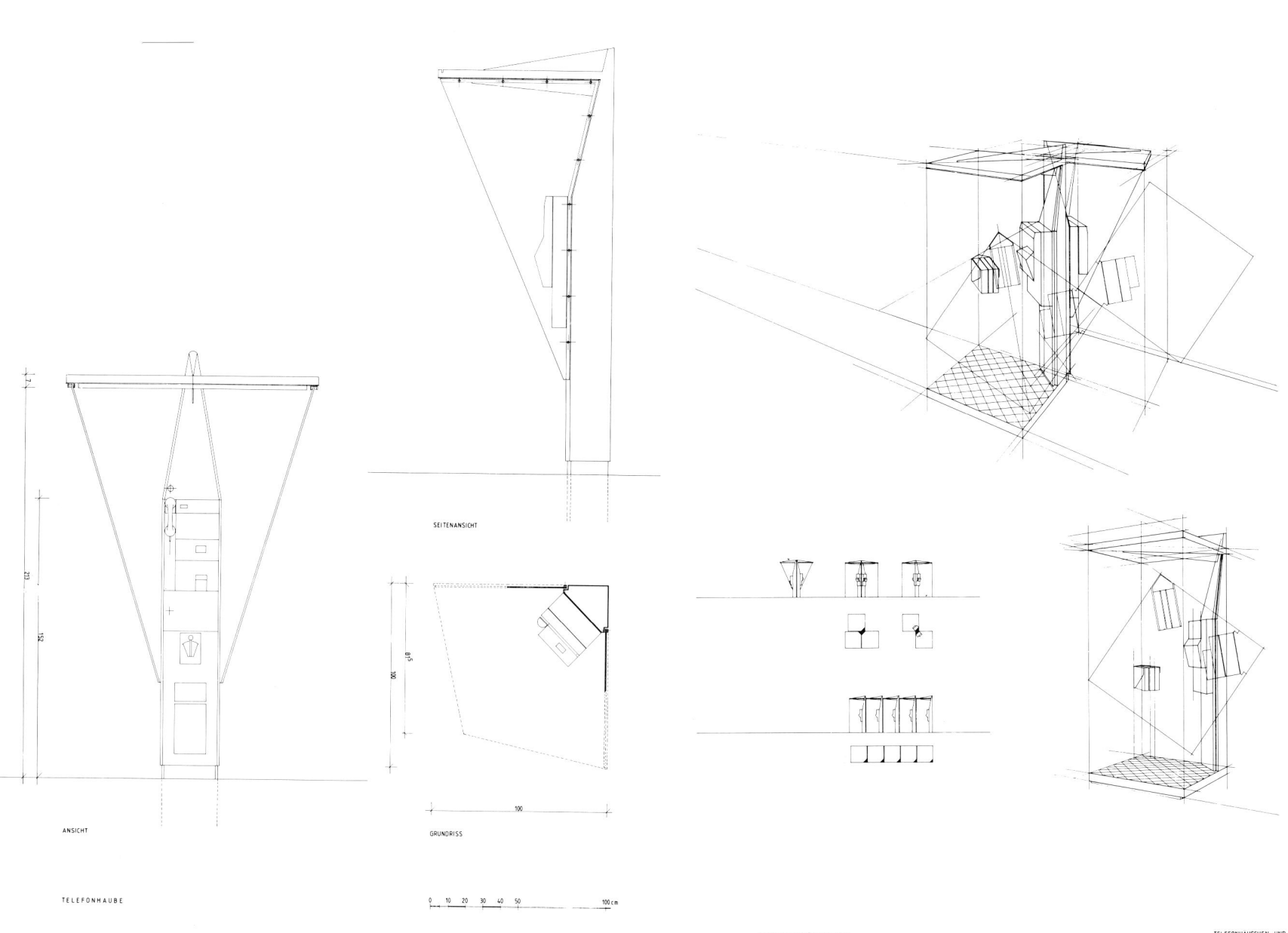

ANSICHT

SEITENANSICHT

GRUNDRISS

TELEFONHAUBE

0 10 20 30 40 50   100 cm

KOMBINATIONSMOGLICHKEITEN

TELEFONHAUSCHEN UND H

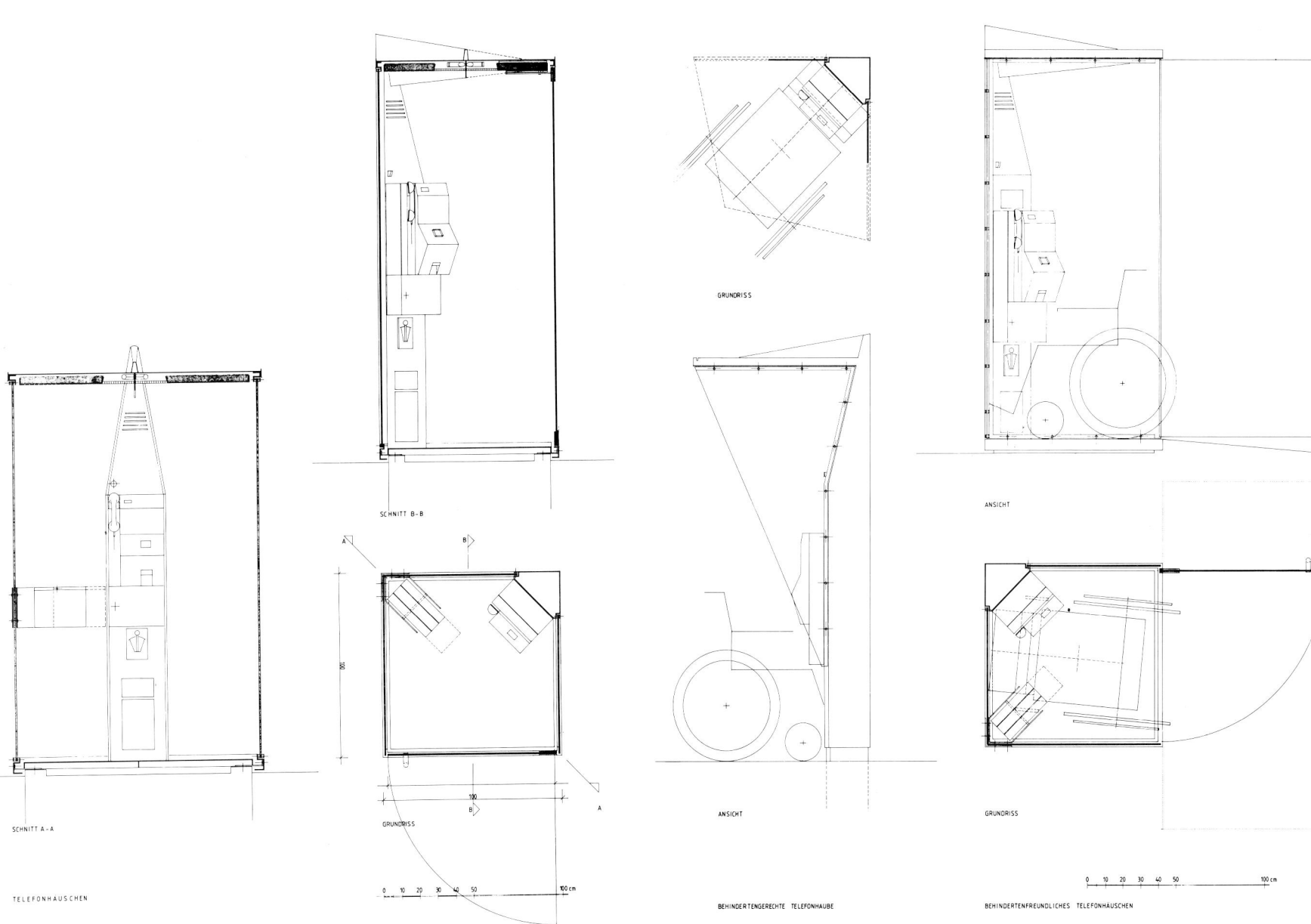

SCHNITT B-B

SCHNITT A-A

GRUNDRISS

GRUNDRISS

ANSICHT

ANSICHT

GRUNDRISS

TELEFONHÄUSCHEN

0 10 20 30 40 50   100 cm

BEHINDERTENGERECHTE TELEFONHAUBE

0 10 20 30 40 50   100 cm

BEHINDERTENFREUNDLICHES TELEFONHÄUSCHEN

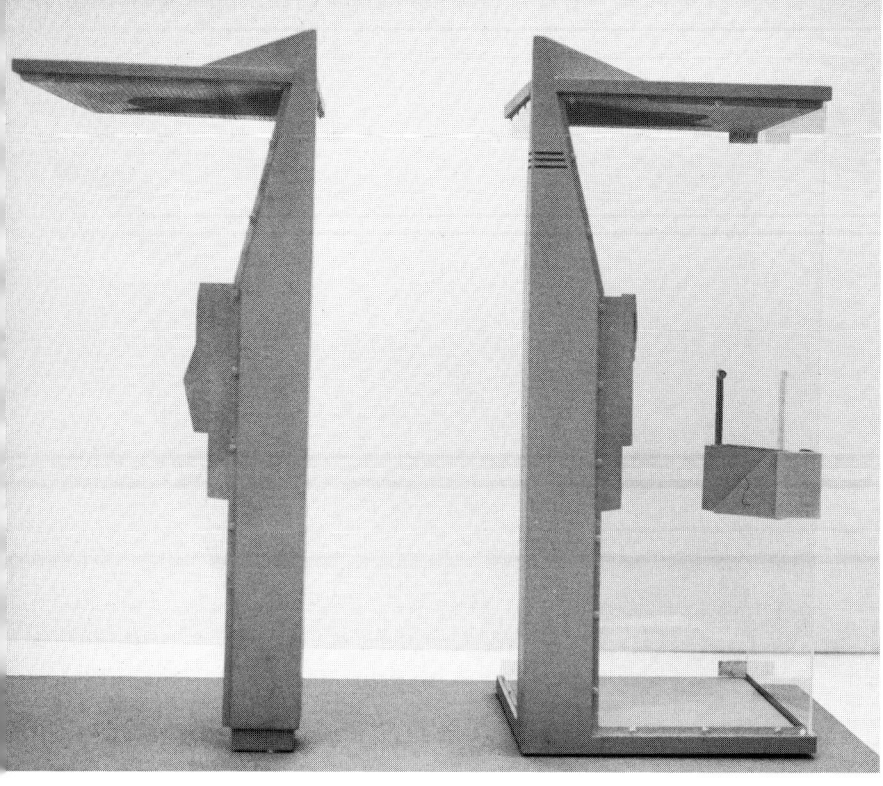

Telefonzelle · 1986

Wir telefonieren gerne. Wir bedienen uns dabei einer hochentwickelten Techik.

Diesem Sachverhalt sollten auch die Vorrichtungen gerecht werden, die zum Telefonieren erforderlich sind: die Apparate selbst und die zugehörigen Gehäuse, die sogenannten ›Zellen‹.

Die alte Telefonzelle entspricht diesen Vorstellungen nicht, weder im Äußeren, noch in ihrer Ausstattung. Fertigtechnik und Transportvorgang waren gestaltbestimmend – offensichtlich. Aber wen interessiert das schon?

Bei dem neu entworfenen Telefongehäuse ist das ›Materielle‹ auf eine Säule mit angehängtem Dach reduziert. Nichts soll die Assoziation ›Zelle‹ aufkommen lassen. Wände und Tür bestehen aus rahmenlosem Glas; ein vergnügliches, leichtes Gebilde, das von allen Seiten plastische Qualitäten aufweist, zu interessanten Gruppen zusammengestellt werden und in heiklen städtebaulichen Situationen wie auch in freier Landschaft existieren kann. Kein Störenfried.

We enjoy using the phone. When we use it, we are taking advantage of highly developed technology.

The necessary facilities should correspond to this fact: the telephones themselves and the housing, the so-called "box".

Conventional telephone boxes do not correspond to this conception, either in appearance or in terms of equipment. The form was obviously determined by mass production processes and transport facilities. But who is really interested?

In the case of the newly designed telephone box, the material aspects are reduced to a column with a roof attached. The connotations of "box" are completely avoided. Wall and door consist of frameless glass; a delightful, lightweight structure, displaying plastic qualities from all sides. It can be arranged with others to form interesting groups and can be integrated into awkward town planning situations or open landscapes without spoiling them.

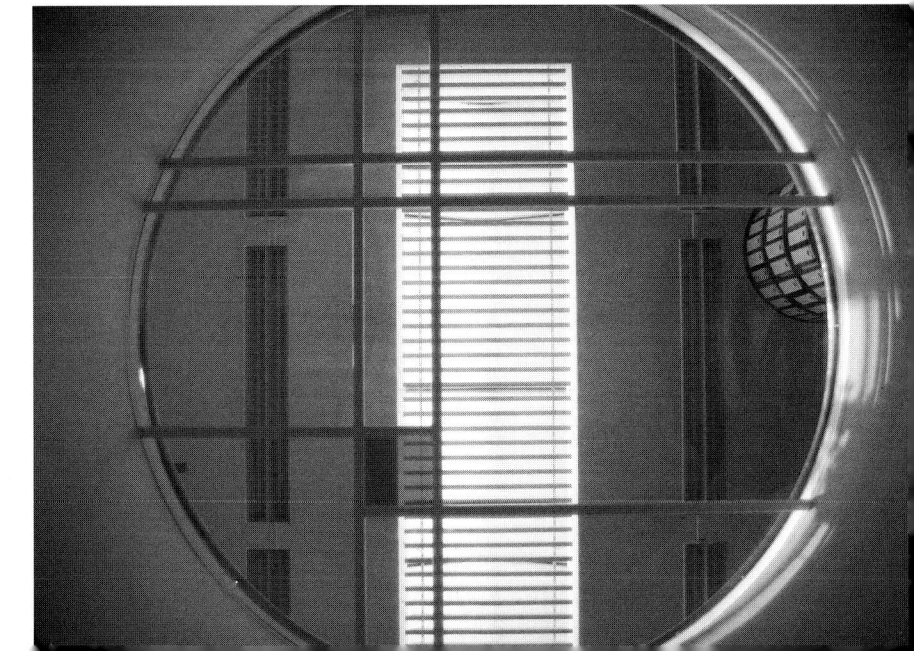

Aufstockung eines Laborgebäudes von Leybold-Heraeus in Hanau · 1986
Addition of floors to a laboratory building at Leybold-Heraeus in Hanau

Hysolar-Institutsgebäude der Universität Stuttgart in Stuttgart-Vaihingen
1987 · Deutsch-saudiarabisches Forschungsprojekt

Hysolar Institute building, University of Stuttgart, Stuttgart-Vaihingen
German-Saudi Arabian research project

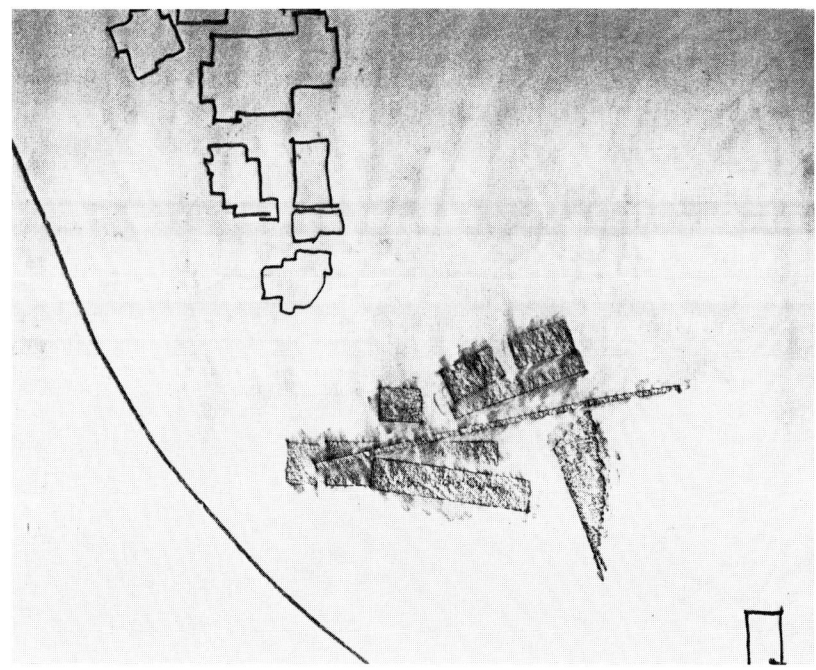

The Hysolar Institute is intended to accomodate facilities for various tests connected with the exploitation of solar energy. These tests take place both in the laboratories and outside the building.

It is a small building on the edge of the large university campus in Stuttgart-Vaihingen. A small building with an important role.

The special nature of this role determined the architectural design; the laboratory buildings are grouped around a hall; the innovative work done in the building is reflected in the architectural design.

This special project had to be completed quickly and on a low budget – two factors which influenced the choice of building methods and materials.

Das Hysolarinstitut soll für verschiedene Versuche zur Nutzung der Sonnenenergie dienen. Diese Versuche finden in den Labors und außerhalb des Gebäudes statt.

Ein kleines Gebäude am Rande des ausgedehnten Universitätsgeländes in Stuttgart-Vaihingen. Ein kleines Gebäude mit einer bedeutenden Aufgabe.

Das Besondere der Aufgabe hat die Architektur bestimmt; um eine Halle gruppieren sich die Laborräume; das Innovative spiegelt sich im Bilde der Architektur.

Das Institutsgebäude mußte sehr schnell, im Rahmen relativ geringer Kosten entstehen. Auch das hat Bautechnik und Material mitbestimmt.

Hysolar-Institutsgebäude der Universität Stuttgart in Stuttgart-Vaihingen
1987 · Deutsch-saudiarabisches Forschungsprojekt

Hysolar Institute building, University of Stuttgart, Stuttgart-Vaihingen
German-Saudi Arabian research project

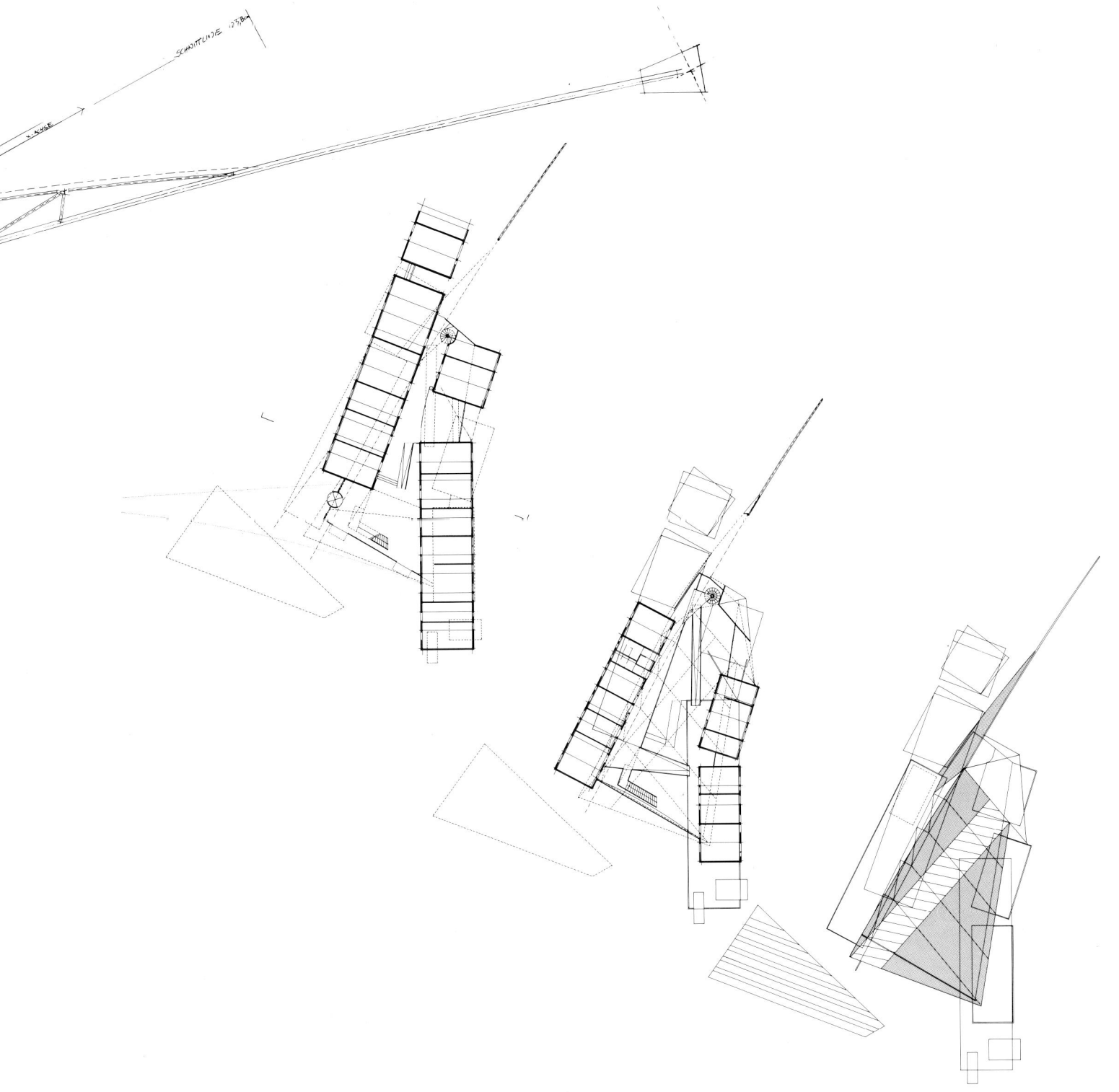

231

Hysolar-Institutsgebäude der Universität Stuttgart in Stuttgart-Vaihingen
1987 · Deutsch-saudiarabisches Forschungsprojekt

Hysolar Institute building, University of Stuttgart, Stuttgart-Vaihingen
German-Saudi Arabian research project

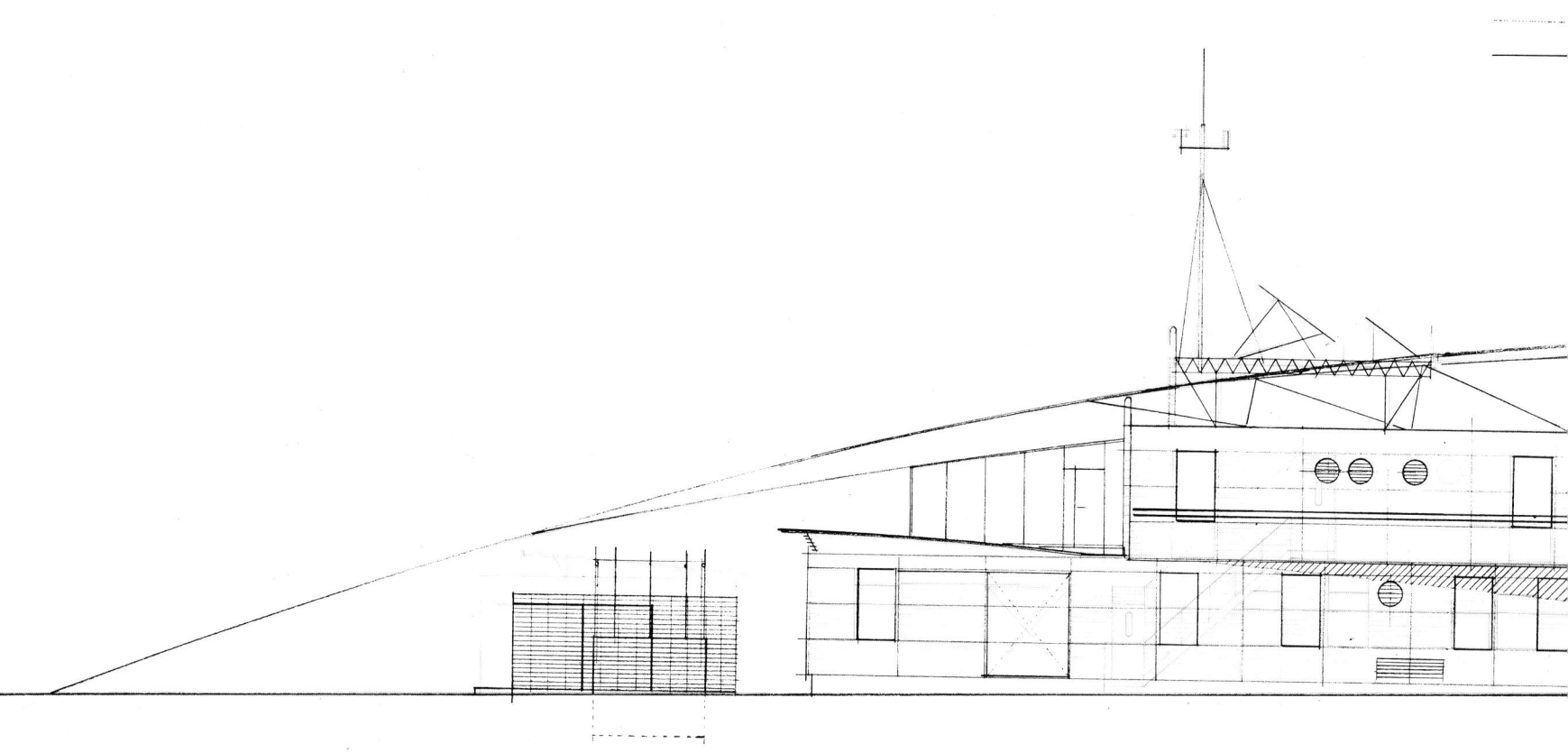

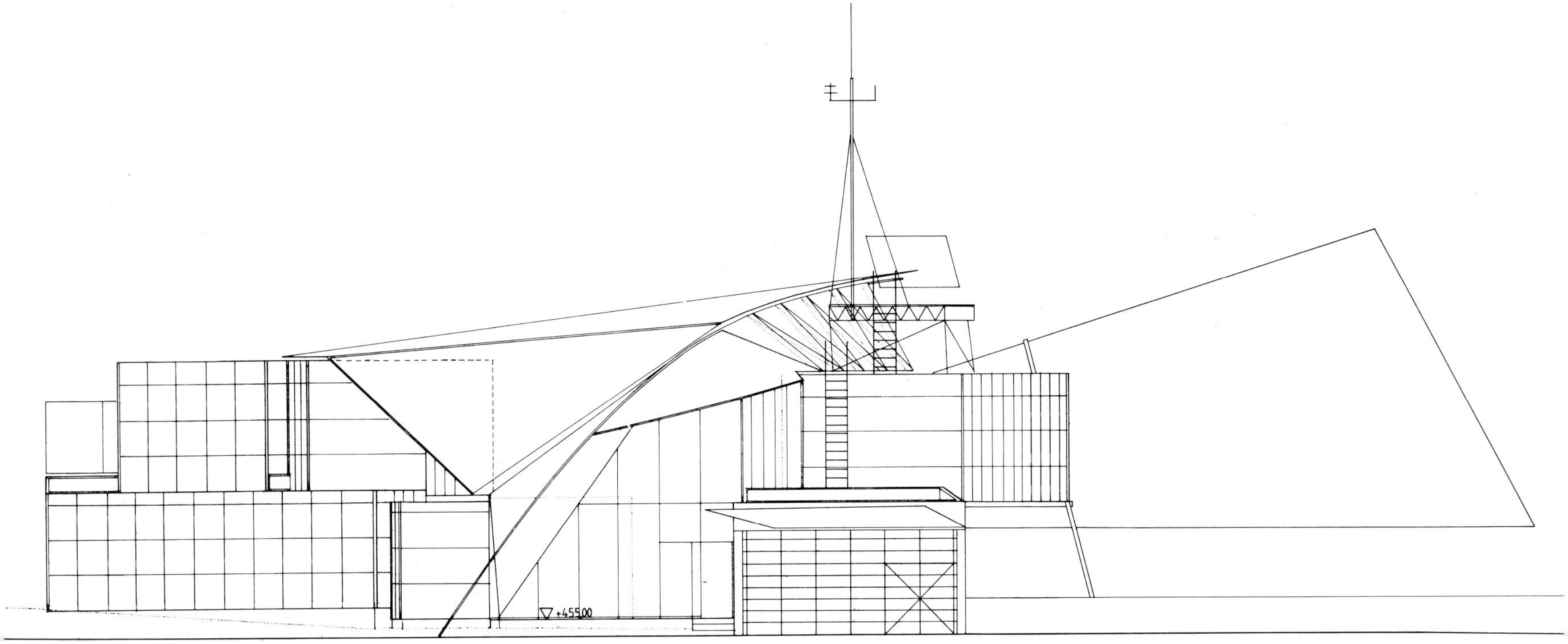

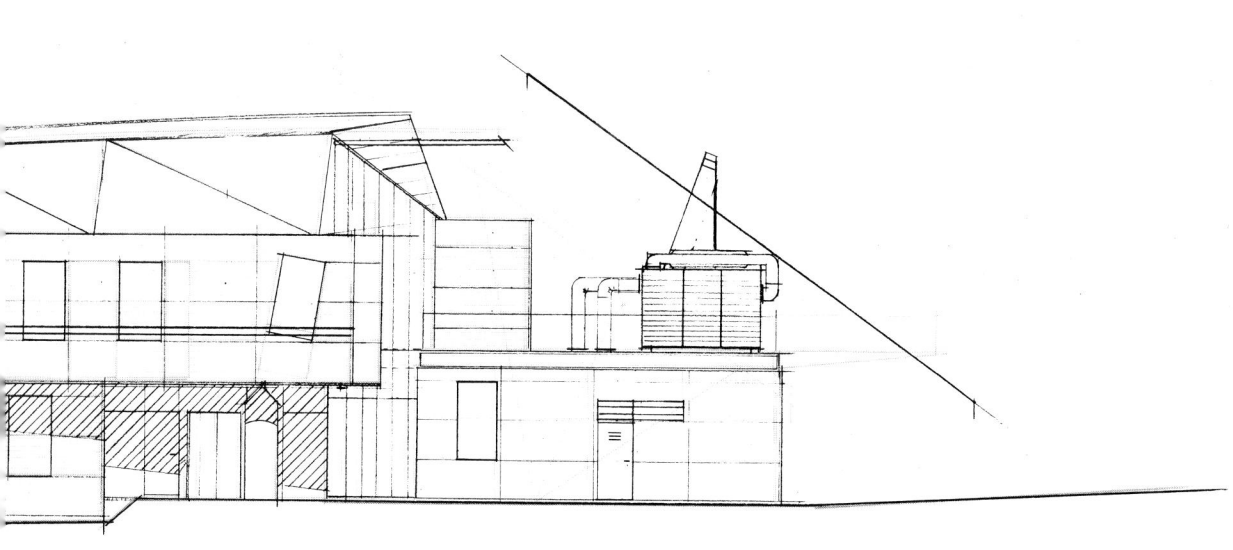

Forschungs- und Entwicklungsgebäude sowie Produktionshallen
von Leybold-Heraeus in Alzenau · 1987

Leybold-Heraeus baut ein neues Zweigwerk für 750 Mitarbeiter, mit
Produktionshallen, Labor-, Konstruktions- und Büroräumen, mit Casino,
Bibliothek, Konferenzbereich usw.

Die neue Anlage entsteht in Alzenau in Unterfranken, in einer weiten,
offenen Landschaft, dreiseitig umgeben von Kiefernwald, an der vierten
Seite angrenzend an ein Industriegebiet. Von der Stadt Alzenau wurde der
Wald zunächst geschlagen, eine fünf Meter starke Schicht Sand wurde
abgetragen. Das Gelände muß rekultiviert werden.

Leybold-Heraeus betreibt hochwertigen, innovativen Maschinenbau.
Unter anderem werden Produktionsprozesse entwickelt, die dafür erforderlichen Einrichtungen werden konstruiert, gebaut und zusammengestellt.

70% der Mitarbeiter arbeiten in Konstruktionsräumen, Labor oder
Büros und 30% in den Montagehallen. Konstruktion und Montage
arbeiten eng zusammen. In den Konstruktionsbüros selbst wird in
Gruppen gearbeitet. Aus diesen Forderungen heraus entwickelte sich der
Grundriß, bei dem nach Westen hin, dem Walde zu, Konstruktions- und
Büroräume für verschiedene Gruppen sich ausformen. Diese Räume sind
durch Fensterbänder an der Rückseite und über Treppen mit den Monta-
gehallen eng verbunden.

Die vertikalen Verbindungselemente mit Treppen und Aufzügen
münden im 1. Obergeschoß in eine horizontale Verbindung, die zur Eingangshalle führt. An diesem Wege liegen auch Casino, Café, Bibliothek
usw.

Im Erdgeschoß ist vor und unter den halbkreisförmigen Bauteilen ein
Freibereich mit einer ausgedehnten Wasserfläche. Das Casino orientiert
sich zu dieser Wasserfläche, zu den anschließenden Grünflächen und
dem dahinterliegenden Wald. Große Mühe wurde verwendet darauf,
durch in der Landschaft liegende Maßnahmen das Außenklima zu
verbessern.

Es werden weitgehend staubfreie Montagehallen gefordert. Innen-
wände, Deckenuntersicht und Fußboden sollen glatt sein, ohne Vor- und
Rücksprünge. Tragkonstruktionen und technische Installationen der
Montagehallen sind so nach außen gekehrt.

Eine übersichtliche, saubere, zur zwanglosen Zusammenarbeit animie-
rende Anlage entsteht. Die Höhe des Anspruches an die architektonische
Qualität von Gebäude und umgebende Landschaft wurde abgeleitet von
der Höhe des Anspruches an die Qualität der eigenen Arbeit in diesem
Werk.

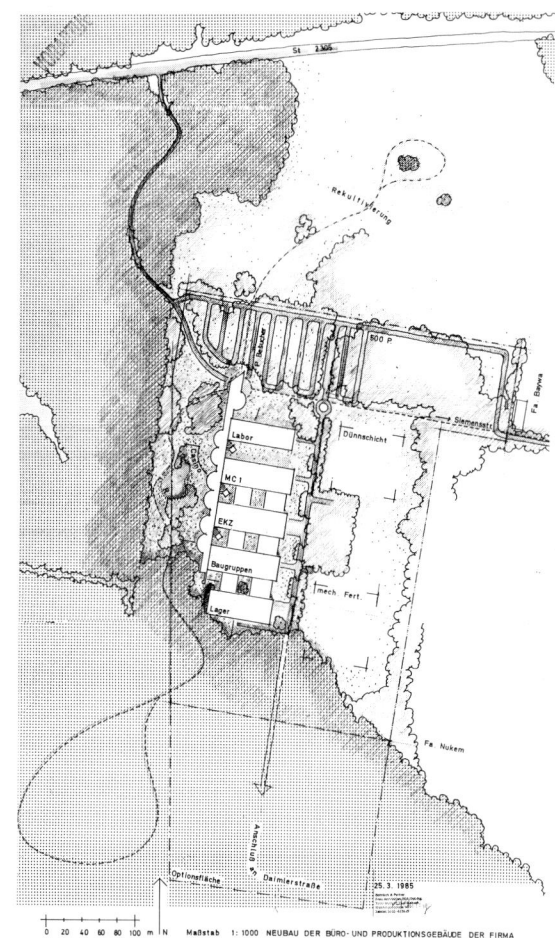

Leybold-Heraeus are building a new branch factory for 750 employees, with production facilities, design and office premises, with a canteen, library, conference suite etc.

The new complex is being built in Alzenau, in Lower Franconia, in an expansive, open setting surrounded by pine forests on three sides, and with an industrial estate bordering it on the fourth. The forest was cut down by the Alzenau municipal authorities and a five-metre deep layer of sand was stripped. The site will have to be recultivated.

Leybold-Heraeus build highly-quality, innovative machinery. Among other things they develop production processes, and design, build and assemble the equiment necessary for these.

Seventy per cent of the staff work in the design departments, laboratories, or offices, and 30 per cent on the shop floor. The people in the design departments work in groups. The layout was developed on the basis of these criteria. To the west, toward the forest, the design and office premises for various groups are taking shape. This rooms are closely connected with the production facilities by strip windows at the rear and stairs.

The vertical connecting elements, with stairs and lifts, lead into a horizontal connection on the first floor, which in turn leads to the entrance hall. This route also provides access to the canteen, café, library etc.

On the ground floor, in front of and below the semicircular parts of the building, there is an open area with a large pool. The canteen faces this pool, the green areas adjoining it, and the forest behind. A great deal of trouble was taken to improve the climate outside the building by landscaping measures.

Many of the assembly shops have to be dust-free. The undersides of ceilings have to be smooth, without steps, and so loadbearing structures and building services are oriented toward the outside of the building.

The complex is clearly arranged, clean, and encourages relaxed co-operation. The high demands places on the architectural quality of the buildings and the surrounding landscape were derived from the criteria governing the quality of the company's work in this factory.

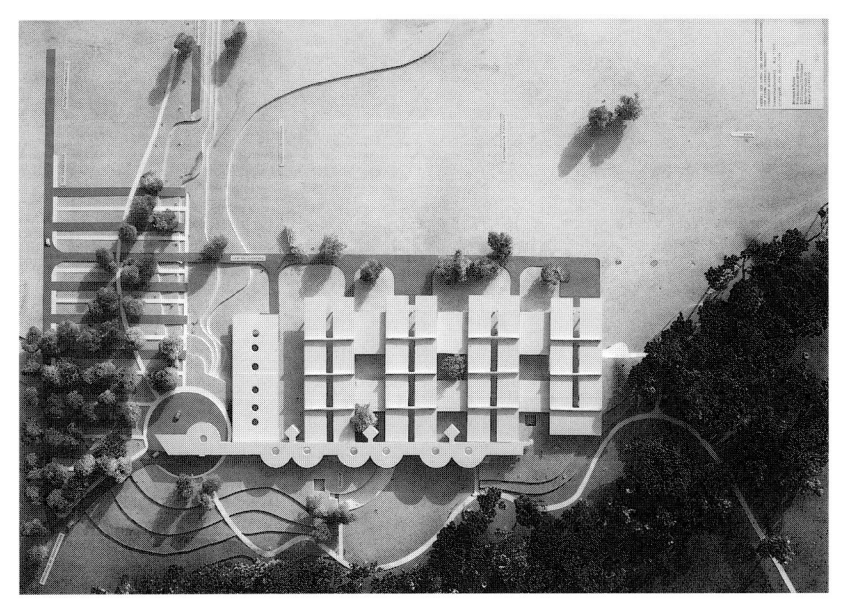

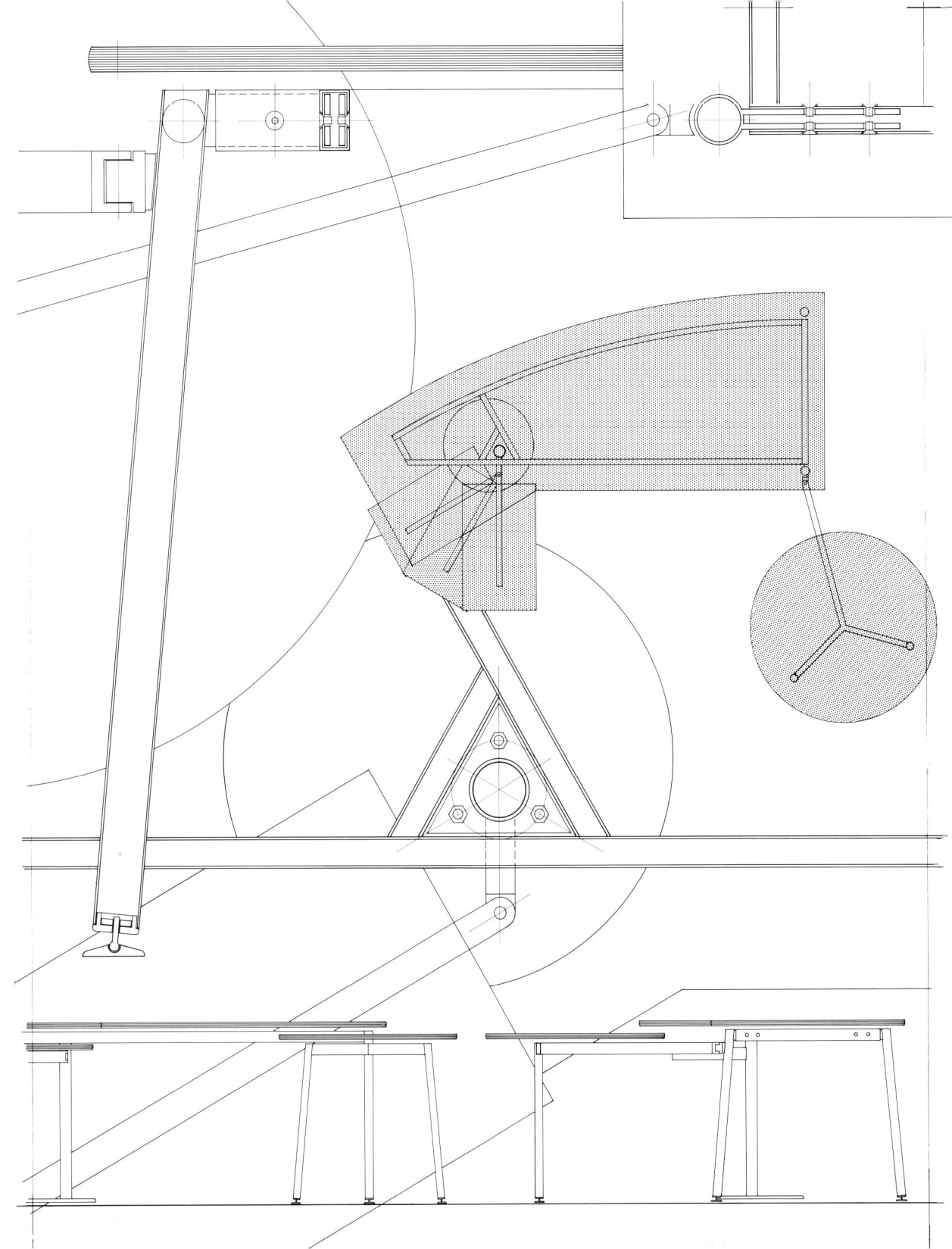

Forschungs- und Entwicklungsgebäude sowie Produktionshallen
von Leybold-Heraeus in Alzenau · 1987
Research and development building and production facilities
for Leybold-Heraeus, Alzenau

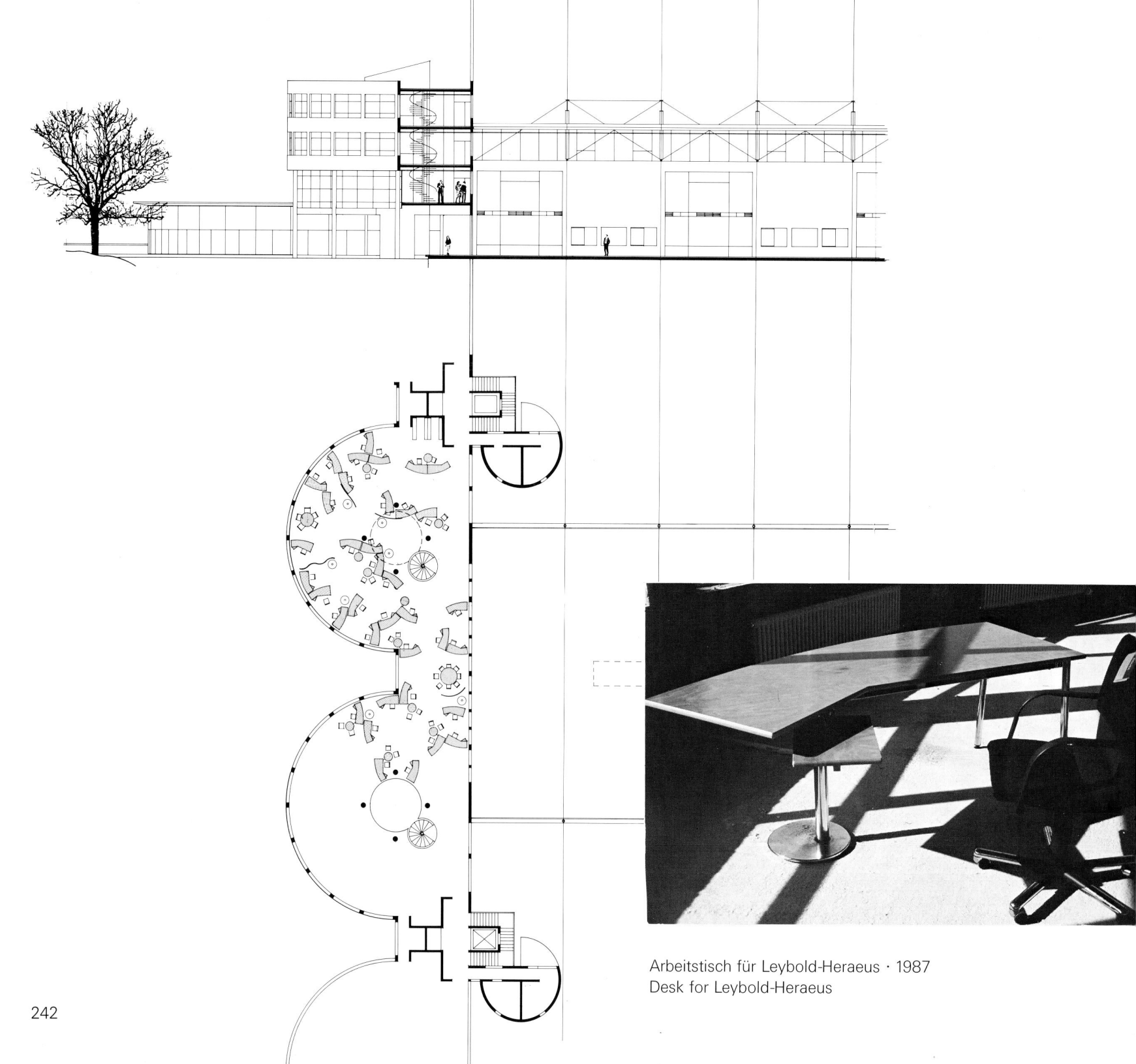

Arbeitstisch für Leybold-Heraeus · 1987
Desk for Leybold-Heraeus

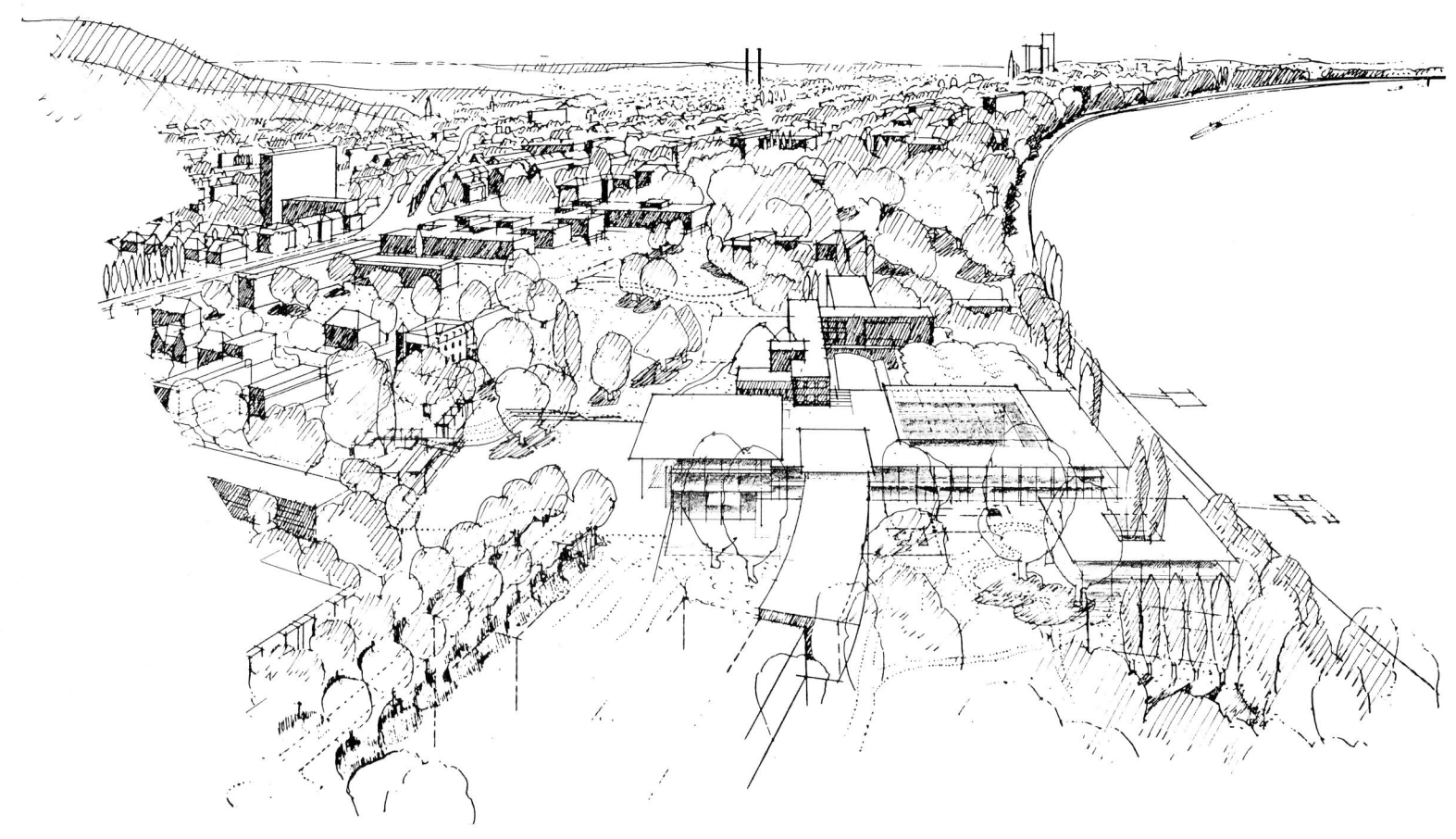

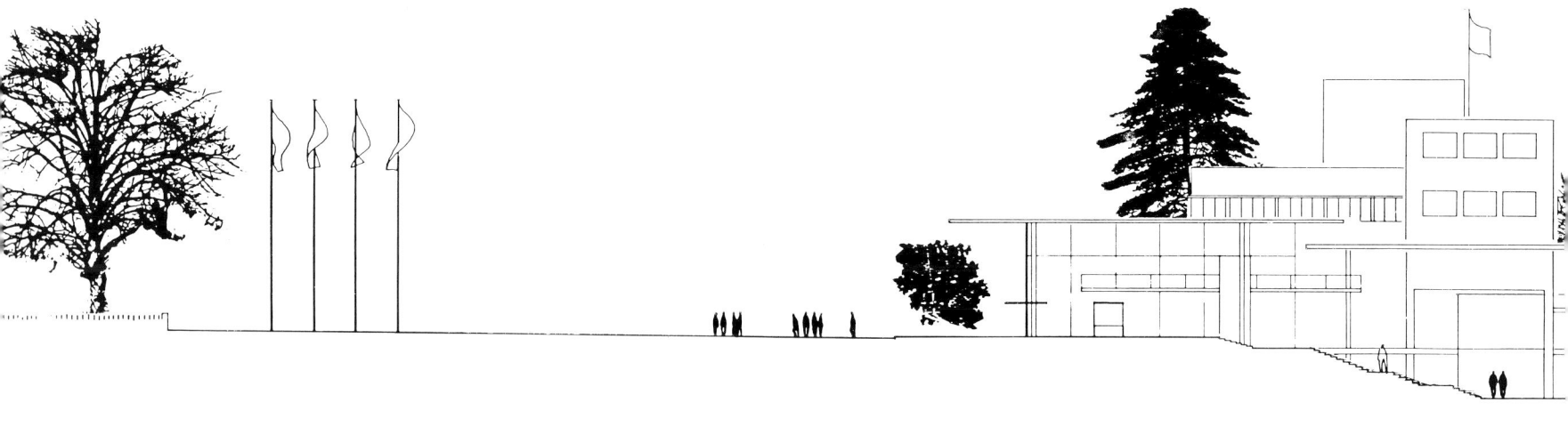

Parlamentsplatz   Eingangsbauwerk   Lobby

Vor vielleicht vier Jahren beschloß der Deutsche Bundestag, die bis dahin schon zehn Jahre sich hinziehende Planung abzubrechen. Man wollte keinen völligen Neubau mehr. Wohl waren auch jetzt noch umfangreiche Neubauten erforderlich, der Kern der Anlage, der Bereich um den Plenarsaal jedoch sollte dort bleiben, wo er bisher war. Darüberhinaus sollten alle vorhandenen Gebäude erhalten werden – auch diejenigen, die architektonisch weniger geglückt scheinen.

Neu kam hinzu, daß die Bauanlage, die sich bisher dem Rhein zu- und von der Stadt abwandte, sich zur Stadt hin öffnen sollte. So entstand in der Planung ein Eingangsbauwerk an einem Parlamentsplatz. Beide sollten als Ensemble den Plenarsaal, der nach wie vor eher zum Rhein hin sich ausrichtete, der Stadt gegenüber vertreten.

Es zeigte sich dann bald, daß die technische Qualität der bestehenden Gebäude bei weitem nicht den heutigen Anforderungen entsprechen konnte. Diese Gebäude waren 1931 und nach 1947 in Eile und in Notzeiten gebaut worden. Und die Nachkriegsbauten waren Provisorien, dem politischen Ansatz entsprechend. Und als solche sind sie weder bezüglich ihrer technischen noch ihrer architektonischen Substanz geeignet, dauerhaft zu werden.

Some four years ago the German Federal Parliament decided to abandon the planning work which had been going on for ten years. A complete redevelopment was no longer wanted. Certainly, a large number of new buildings were still needed, but the nucleus of the complex, the area around the Assembly, was to remain where it was. In addition, all the existing buildings were to be preserved – including those that did not seem to be of outstanding architectural merit.

A new factor was that the complex – which had hitherto been oriented towards the Rhine and away from the city, was now to open out towards the city. As a result, an entrance building on a parliament plaza was planned. Both of these, as an ensemble, were intended to represent the Assembly, which would still be oriented more towards the Rhine.

It soon became clear that the technical quality of the existing buildings was far from satisfying present-day criteria. These buildings had been built in 1931 and 1947 – hurriedly and in times of need. And the postwar buildings were temporary, corresponding to the political restart. As such, they are unsuitable as permanent buildings, with regard both to their technical as well as their architectural substance.

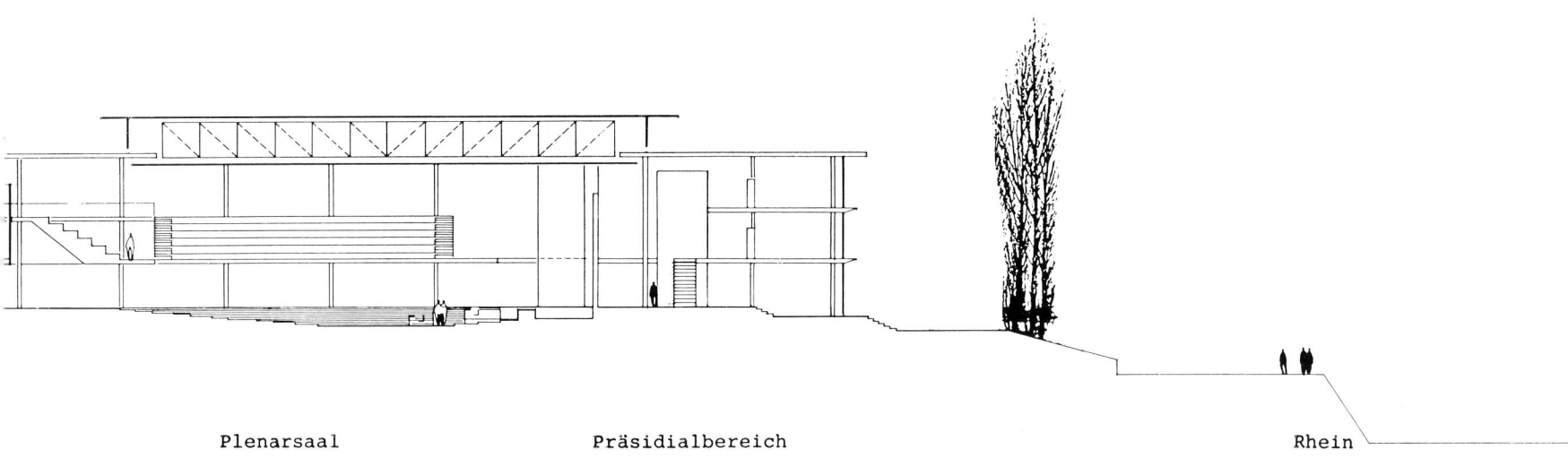

Plenarsaal   Präsidialbereich   Rhein

Nun soll voraussichtlich auch der Plenarsaal erneuert werden. Damit entsteht die Chance, die ursprüngliche architektonisch-städtebauliche Lösung wieder herzustellen. Hans Schwippert hat den ersten Plenarsaal als Teil der Rheinaue geplant, offen dieser gegenüber und offen dem Rhein und dem gegenüberliegenden Ufer zu. Die späteren Anbauten hatten diesen wichtigen Ansatz verdeckt und zerstört. So waren Ungereimtheiten entstanden, die man jetzt korrigieren könnte.

Es entsteht auch die Möglichkeit, angrenzende, ungenügende Bereiche neu zu planen. Ohnehin müssen die bisher mangelhaften Verbindungen innerhalb der Gebäude funktional und vor allem architektonisch-räumlich überarbeitet werden: z.B. vom Plenarbereich zu den um den ›Langen Eugen‹ entstehenden Massen der Räume für Abgeordnete und Dienste.

So ergibt sich, daß die Absicht, im alten Gebäude bleiben zu wollen, in aller Konsequenz nicht durchführbar ist. Einiges wird man wohl aufgeben müssen. Anderes sollte man aber erhalten: das Gebäude der alten Akademie z. B., die Zeichen des Wachsens mit der Entwicklung der Republik, die den vorhandenen Gebäuden zu eigen sind, die stadtlandschaftliche Situation, den Charakter der Architektur, das Unprätentiöse, das Offene, Eigenschaften und Ideale unserer Republik, die von Wert sind.

Now it is probable that the Assembly will also be replaced. This provides an opportunity to restore the original architectural-urban development solution. Hans Schwippert designed the first Assembly as a part of the riverside landscape, open to it and the Rhine, as well as the opposite bank. The later additions had concealed and destroyed this important approach. As a result, inconsistencies had occurred which it would now be possible to correct.

It will also be possible to redesign unsatisfactory areas. In any case, the connections within the buildings, hitherto unsatisfactory, will have to be revised, both functionally and above all with a view to architectural space; for example, from the plenary area to the blocks to be built around the "Langer Eugen" for deputies and services.

Thus, the wish to remain in the old buildings cannot be completely fulfilled. Some things will no doubt have to be relinquished. But there are other things which ought to be retained, e. g. the old Academy building, the signs of growth reflecting the development of the republic, which is a typical feature of the existing buildings; the rural-urban setting, the character of the architecture, the unpretentious, the open – valuable qualities and ideals of our republic.

245

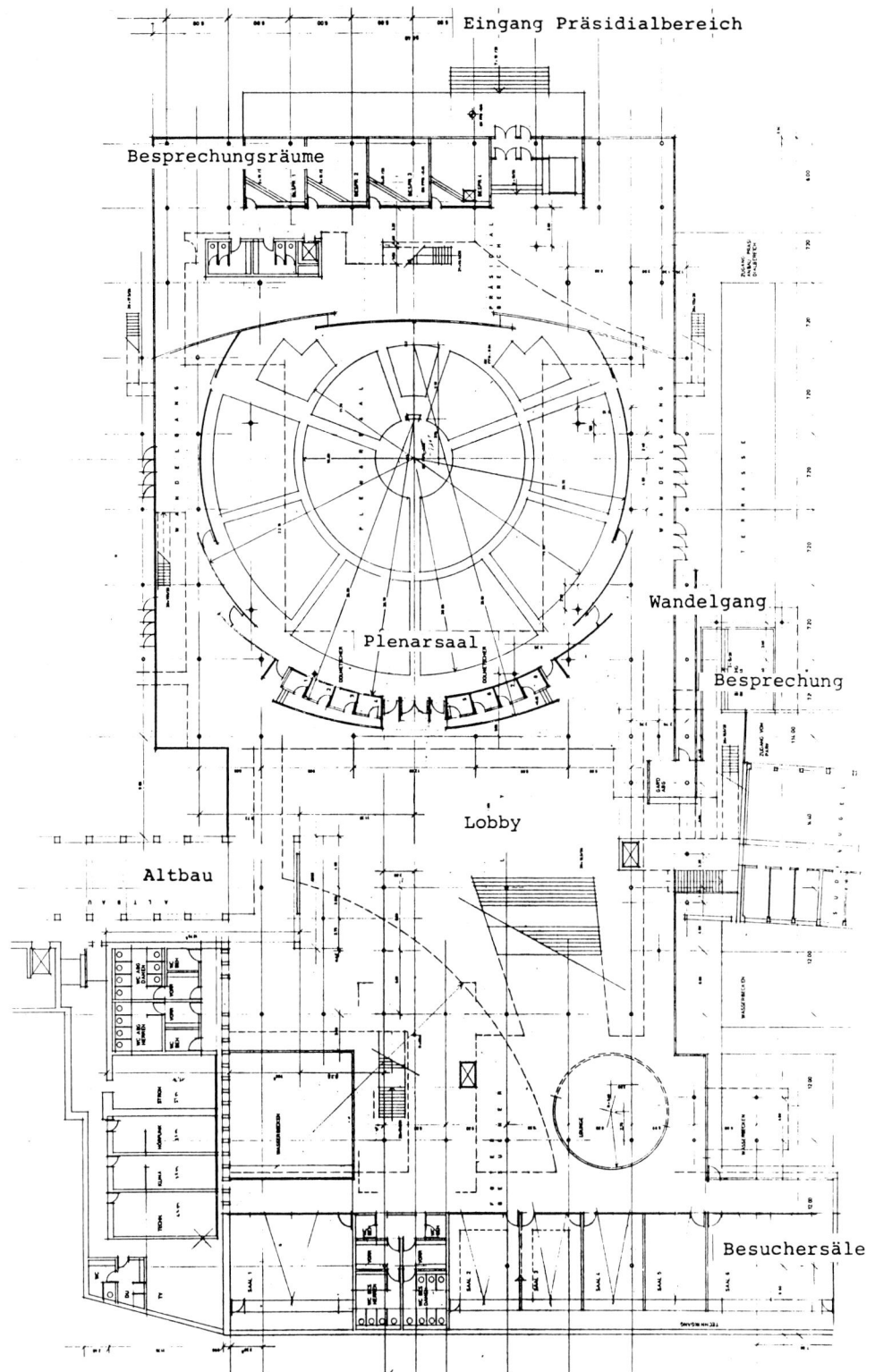

Eingang Präsidialbereich

Besprechungsräume

Wandelgang

Plenarsaal

Besprechung

Lobby

Altbau

Besuchersäle

Saalgeschoß
Plenary hall floor

246

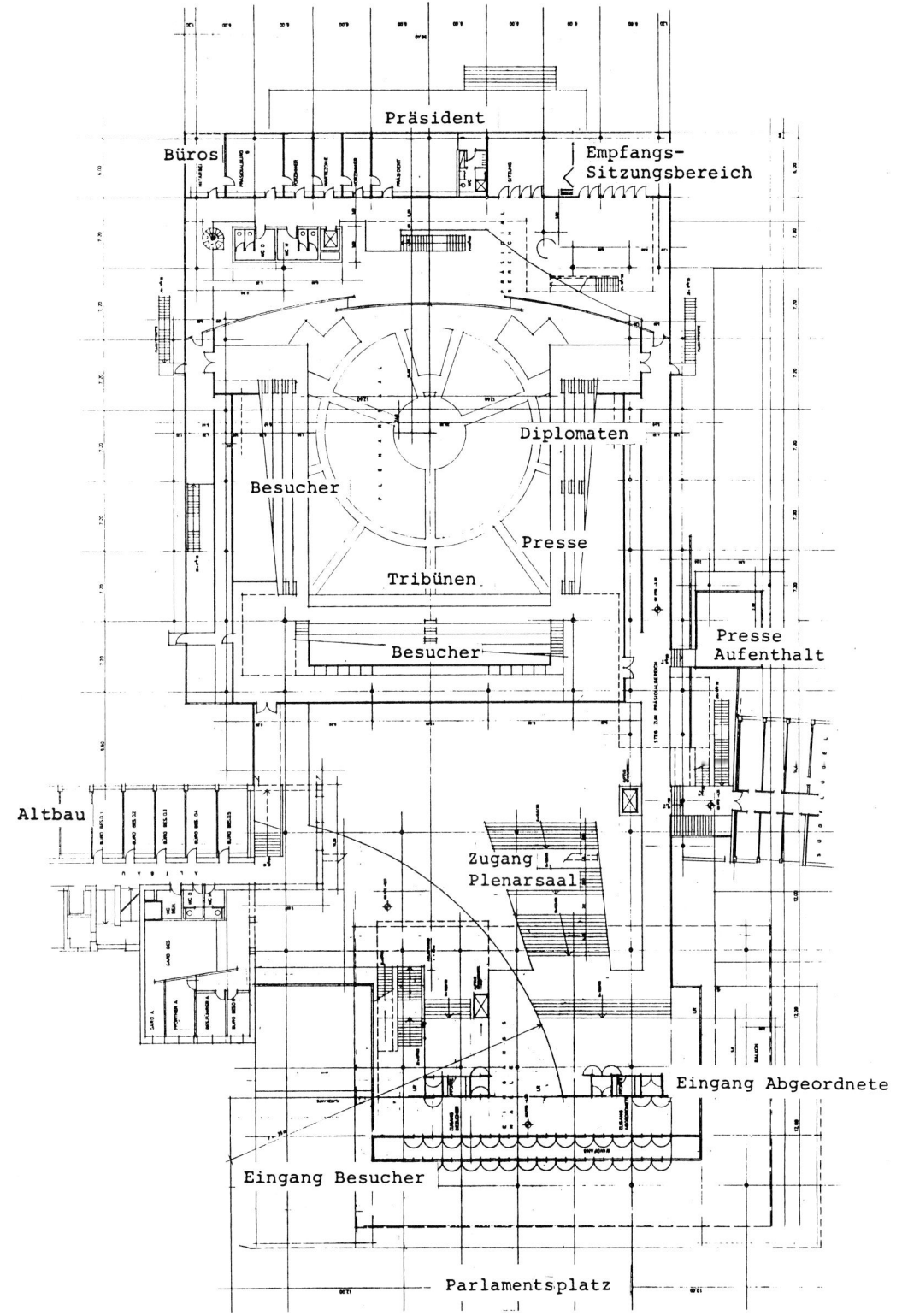

Präsident

Büros

Empfangs-
Sitzungsbereich

Diplomaten

Besucher

Presse

Tribünen

Besucher

Presse
Aufenthalt

Altbau

Zugang
Plenarsaal

Eingang Abgeordnete

Eingang Besucher

Parlamentsplatz

Eingangsebene
Entrance level

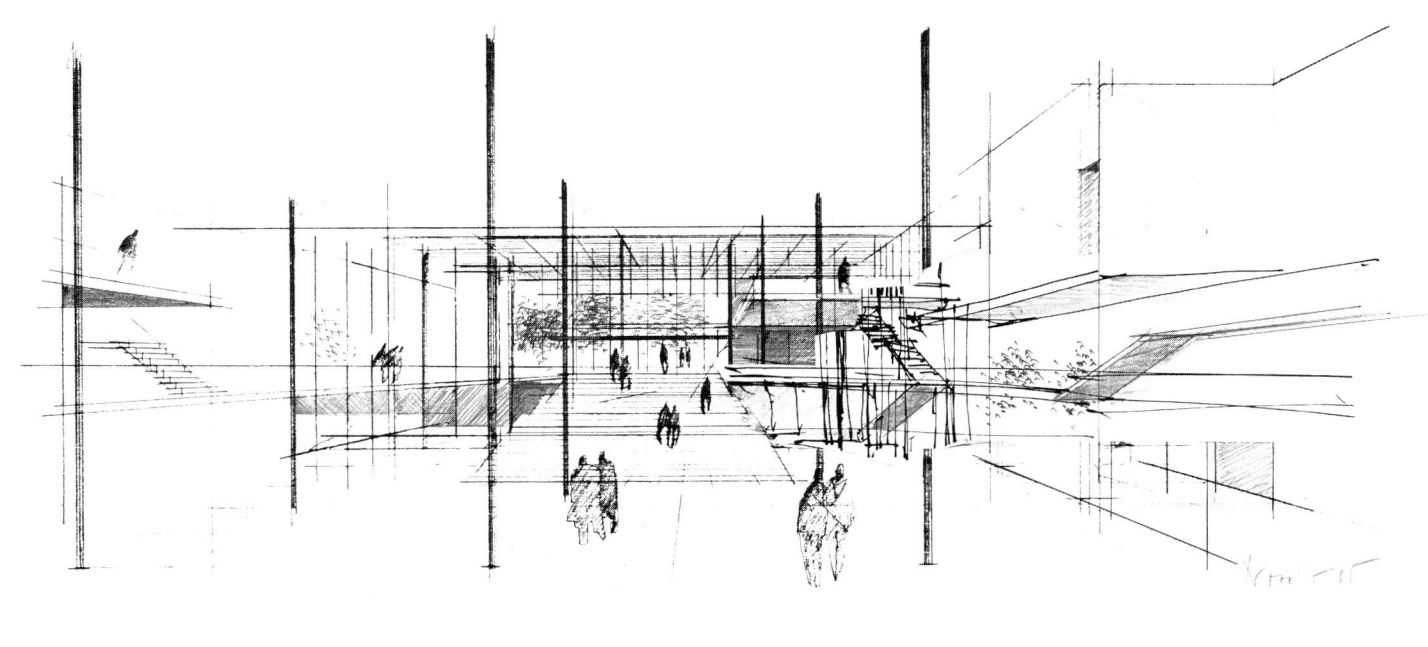

Im Außenbereich sollen großräumige Freianlagen entstehen, einerseits für Bullen, andererseits als weiträumige Gemeinschaftsanlage. Diese Freianlagen enthalten: artgerechte, dem Verhalten der Tiere entgegenkommende Einrichtungen, wie Schlamm-Suhlen, Badebecken, Scheuerplätze, Schattenzonen, Hügel, verschiedene Bodenarten, wie Sand, Mergel und Graszonen.

Die Absperrgräben werden auf kurze Abschnitte reduziert, schon um das Risiko des Absturzens der Tiere in die Absperrgräben zu reduzieren.

Im Inneren werden großzügige Bewegungsräume für Kühe und Bullen geschaffen mit modellierten, beheizten Bodenflächen, Scheuerwände, großes Wasserbecken, Ausblick nach draußen, viel Tageslicht ...

Ähnlich wie im Außenbereich sieht der Besucher die Tiere von verschiedenen Ebenen her.

Eine lange, leicht gebogene Wand trennt den Außenbereich vom Innenbereich. Eine darüber angeordnete Spange, die Futtervorräte und Räume für Pfleger enthält, bildet das bauliche Rückgrat. Von hier aus schwingen sich leichte Bögen, im Wechsel als geschlossene oder durchsichtige Elemente ausgebildet, über die Bewegungsfläche der Elefanten hinweg zum Besucherbereich hinüber.

Es entsteht ein frei ausgeformtes räumliches Gebilde mit vielfältigen Verbindungen und Blickbeziehungen. Innen und Außen sind verbunden. Die Anlage fügt sich ein in die landschaftliche Situation und trägt dazu bei, die Assoziation ›Haus, in dem Tiere unter beengten Verhältnissen gehalten werden‹, nicht aufkommen zu lassen.

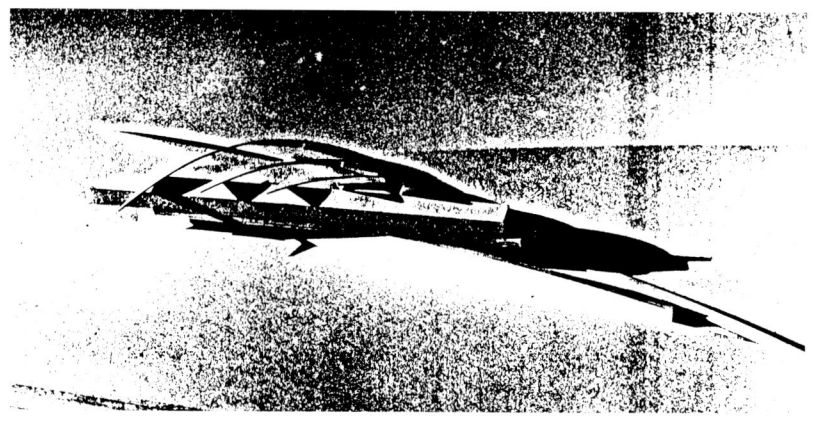

It is planned to provide generously-sized grounds around the elephant house, for the bulls in particular, though also as a spacious communal area. These grounds will be appropriate for the species and their typical behaviour, with mud baths, bathing pools, places where they can rub their hides, shaded areas, hills, and various types of ground such as sand, marl, and grassy areas.

The ditches around the enclosure will be reduced to short sections, if only to minimize the risk of the animals falling into them.

In the interior, generous movement areas will be created for cows and bulls, with modelled, heated floors, scratching walls, a large pool, a view to the outside, plenty of daylight...

As is the case outside, visitors will be able to see the elephants from different levels.

The open-air area is separated from the interior by a long, gently curving wall. The structural backbone is formed by a clasp-like construction above the wall, containing fodder and rooms for keepers. From this point, very light arches, alternately in the form of closed or transparent elements, soar out over the elephants' movement zone and across to the visitors' area.

The result is a freely developed, spacious ensemble with complex connections and visual relationships. Interior and exterior are linked to one another. The building harmonizes with its setting, thus helping to prevent it from looking like "a building where animals are kept in cramped conditions".

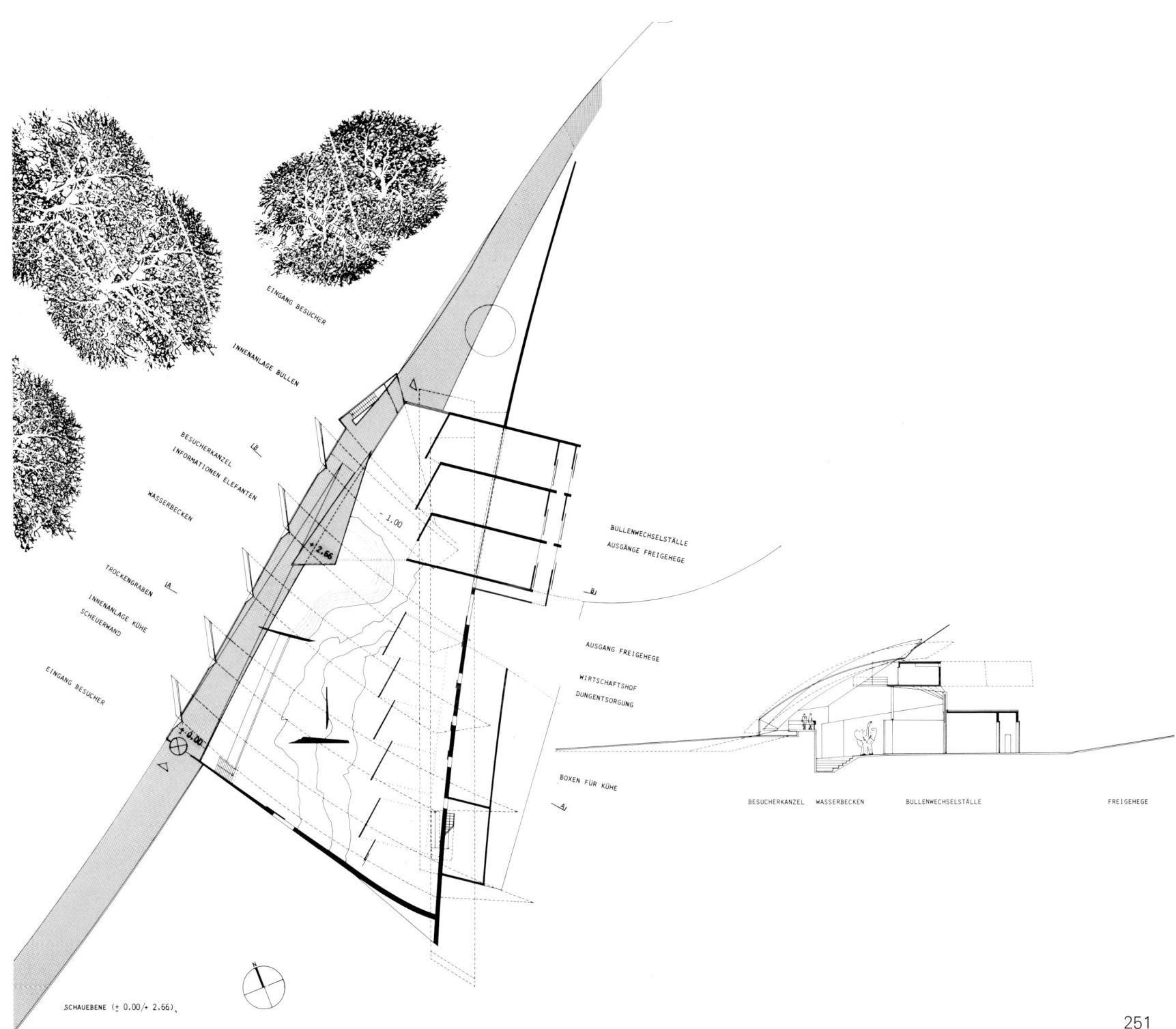

EINGANG BESUCHER

INNENANLAGE BULLEN

BESUCHERKANZEL
INFORMATIONEN ELEFANTEN

WASSERBECKEN

TROCKENGRABEN

INNENANLAGE KÜHE
SCHEUERWAND

EINGANG BESUCHER

+ 2.66

- 1.00

+ 0.00

BULLENWECHSELSTÄLLE
AUSGÄNGE FREIGEHEGE

AUSGANG FREIGEHEGE

WIRTSCHAFTSHOF
DUNGENTSORGUNG

BOXEN FÜR KÜHE

BESUCHERKANZEL   WASSERBECKEN   BULLENWECHSELSTÄLLE   FREIGEHEGE

N

SCHAUEBENE (± 0.00/+ 2.66)

251

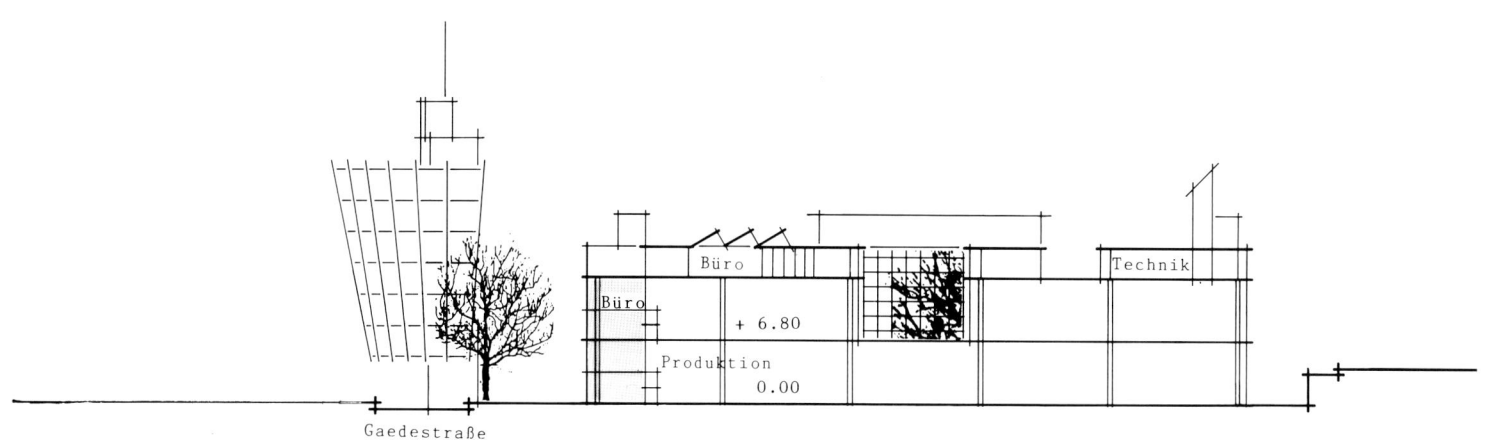

Produktionsgebäude von Leybold-Heraeus in Köln · 1987   Factory building for Leybold-Heraeus in Cologne

Kindergarten Luginsland in Stuttgart · 1987

Am Rande eines neuen Wohngebietes im Stadtteil Luginsland, neben Gärten, gegenüber den Höhenzügen des Kernen, seinen Weinhängen und im Anblick des Rotenberg, der Begräbnisstätte württembergischer Könige, mit Blick über das Neckartal und seine Hänge entsteht ein Kindergarten, ein Schiff, eine Arche, gestrandet in den Weinbergen. In dieser Arche können die Drei- bis Fünfjährigen wohnen in einer Kinderwelt, befreit von zweckrationalen Erscheinungen unseres Alltages.

Luginsland Kindergarten, Stuttgart

On the border of a new residental area in the suburb of Luginsland, adjoining gardens, opposite the hilltops of the Kernen and its vineyards, and in sight of the Rotenberg, burial site of Württemberg's kings, with a view over the Neckar Valley and its hillsides, a kindergarten is being created: a ship, an ark stranded in the vineyards. In this ark, three- to five-year-olds will live in a children's world where the purpose-oriented rationality of our everyday lives is unknown.

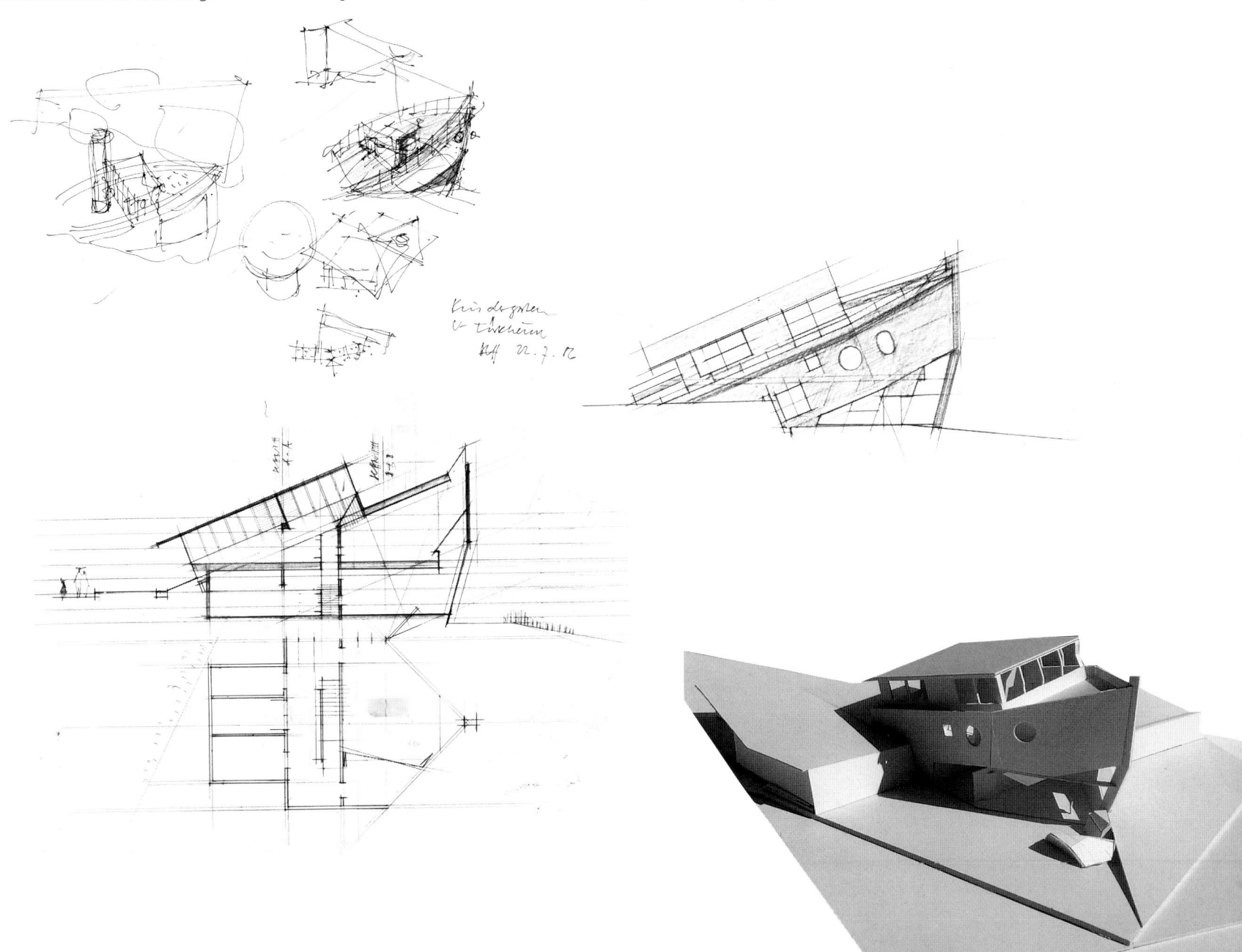

Am Schaumainkai, neben dem älteren Museum Städel, sind neue Museumsbauten entstanden: Filmmuseum, Architekturmuseum, Kunstgewerbemuseum u.a.m. In der Reihe dieser Museumsbauten wird heute das Museum der Deutschen Bundespost gebaut.

Die Stadt Frankfurt plant ein ‹Museumsufer› am Südufer des Mains, der Silhouette des Stadtkerns gegenüber. Früher waren dort große Villen, von Villen-Gärten umgeben. Diese alte ›Villenstruktur‹ sollte als Charakteristikum auch für das neue Museumsufer erhalten bleiben.

Es schien sinnvoll, dann auch die vorhandene alte Villa selbst zu erhalten. Für das relativ umfangreiche Programm steht dann ein knappes Grundstück zur Verfügung. So mußte ein erheblicher Teil des Museums in zwei Ebenen unter dem Garten liegen. Über der Gartenebene erhebt sich ein schlanker Baukörper in Abstimmung mit dem Kubus der existierenden Villa.

Unter der Erde liegende Museumsflächen und solche in dem als Volumen erkennbaren Baukörper sind durch weite Ausschnitte in den Geschoßebenen verbunden. Ein den Charakter der Anlage mitbestimmender Glaskörper deckt und markiert diesen Schwerpunkt des Museums.

Die Deutsche Bundespost will ihre neuesten Kommunikationsmittel ausstellen. Das Bild eines technisch innovativen, kompetenten Unternehmens wird die Ausstellung bestimmen. Das Äußere der Architektur wird von gleicher Tendenz her bestimmt sein.

On Schaumainkai, next to the older Staedel Museum, several new museum buildings have been erected – a film museum, an architecture museum, a crafts museum etc. The Museum of the Federal German Post is currently being built as one of this series of museums.

The City of Frankfurt has planned a part of the south bank of the River Main as a "museum bank" facing the city centre skyline. The site was previously occupied by large villlas with gardens. And it was decided that this old "villa structure" should be preserved as a typical feature of the new museum bank.

It therefore seemed to make sense to preserve the old villa as well. A relatively large building complex had to be fitted into a quite small site, and so a large section of the museum had to be accommodated on two floors beneath the garden. Above the level of the garden rises a slender building, harmonizing with the cuboid form of the existing villa.

The parts of the museum which are underground are linked to those housed in the outwardly visible part of the building by large openings in the floors; these openings form a focal point, covered and marked by a glass construction which influences the character of the complex as a whole.

The Federal German Post intends to exhibit its latest communication media in the museum. The exhibition will be marked by the image of a technologically innovative, efficient organization. The outward appearance of the architecture will be marked by the same tendency.

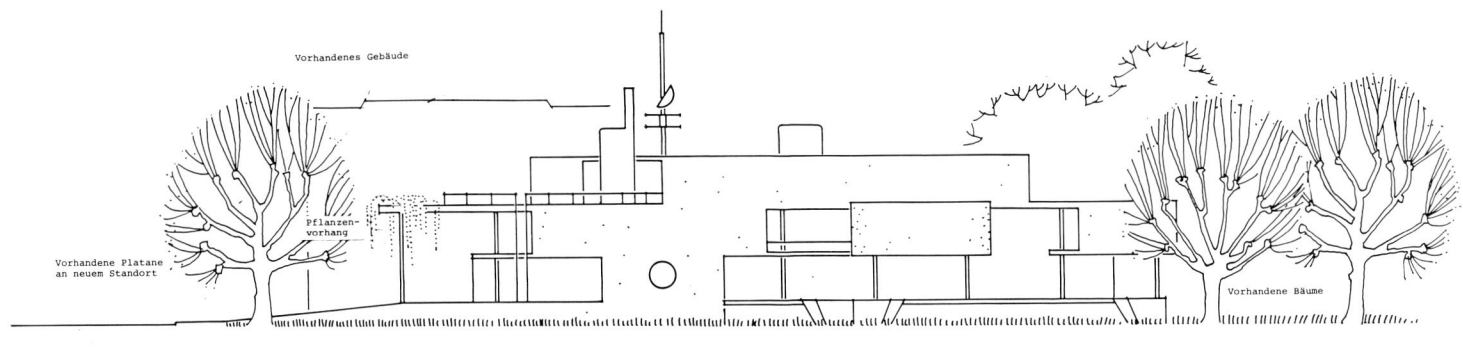

Vorhandenes Gebäude

Vorhandene Platane an neuem Standort

Pflanzenvorhang

Vorhandene Bäume

Schaumainkai   Eingangsrampe

111082

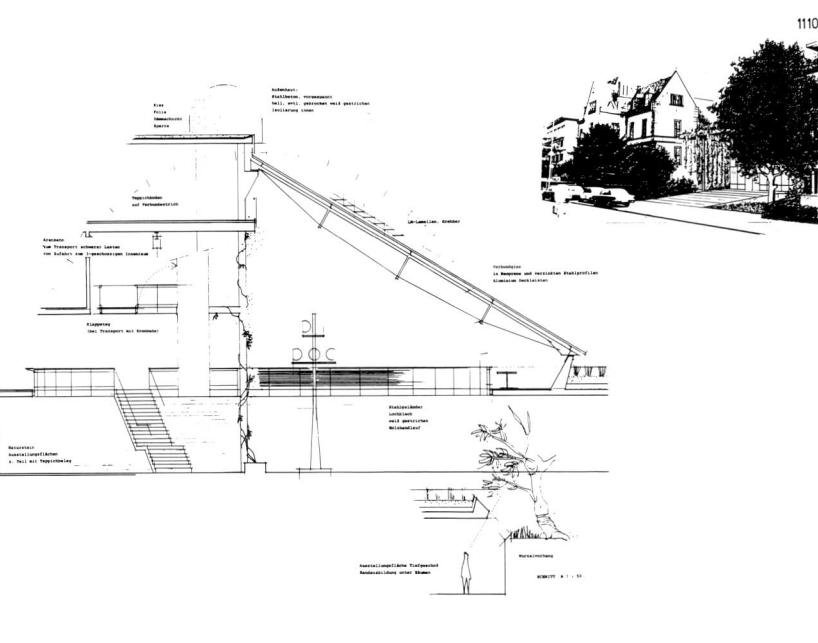

Sonderausst.

Vortrag

Cafeteria

Int.P.-u.F.

Halle

Verwaltung

2 P.
1 P. 1 P.   1 P.
1 P.
1 P.
1 P.   2 P.
1 P. 1 P.
2 P.

1. OBERGESCHOSS

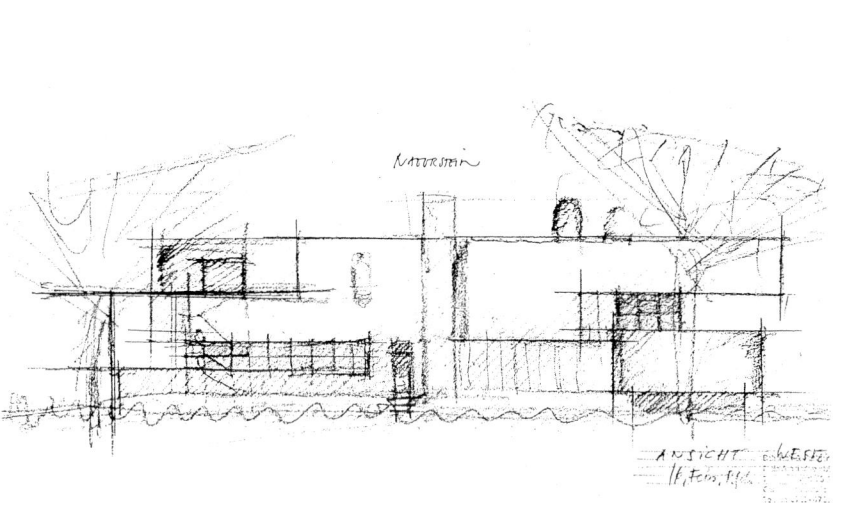

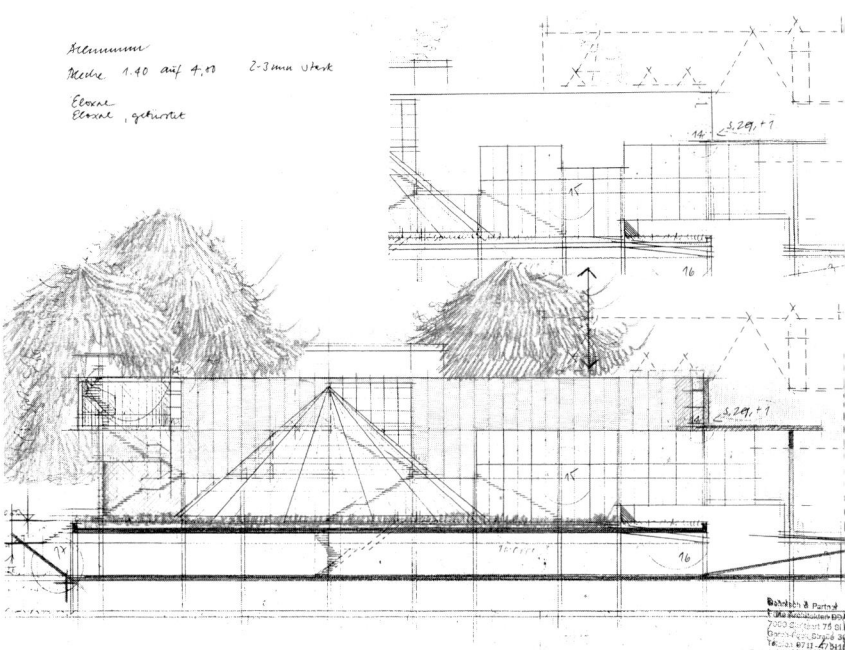

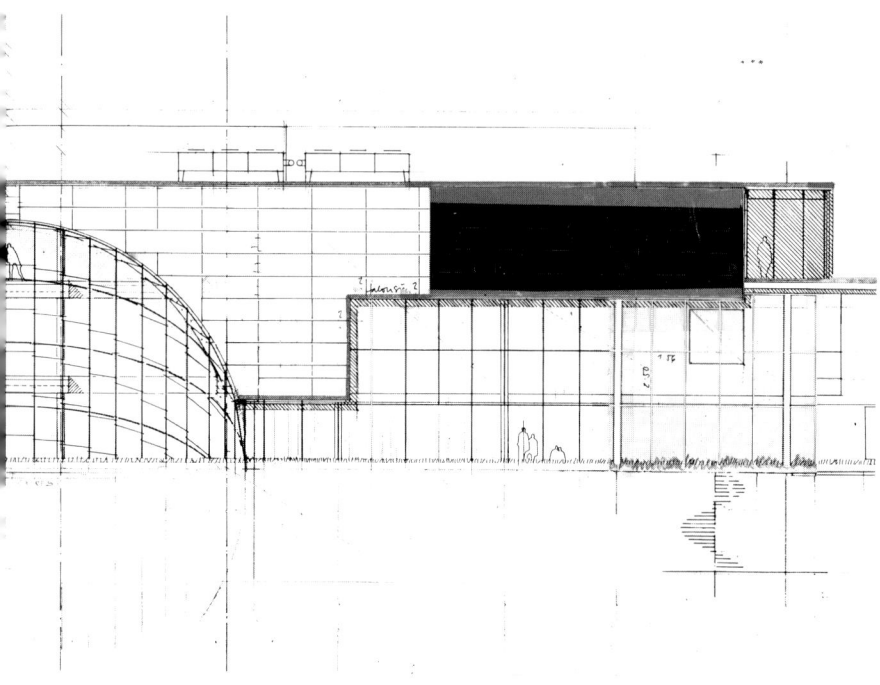

German Postal Museum on Schaumainkai, Frankfurt am Main

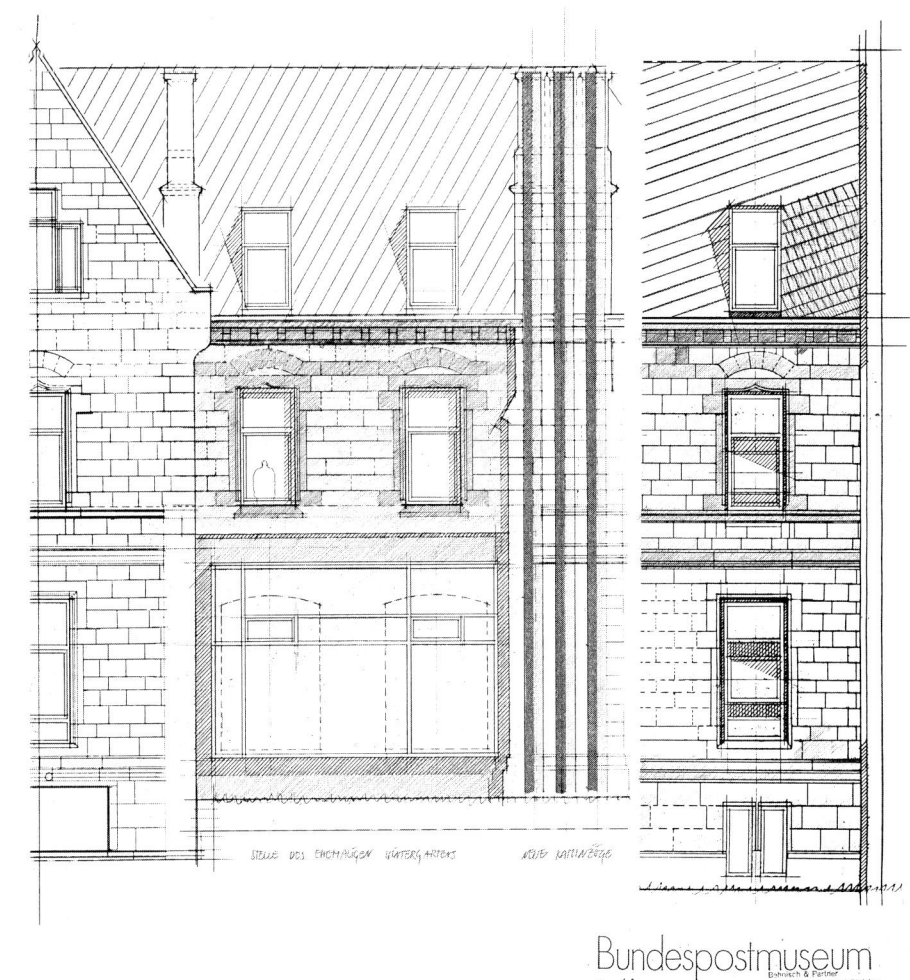

Bundespostmuseum

Frankfurt
am Main

Eisenreich & Partner
Freie Architekten BDA Dipl.-Ing.

Skizzenbuch (Stand 10.09.1984)

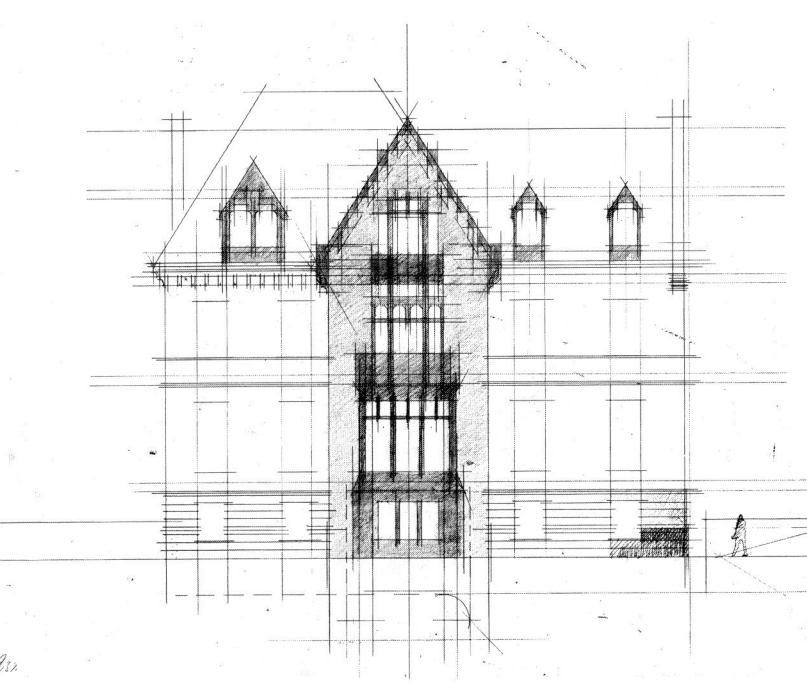

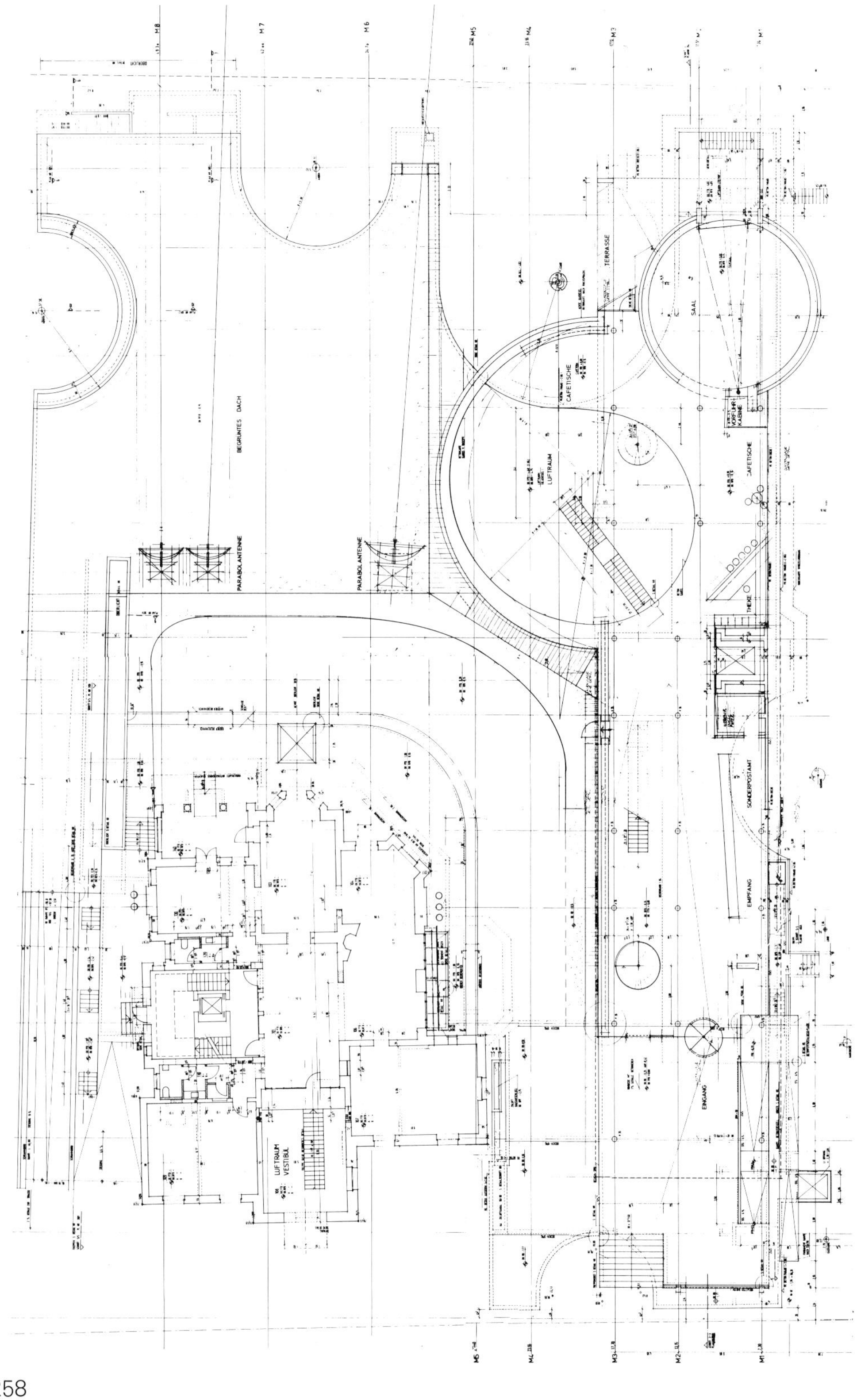

Deutsches Postmuseum am Schaumainkai
in Frankfurt am Main · 1987
German Postal Museum on Schaumainkai, Frankfurt am Main

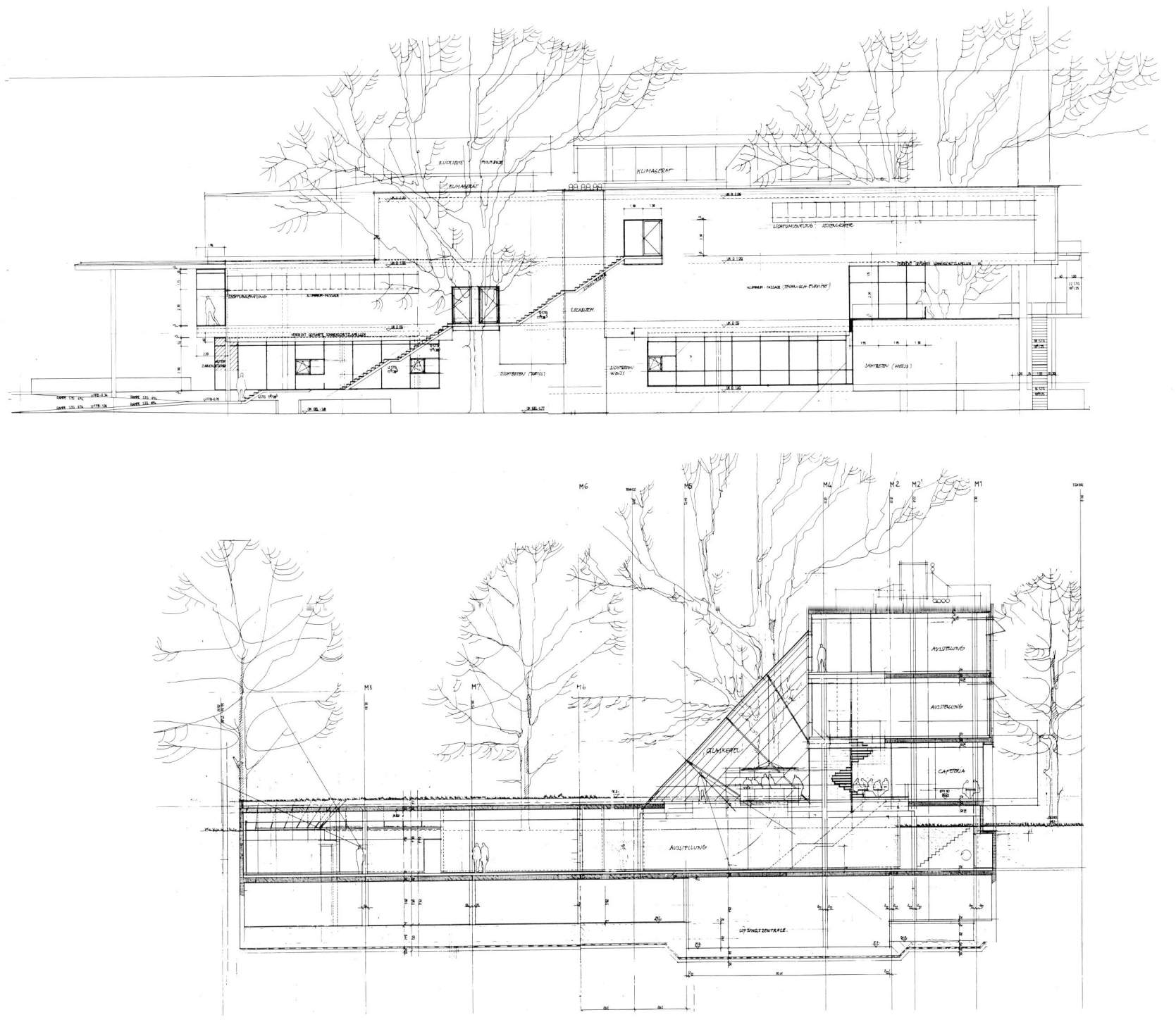

259

Istanbul plant einen Sportpark. Alle Einrichtungen, die für die Olympischen Spiele erforderlich sind, sollen in diesem Park vorgesehen werden: Alle Sportstätten, Olympisches Dorf, Pressedorf und Infrastruktur; dazu ein Messegelände, dessen Hallen für Sportwettkämpfe mitgenutzt werden können.

Dieser Olympia-Sportpark wird ca. 25 km westlich des Stadtzentrums von Istanbul geplant, am nördlichen Ende eines Sees, des Küçükçekmece Gölü. Von den Hügeln im geplanten Park bietet sich ein weiter Blick über die Länge des Sees nach Süden zum Marmarameer.

Istanbul is planning a sports park. All the facilities needed for the Olympic Games are to be provided in this park – all the sports grounds, an Olympic village, a press village and infrastructure; in addition, an exhibition centre whose halls can also be used for sports competitions.

This Olympic sports park will be some 25 km to the west of the centre of Istanbul, at the northern end of a lake, the Küçükçekmece Gölü. From the hills in the planned park there is a panoramic view over the expanse of the lake to the Sea of Marmara in the south.

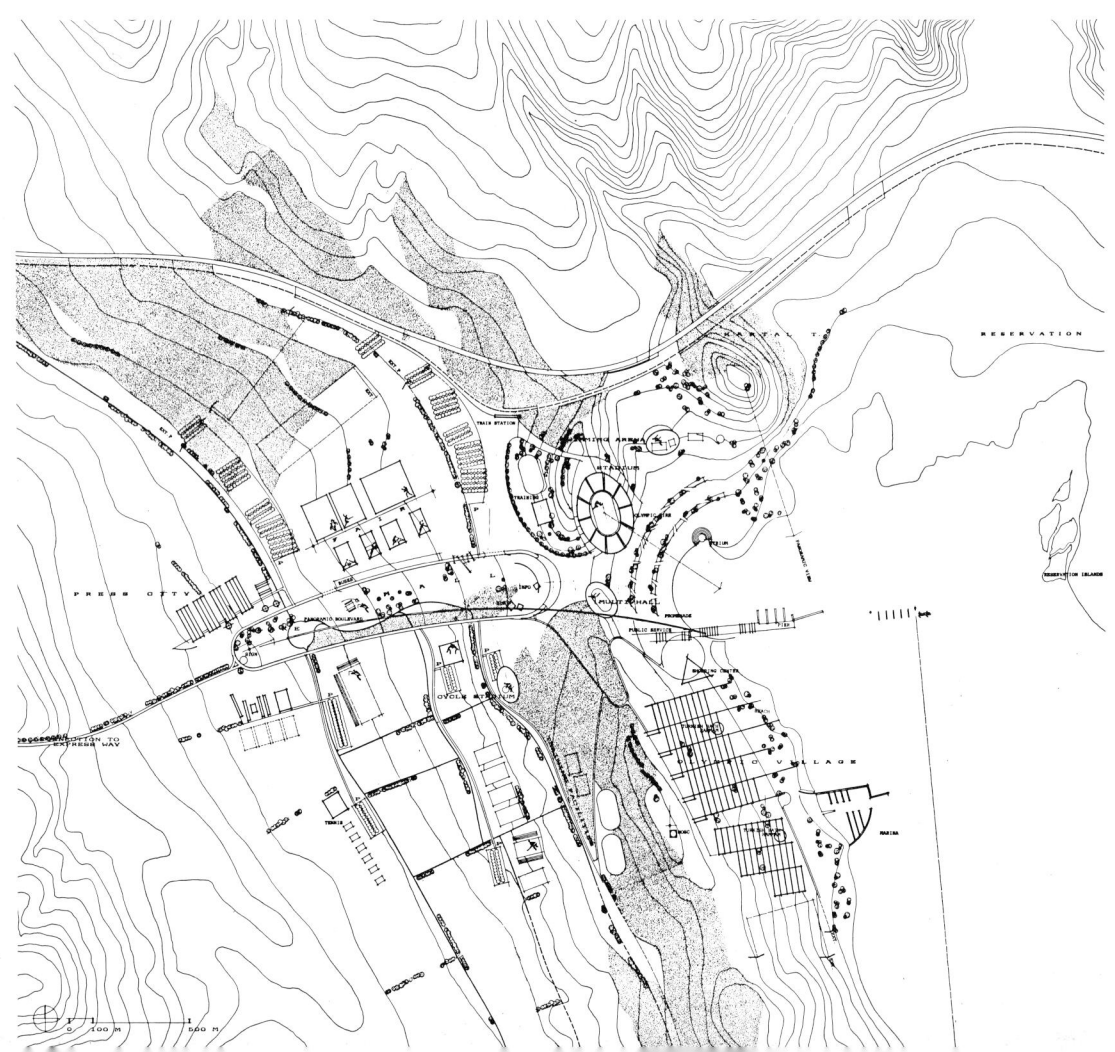

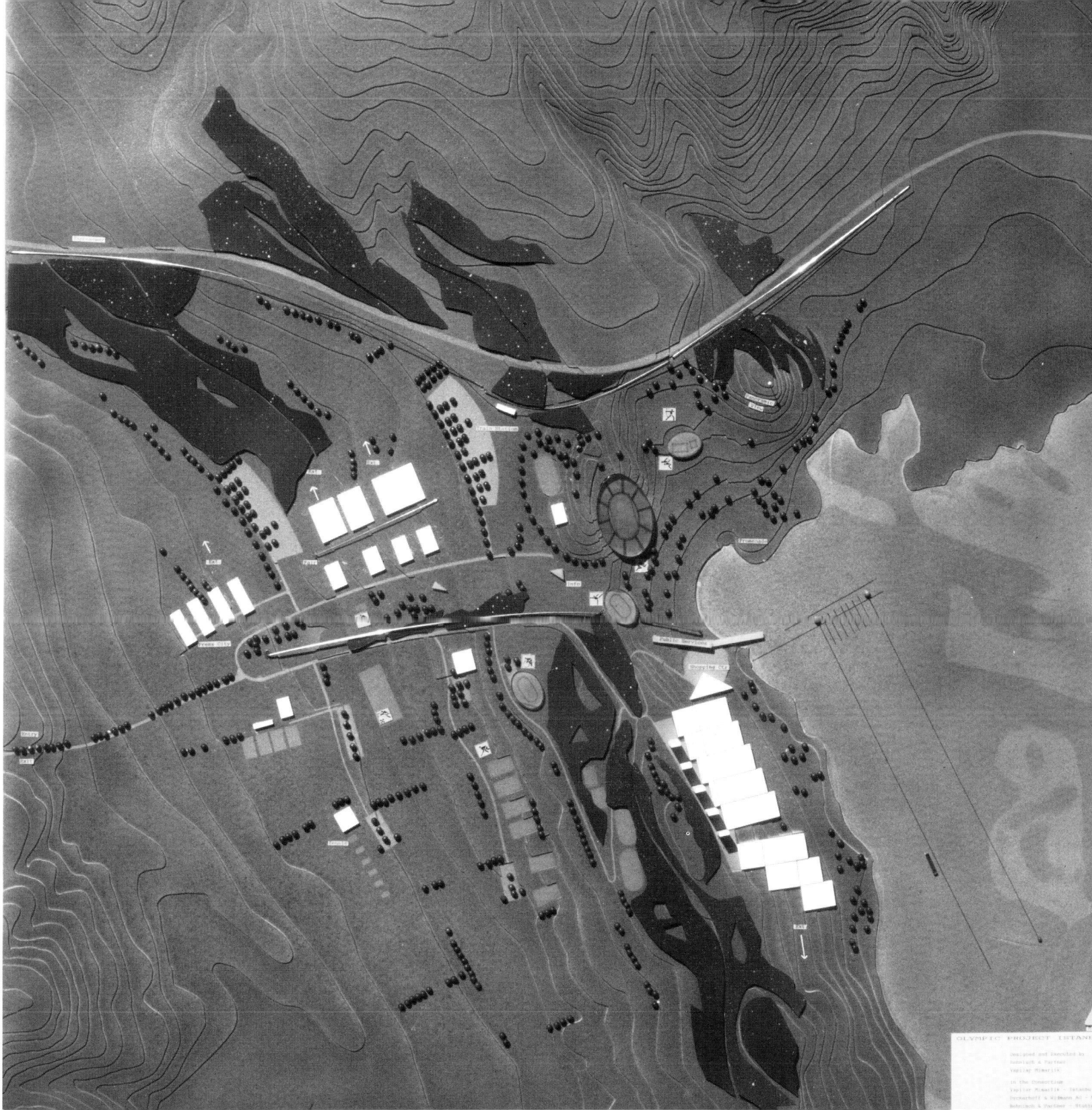

OLYMPIC PROJECT ISTANBUL

Designed and Supplied by
Behnisch & Partner
Kapilar Memorial

In the consortium:
Kapilar Memorial - Istanbul
Behnisch & Partner AG - M...
Behnisch & Partner - Stuttg...

Behnisch und Lambart	1952–1958	
Günter Behnisch	1958–1966	

Bei der Veröffentlichung verschiedener Bauten
wurden die Projektarchitekten genannt.
The names of the project architects were given
in publications on various buildings.

Behnisch & Partner Behnisch, Auer, Büxel, Tränkner, Weber	1966–1970	
Behnisch & Partner Behnisch, Auer, Büxel, Sabatke, Tränkner, Weber	1970–1979	
Behnisch & Partner Behnisch, Büxel, Sabatke, Tränkner	ab/from 1980	

1979 hat sich die bis dahin bestehende Partnerschaft in zwei Büros
geteilt:
In 1979 the partnership split up and two separate offices were set up.

Behnisch & Partner	Auer + Weber

In der vorliegenden Veröffentlichung sind ab 1980 Projekte dargestellt,
die von Behnisch & Partner bearbeitet wurden.
All the post-1980 projects described and illustrated in this book are the
work of Behnisch & Partners.

8–9 Vogelsangschule Stuttgart

Fertigstellung:	1959
Bauherrschaft:	Stadt Stuttgart

10–11 Rathaus Mannheim

Wettbewerbsentwurf 1961

12–15 Fachhochschule Ulm

Projektbearbeitung:	Winfried Büxel
	Manfred Sabatke
	Erhard Tränkner
	Karlheinz Weber
	Erich Becker
Außenanlagen mit:	Günther Grzimek
Fertigstellung:	1963
Bauherrschaft:	Land Baden-Württemberg

16–19 Fachhochschule Aalen

Projektpartner:	Winfried Büxel
Bauleitung:	Martin Hühn
Außenanlagen mit:	Günther Grzimek
Fertigstellung:	1968/69
Bauherrschaft:	Land Baden-Württemberg
Kunstobjekte:	Georg Karl Pfahler

20–21 Mittelpunktschule ›In den Berglen‹ bei Oppelsbohm

Projektgruppe:	Manfred Sabatke
	Arnd Friedemann
	Ingo Wolf
Fertigstellung:	1969
Bauherrschaft:	Nachbarschaftsschulverband
	mit Sitz in Oppelsbohm, Kreis Waiblingen

22–27   Olympiapark München · Wettbewerb 1967

Projektgruppe: Fritz Auer · Partner
                  Karlheinz Weber · Partner
                  Mitarbeiter:
                  Godfried Haberer
                  Cord Wehrse
                  Rudolf Lettner

28–47   Bauten und Anlagen für die XX. Olympischen Spiele in
         München 1972
                  Mitarbeiter:
                  Frohmut Kurz
                  Hermann Peltz
                  Christian Kandzia
                  Landschaft:
                  Wendelin Rauch
                  Jürgen Krug
                  Udo Welter
                  Karla Kowalski
                  Stadion:
                  Hans Beier
                  Helmut Beutel
                  Horst Friedrichs
                  Eberhard Heilmann
                  Konrad Müller
                  Adolf Schindhelm
                  Horst Stockburger
                  Aufwärmhalle:
                  Godfried Haberer
                  Horst Stockburger
                  Sporthalle:
                  Berthold Rosewich
                  Gerd Eicher
                  Wolfgang Illgen
                  Lothar Hitzig
                  Jürgen Langer
                  Lucio Parolini
                  Ulrich Zahn

                  Schwimmhalle:
                  Godfried Haberer
                  Peter Rogge
                  Wilfried Wolf
                  Überdachung:
                  Johannes Albrecht
                  Cord Wehrse
         Landschaftsgestaltung mit Günther Grzimek
         Überdachung der Hauptsportstätten mit
         Frei Otto und Leonhardt + Andrä
         Fertigstellung 1972
         Bauherrschaft: Olympia Baugesellschaft mbH
                           (Bundesrepublik Deutschland,
                           Freistaat Bayern, Stadt München)

48–49   Turnhalle in Rothenburg ob der Tauber

         Projektarchitekt: Hannes Hübner
                              mit Lothar Fahrig
         Fertigstellung: 1970
         Bauherrschaft: Stadt Rothenburg ob der Tauber

50–51   Sporthalle ›Auf der Korber Höhe‹ bei Waiblingen

         Projektarchitekt: Hannes Hübner
                              mit Lothar Fahrig
         Fertigstellung: 1970
         Bauherrschaft: Stadt Waiblingen

52–57   Progymnasium ›Auf dem Schäfersfeld‹ in Lorch

         Projektgruppe: Hannes Hübner
                           Hermann Peltz
         Bauleitung: Lothar Frey
         Fertigstellung: 1973
         Bauherrschaft: Stadt Lorch

60–63	Kindergarten in Stuttgart-Neugereut	
	Projektarchitekt:	Christian Kandzia
	Bauleitung:	Martin Hühn
	Fertigstellung:	1977
	Bauherrschaft:	Ev. Kirchengemeinde Neugereut

64–75 und 108–109	Neubau Bundestag und Bundesrat, Bonn	
	Wettbewerbsentwurf 1973	
	Weiterbearbeitungen 1974 und 1975	
	Projektgruppe:	Fritz Auer · Partner
		Karlheinz Weber · Partner
		Christian Kandzia
		Fromuth Kurz
		Horst Stockburger
		Dieter Herrmann

76–79	Sporthalle Sindelfingen	
	Projektpartner:	Winfried Büxel
	Projektbearbeiter:	Ullrich Kohlleppel
	Bauleitung:	Stadt Sindelfingen
	Fertigstellung:	1977
	Bauherrschaft:	Stadt Sindelfingen

81–83	Fritz-Erler-Schule, Pforzheim	
	Projektgruppe:	Manfred Sabatke · Projektpartner
		Hermann Peltz
		Jürgen Kröpsch
		Klaus Trojan
		Kie Tjong Thio
	Bild Schwimmhalle:	Atila Biro
	Fertigstellung:	1976
	Bauherrschaft:	Stadt Pforzheim

84–88	Alten- und Pflegeheim, Reutlingen	
	Projektarchitekt:	Dieter Herrmann mit Klaus-Dieter Keck
	Bauleitung:	Rudolf Lettner
	Fertigstellung:	1977
	Bauherrschaft:	Stadt Reutlingen

89–91	Josef-Effner-Gymnasium, Dachau	
	Projektgruppe:	Fritz Auer · Projektpartner
		Winfried Büxel · Projektpartner
		Wilfried Wolf
		Hans Beier
		Wolfgang Illgen
	Bauleitung:	Martin Hühn
	Fertigstellung:	1975
	Bauherrschaft:	Landkreis Dachau

92–99	Fußgängerzone Königstraße und Schloßplatz in Stuttgart	
	Projektbearbeitung:	Dr. Ing. Hartmut Niederwöhrmeier Claudia Häfele
	Projektpartner:	Manfred Sabatke Karlheinz Weber
	mit:	Hans Luz und Partner und Tiefbauamt der Stadt Stuttgart
	Fertigstellung:	1980
	Bauherrschaft:	Stadt Stuttgart, Land Baden-Württemberg

100–105	U-Bahnstation Schloßplatz Stuttgart	
	Projektbearbeitung:	Manfred Sabatke · Partner
		Karlheinz Weber · Partner
		Cornelia Henne
	mit:	Tiefbauamt der Stadt Stuttgart
	Fertigstellung:	1978
	Bauherrschaft:	Stadt Stuttgart

107 Volkshochschule und Bibliotheksgebäude in Reutlingen

Wettbewerbsentwurf 1979
Projektgruppe: Manfred Sabatke
Dr. Ing. Hartmut Niederwöhrmeier

110–115 Bundesbauten Bonn
Städtebauliche Überlegungen mit ›Grüner Mitte‹

Entwurf: 1978
Projektpartner: Fritz Auer
Außenanlagen mit: Günther Grzimek

116–117 Grund- und Hauptschule in Alfdorf

1. Bauabschnitt 1965
Erweiterung: 1977/79
Projektarchitekt: Christian Kandzia
Bauherrschaft: Gemeinde Alfdorf

118–119 Friedrich-Schiller-Gymnasium Marbach am Neckar

Erweiterung 1980
Projektpartner: Manfred Sabatke
Mitarbeiter: Peter Kaltschmidt
Bauherrschaft: Stadt Marbach am Neckar

122–127 Bildungszentrum der Ev. Landeskirche Württemberg
in Stuttgart-Birkach

Projektgruppe: Karlheinz Weber · Projektpartner
Winfried Büxel · Partner
Mitarbeiter:
Hajo Kruse
Claudia Häfele

Bauleitung: Rudolf Lettner
Fertigstellung: 1979
Bauherrschaft: Ev. Landeskirche in Württemberg e.V.

128–129 Rollsteig Olympiapark München
Projekt 1979

Projektpartner: Fritz Auer
Erhard Tränkner
Bauherrschaft: Münchner Olympiapark Gesellschaft mbH

131–135 Altenpflegeheim der August-Kayser-Stiftung Pforzheim

In Projektpartnerschaft mit:
Dr. Ing. Hartmut Niederwöhrmeier
Mitarbeiter: Cornelia Ebinger
Projektpartner: Manfred Sabatke
Außenanlagen mit: Hans Luz und Partner
Fertigstellung: 1982
Bauherrschaft: August-Kayser-Stiftung

137–141 Gewerbliches Bildungszentrum
›Balthasar-Neumann-Schule‹ Bruchsal

Projektpartner: Winfried Büxel
Projektbearbeitung: Manfred Poppe
Dieter Herrmann
Dr. Ing. Eckehard Janofske
Dr. Ing. Heidi Kief-Niederwöhrmeier
Bauleitung: Martin Hühn
Ulrich Liebert
Fertigstellung: 1982/85/87
Bauherrschaft: Landkreis Karlsruhe

142–145 Museum für Technik und Arbeit Mannheim

Wettbewerbsentwurf 1982/83
Projektgruppe: Ulrich Hamann
                          Jutta Schürmann
                          Peter Schürmann
                          Lech Switala
                          Cornelia Theilig
                          Wolfgang Vögele
                          Joachim Zürn

146–149 Erweiterung der Bauten des Deutschen Bundestages in Bonn
Entwurf 1982

mit: Auer + Weber
Mitarbeiter: Jutta Schürmann
                          Peter Schürmann
                          Ulf Decker
Landschaftsplanung
mit: Hans Luz und Partner

151   Bebauungsvorschlag Tegeler Hafen in Berlin
Wettbewerbsauftrag 1980

mit: Auer + Weber
                          Werner Durth

152–153 Kleiner Schloßplatz Stuttgart
Städtebaulicher Wettbewerb 1981

Manfred Sabatke · Partner

154–155 Neues ›Hauptquartier‹ für Daimler-Benz in Stuttgart
Wettbewerbsentwurf 1982

Projektgruppe: Joachim Zürn
                          Ulrich Hamann
                          Wolfgang Vögele

157–167 Hauptschule ›Auf dem Schäfersfeld‹ Lorch

Projektarchitekt: Christian Kandzia
Mitarbeiter: Dieter Kauffmann
Bauleitung: Lothar Frey
Fertigstellung: 1982
Bauherrschaft: Stadt Lorch

168–171 Deutsche Bibliothek in Frankfurt am Main
Wettbewerbsentwurf 1982/83

Projektgruppe: Cornelia Theilig
                          Wolfgang Vögele
                          Friedhelm Weist
                          Christian Kandzia
                          Ulrich Hamann

172–177 Haus- und landwirtschaftliche Berufsschule Herrenberg

Projektarchitekt: Andreas Theilig
Projektbearbeitung: Susanne Heß
                          Ursula Balduhn
Projektpartner: Manfred Sabatke
Bauleitung: Hans-Joachim Maile
Außenanlagen mit: Hans Luz und Partner
Fertigstellung: 1982
Bauherrschaft: Landkreis Böblingen

Landschaft: Thorsten Geßwein
Fertigstellung
1. Bauabschnitt: 1987
Bauherrschaft: Leybold-Heraeus
                            Dr. Alfred Hauff

243–249 Neugestaltung des Zentralen Bereichs der Bauten des
        Deutschen Bundestages in Bonn

        Projektarchitekt: Gerald Staib
                            mit Claudio Novello
        Mitarbeiter: Kai Bierich
                            Katrin Cermak
                            Bettina Dirks
                            Götz Klieber
                            Jörg Müller
                            Alexander v. Padberg
                            Eberhard Pritzer
                            Alexander v. Salmuth
                            Kai v. Scholley
        Landschaft mit: Hans Luz und Partner
        In Planung
        Bauherrschaft: Bundesrepublik Deutschland
                            vertreten durch den
                            Bundesminister für Raumordnung,
                            Bauwesen und Städtebau
                            dieser vertreten durch
                            die Bundesbaudirektion

250–251 Elefantenhaus Frankfurter Zoo
        Wettbewerbsentwurf 1987

        Projektgruppe: Manfred Sabatke
                            Frank Stepper
        In Zusammenarbeit
        mit: Peter Kluska

252   Produktionsgebäude von Leybold-Heraeus in Köln

        Projektarchitekt: Herbert Jötten
        Projektpartner: Erhard Tränkner
        In Planung
        Bauherrschaft: Leybold-Heraeus
                            Dr. Alfred Hauff

253   Kindergarten Stuttgart-Luginsland

        In Planung
        Bauherrschaft: Stadt Stuttgart

254–261 Deutsches Postmuseum am Schaumainkai in Frankfurt am Main

        Projektgruppe: Peter Schürmann · Projektarchitekt
                            Felix Hessmert · Projektarchitekt
                            Gotthard Geiselmann
                            Jochen Hauff
        Außenanlagen mit: Hans Luz und Partner
        Im Bau
        Bauherrschaft: Bundesministerium für das Post- und
                            Fernmeldewesen
                            vertreten durch
                            Oberpostdirektion Frankfurt
                            Postdirektor Dipl.-Ing. Bert Wichmann

262–263 Olympia-Sportpark Istanbul

        Projektgruppe: Stefan Behnisch
                            Eberhard Pritzer
                            Beate Falk
        Kontaktarchitekt: Yapilar Mimarlik, Istanbul
                            Barbaross Sagdic
        In Planung
        Bauherrschaft: Stadt Istanbul

Waldemar Achtnich
Robert Ackermann
Florian Aicher
Günter Albrecht
Johann Albrecht
Tanju Altayli
Alfred Arens
Silke Ascher
Manfred Bacher
Martin Bächle
Thomas Balg
Gisela Bartoschik
Eberhard Bauer
Jörg Bauer
Walter Bauer
Wolfgang Bauer
Karin Bauersfeld
Dominique Bechet
Thomas Beck
Erich Becker
Karlheinz Becker
Stefan Behnisch
Gabriele Beier
Hans Beier
Raymon Beiermeister
Tibor Bence
Karl-Heinz Benkert
Siegfried Berghammer
Angela Bergmann
Hatto Bernadi
Helmut Beutel
Dieter Beyer
Konstantin von Bidder
Siegfried Bieber
Klaus Bielenberg
Kai Bierich
Beate Bischoff-Köhle
Stefan Blank
Götz Bleyer
Ingrid Bobran

Klaus v. Bock
Günter Bodmer
Falk Böhm
Stanislaw Bomze
Veriza Bozić
Juliane Brandt
Thomas Brandt
Günter Brecht
Brigitte Breitenbach
Heide Brennenstuhl
Barbara Brodbeck
Eva Brümmendorf
Hans-Jörg Buck
Berchtold Büxel
Alex Buob
Ottmar Buttgereit
Bernd Cammerer
Katrin Cermak
Vaclav Cevela
Astrid Chwoika
Maria Coulin
Iris Dahinten
Simone Dahringer
Norbert Dallinger
Helmut Dasch
Madeleine Dechamps
Jürgen Deger
Martina Deiss
Rudolf Deistler
Friederike Dierlamm
Peter Dietl
Bettina Dirks
Eduard Dobsa
Silke Dongus
Burkhard Duscha
Bernd Duwe
Cornelia Ebinger-Woll
Ursula Egenhofer
Andrea Eckert
Friedrich Eckert

Sybille Ehmann
Ulrich Ehmann
Arnold Ehrhardt
Gerd Eicher
Franz Eichhorn
Hubert Eilers
Nikolaus Einhauser
Werner Eisenbeis
Jörg Ellinghaus
Birgit Emmrich
Werner Enßlin
Ingo Ewerth
Karl Fahr
Lothar Fahrig
Beate Falk
Ulrike Förschler
Reinhardt Folge
Klaus Forell
Christoph Forster
Günter Forster
Ines Fricke
Arnd Friedemann
Horst Friedrichs
Richard Fritz
Frauke Fröhlich
Thomas Fütterer
Susanne Gackstatter
Sebastian Geiger
Gotthard Geiselmann
Garnet Geissler
Barbara Glock
Dieter Görsch
Thomas Gottschlich
Jürgen Gottwald
Herbert Graf
Thomas Graser
Gisela Gredel
Harald Grohs
Dieter Gromann
Christian Grzimek

Armin Gsell
Godfried Haberer
Tina Häcker
Claudia Häfele
Traudel Hänle
Ola Hagen
Joachim Hagenmüller
Stefan Hallmaier
Ulrich Hamann
Sabine Hammer
Franz Harder
Christian Hartmann
Ingrid Hartmann
Jochen Hauff
Hans Haug
Johannes Haug
Joachim Hauser
Jürgen Heberling
Eberhard Heilmann
Beatrix Heinrici
Jörg Heinzelmann
Joachim Hellinger
Ralf Helmer
Cornelia Henne
Frank Herre
Dieter Herrmann
Ulrich-Josef Herz
Hans Herzlieb
Martin Herzog
Horst Heselschwerdt
Susanne Hess
Felix Hessmert
Günter Hildenbrand
Christof Hilzinger
Klaus-Dieter Himmel
Wolfgang Hinkfoth
Hans Hitthaler
Lothar Hitzig
Rudolf Hönle
Ingeborg Hoffmeister

Edmund Hoke
Daniel Horber
Roland Horn
Bigi Huber
Cyril Hübner
Johannes Hübner
Martin Hühn
Gerolf Hüngerle
Janet Hughes
Carola Hundsdorfer
Joachim Hunger
Chia-Yin HSU
Wolfgang Illgen
Peter Ineichen
Hans-Joachim Jähnichen
Peter Jankoff
Stefan Jandl
Eckehard Janofske
Volker Jescheck
Reingard Jeske
Herbert Jötten
Ursula Johannbroer
Walter Joscht
Sibylle Käppel
Dieter Kaiser
Katharina Kaltschmidt
Peter Kaltschmidt
Christian Kandzia
Marcel Kaschub
Dieter Kauffmann
Dieter Klaus Keck
Thilo Keim
János Kenéz
Wolfgang Kergassner
Dr. Heidi Kief-Niederwöhrmeier
Elzbieta Kiesz
Orhan Kipcak
Dimitrios Kipritsis
Joachim Klie
Götz Klieber

Michaela Knöss
Margitt Knott
Klaus Kober
Dagmar Kögler
Jörg Könekamp
Konrad Kohler
Peter Kohler
Ulrich Kohlleppel
Karla Kowalski
Rüdiger Kramm
Thomas Krause
Hans-Jürgen Kröpsch
Jürgen Krug
Dagmar Kruse
Hans-Joachim Kruse
Bernhard Kuhsen
Joachim Kulla
Frohmut Kurz
Jürgen Langer
Jochen Lebeck
Ingrid Lemke
Rudolf Lettner
Robert Leykam
Ulrich Liebert
Sabine Lindner
Jose Fernandez Lucas
Harry Ludszuweit
Uwe Lück
Claudia Lüling
Wolfang Luft
Peter Mack
Marion Mac Kinnon
Bertram-A Mähl
Claus Maier
Elmar Maier
Gerhard Maier
Otto Maier
Ulrich Mangold
Wolfgang Masche
Christian Matthesius

York-Peter Maul
Carmen May
Peter Meindl
Frank Menzel
Mericarte Merenmies
Lucia Merz
Roman Meyer
Gabriele Möck
Klaus Möckel
Ricardo Mohr
Manfred Morlock
Jörg Müller
Konrad Müller
Reinhard Mundt
Axel Munz
Kaja Neumann
Dr. Hartmut Niederwöhrmeier
Heinrich Niemeyer
Ulrich Niemeyer
Robert Niethammer
Claudio Novello
Alexander v. Padberg
Lucio Parolini
Ulrich de Pay
Hermann Peltz
Ernest-Peter Persche
Klaus Peteranderl
Ulrich Pfeil
Bruno Pfiffner
Anke Pfudel
Denise Picorelli
Wolfgang Pohl
Manfred Poppe
Eberhard Pritzer
Roland Promel
Valdis Bjarnadottir-Ragnarsson
Peter Rassner
Wendelin Rauch
Peter Reichert
Joachim Renner

Christina Remmel
Fernando Reyes
Wolfgang Riessner
Helmuth Ritzki
Gerhardt Rödling
Peter Rogge
Winfried Rohr
Manfred Roppel
Berthold Rosewich
Florian v. Rudloff
Ute Rudolph-Kumpf
Wolfgang Sailer
Alexander v. Salmuth
Ana-Maria Santiago
Manfred Sauter
Camel Saydjari
Andrea Scarbath
Sigrid Schäfer
Kurt Schaile
Bernd Schalbruch
Heinz Schendera
Adolf Schindhelm
Uwe Schindler
Paul Schirm
Thomas Schleich
Fritz Schlüter
Beate Schmid
Wolfgang Schmidt
Klaus Schmöller
Siegfried Schnabel
Edmund Schnalke
Christian Schneider
Wulf Schneider
Gisela Schöffel
Joachim Schöpfer
Kay v. Scholley
Margit Schosser
Heinz Schröder
Veronika Schröter
Achim Schüpler

Jutta Schürmann
Peter Schürmann
Uwe Schulz
Jost Schulze
Cornelia Schwahn
Irene Schwarz
Klaus Seebe
Lothar Seidel
Richard Seifert
Maria Sekoulova
Christine Sick
Jörg Sierig
Herbert Singer
Louis Sirvin
Jürgen Spiecker
Hans Stadelmayer
Gerald Staib
Sabine Staib
Gerda Stammer
Ursula Staudenmaier
Renate Stegmiller
Edith Steinle
Frank Stepper
Horst Stockburger
Heidemarie Stöckicht
Roman Straub
Lech Switala
Daniele Taddei
Ratna Tanojo
Axel Tegeder
Robert Teltschik
Andreas Theilig
Cornelia Theilig
Kie Tjong Thio
Claus Thomas
Carmen Thormählen
Ernst-Ulrich Tillmanns
Walpurga Trauner
Heinz Treiber

Klaus Trojan
Verena Trojan
Winfried Uez
Gaby Ungerer
Jan Vanek
Wolfgang Vögele-Knauer
Walter Wager
Cord Wehrse
Birgit Weigel
Jan Weiss
Friedhelm Weist
Udo Welter
Wolfgang Wendler
Brigitte Wenglein
Hans-Jürgen Wessel
Cornelia Weyer
Gerhard Wiemken
Ulrich Wiesler
Thomas Wild
Beat Wirth
Monika Wittmann
Anke Wolf
Dieter-Ingo Wolf
Wilfried Wolf
Eiko Yamazaki
Hüsnu Yegenoglu
Ulrich Zahn
Ilhan Zeybekoglu
Franz Zeyer
Jürgen Zimmermann
Philipp Zimmermann
Thomas Zimmermann
Martin Zöckler
Joachim Zürn
Wolf Dieter van der Zypen

In Planung bzw. im Bau:
Currently being designed or under construction:

Neugestaltung des zentralen Bereiches der Bauten des Deutschen
Bundestages in Bonn
Museum der Deutschen Bundespost am Schaumainkai in Frankfurt/Main
Forschungs- und Entwicklungsgebäude sowie
Produktionshallen von Leybold-Heraeus in Alzenau
Kindergarten Luginsland in Stuttgart
Produktionsgebäude von Leybold-Heraeus Köln
Bahnhofsvorplatz in Stuttgart-Feuerbach
Olympia-Sportpark in Istanbul

Stand August 1987
List compiled in August 1987

Bauten
Completed Projects

Handelsschule in Schwäbisch Gmünd
Landratsamt in Schwäbisch Gmünd
Hans-Baldung-Gymnasium in Schwäbisch Gmünd
Hohenstaufen-Gymnasium in Göppingen
Vogelsangschule in Stuttgart
Berufsschule in Radolfzell
Golden-Bühl-Schule in Villingen
Volksschule in Lorch
Staatliche Fachhochschule für Technik in Ulm
Otto-Hahn-Gymnasium in Furtwangen
Gymnasium am Deutenberg in Schwenningen
Grund- und Hauptschule in Alfdorf
Hauptschule in Dettingen/Teck
Droste-Hülshoff-Gymnasium in Freiburg im Breisgau
Volksschule in Geislingen
Schulzentrum in Haigerloch
Volksschule in Engstlatt
Friedrich-von-Keller-Schule in Neckarweihingen
Erweiterung Volksschule und Turnhalle in Steißlingen
Staatliche Fachhochschule in Aalen
Wohnhaus Behnisch in Kemnat
Pavillon im Gelände der Bundesgartenschau in Dortmund
Salier-Gymnasium in Waiblingen
Verwaltungsgebäude in Stuttgart
Friedrich-Schiller-Gymnasium in Marbach am Neckar
Anne-Frank-Schule in Furtwangen
Ladenzentrum in Ulm-Böfingen
Mittelpunktschule ›In den Berglen‹ bei Oppelsbohm
Oskar-von-Miller-Realschule in Rothenburg ob der Tauber
Theodor-Heuss-Gymnasium in Schopfheim
Wohnhaus in Stuttgart-Weilimdorf .
Realschule West in Ludwigsburg
Sporthalle in Schwenningen
Sporthalle in Rothenburg ob der Tauber
Bürogebäude in Stuttgart-Sillenbuch
Ferienhaus in Schlechtbach
Wohngebäude in Stuttgart-Sillenbuch
Heim der Hymnus-Chorknaben in Stuttgart
Gymnasium und Sporthalle in Radolfzell

Bildungszentrum in Bad Dürrheim
Schulzentrum ›Rechts der Rems‹ in Waiblingen
Anlagen und Bauten für die Olympischen Spiele 1972 in München
Turnhalle auf der Korber Höhe in Waiblingen
Progymnasium auf dem Schäfersfeld in Lorch/Württemberg
Kindergarten in Stuttgart-Neugereut
Verwaltungsgebäude bei der Olympia-Halle in München
Fritz-Erler-Schule in Pforzheim
Fußgängerbereich Untere und Obere Königstraße in Stuttgart
Fußgängerbereich Marienstraße und Kleine Königstraße in Stuttgart
Neugestaltung der Planie zwischen Königstraße und Charlottenplatz
und des Karlsplatzes in Stuttgart
Neugestaltung des Schloßplatzes in Stuttgart
Josef-Effner-Gymnasium in Dachau
Hauptschule Rothenburg ob der Tauber
Sporthalle in Sindelfingen
Sporthalle ›Auf dem Schäfersfeld‹ in Lorch
Reichsstadt-Gymnasium in Rothenburg ob der Tauber
Sporthalle in Ludwigsburg-Neckarweihingen
U-Bahnstation ›Schloßplatz‹ in Stuttgart
Alten- und Pflegeheim in Reutlingen
Erweiterung der Schule in Alfdorf
Friedrich-Schiller-Gymnasium in Marbach am Neckar · Erweiterung
Ausbildungs- und Studienzentrum der Evangelischen Landeskirche von
Württemberg in Stuttgart
Hauptschule ›Auf dem Schäfersfeld‹ in Lorch
Sporthalle bei der Hermann-Hesse-Realschule in Reutlingen
Gewerbliches Bildungszentrum ›Balthasar-Neumann-Schule‹ in Bruchsal
Altenpflegeheim August-Kayser-Stiftung in Pforzheim
Haus- und landwirtschaftliche Berufsschule in Herrenberg
Landesgeschäftsstelle des Diakonischen Werkes in Stuttgart
Sporthalle in Sulzbach an der Murr
Erweiterung der Fachhochschule in Ulm
Aufstockung eines Analysengebäudes von Leybold-Heraeus in Hanau
Zentralbibliothek der Katholischen Universität Eichstätt
Sporthalle in Bruchsal
Hysolar-Institutsgebäude der Universität Stuttgart in
Stuttgart-Vaihingen · Deutsch-saudiarabisches Forschungsprojekt

Anlagen und Bauten für die Olympischen Spiele in München
- I. C. P. Award of Honour 1972
- Hugo-Häring-Preis 1972
- Großer Architekturpreis des BDA 1972
- Architekturpreis der Stadt München 1977
- Internationaler Sportstätten-Architekturpreis 1970–1980
  der Internationalen Akademie für Bäder-, Sport- und Freizeitbauten
- Internationaler Architekturpreis der UIA
  Auguste-Perret-Preis 1981

Erweiterung der Schule in Alfdorf
- Ausgezeichnet vom BDA Baden-Württemberg 1980

Balthasar-Neumann-Schule in Bruchsal
- Ausgezeichnet vom BDA Baden-Württemberg 1983

Josef-Effner-Gymnasium in Dachau
- BDA-Preis Bayern 1977

Haus- und landwirtschaftliche Berufsschule in Herrenberg
- Ausgezeichnet vom BDA Baden-Württemberg 1983
- Preis des Deutschen Stahlbaues 1984. Engere Wahl (Sporthalle)

Schul- und Sportanlagen ‹Auf dem Schäfersfeld› in Lorch
Progymnasium
- Hugo-Häring-Preis 1974
- Auszeichnung der Architektenkammer 1986

Sporthalle
- Preis des Deutschen Stahlbaues 1976
- Auszeichnung der Architektenkammer 1986

Hauptschule
- Architekturpreis Beton 1983
- Ausgezeichnet vom BDA Baden-Württemberg 1983
- Hugo-Häring-Preis 1984
- Auszeichnung der Architektenkammer 1986
- Preis des Deutschen Stahlbaues 1984. Engere Wahl

Facilities and buildings for the Olympic Games in Munich
- I. C. P. Award of Honour 1972
- Hugo Häring Prize 1972
- Grand Prix for Architecture of the BDA (Society of German Architects)
  1972
- Architecture Prize of the City of Munich 1977
- International Sports Facilities Architecture Prize, 1970-1980, of the International Academy for Bathing, Sports and Leisure Buildings
- International Architecture Prize of the UIA
  August Perret Prize 1981

School Addition in Alfdorf
- Award of the Baden-Württemberg BDA 1980

Balthasar Neumann School in Bruchsal
- Award of the Baden-Württemberg BDA 1980

Josef Effner Grammar School in Dachau
- Bavarian BDA Prize 1977

Vocational School in Herrenberg
- Award of the Baden-Württemberg BDA 1983
- Prize of the German Steel Construction Federation 1984 (gymnasium short-listed for an award)

School and sports facilities on the "Schäfersfeld" in Lorch
Grammar School
- Hugo Häring Prize 1974
- Award of the Chamber of Architects 1986

Gymnasium
- Prize of the German Steel Construction Federation 1984
- Award of the Chamber of Architects 1986

Secondary school
- Prize for architecture in concrete 1983
- Award of the Baden-Württemberg BDA 1983
- Hugo Häring Prize 1984
- Award of the Chamber of Architects 1986
- Short-listed for Prize of the German Steel Construction Federation 1984

Fritz-Erler-Schule in Pforzheim
– Ausgezeichnet vom BDA Baden-Württemberg 1977

Altenpflegeheim August-Kayser-Stiftung in Pforzheim
– Ausgezeichnet vom BDA Baden-Württemberg 1983

Alten- und Pflegeheim in Reutlingen
– Deutscher Architekturpreis 1977
– Ausgezeichnet vom BDA Baden-Württemberg 1977
– Hugo-Häring-Preis 1978
– Auszeichnung der Architektenkammer 1984

Sporthalle bei der Hermann-Hesse-Realschule in Reutlingen
– Ausgezeichnet vom BDA Baden-Württemberg 1983
– Auszeichnung der Architektenkammer 1984
– Preis des Deutschen Stahlbaues 1984. Engere Wahl

Schul- und Sportanlagen ›Bei der Bleiche‹ in Rothenburg ob der Tauber
– BDA-Preis Bayern 1979

Sporthalle in Sindelfingen
– Ausgezeichnet vom BDA Baden-Württemberg 1977
– Hugo-Häring-Preis 1977

Vogelsangschule in Stuttgart
– Paul-Bonatz-Preis der Stadt Stuttgart 1967

Kindergarten in Stuttgart-Neugereut
– Ausgezeichnet vom BDA Baden-Württemberg 1977
– Holzbaupreis Baden-Württemberg 1979
– Paul-Bonatz-Preis der Stadt Stuttgart 1979
– Anerkennung Deutscher Holzbaupreis 1982

U-Bahnstation ›Schloßplatz‹ in Stuttgart
– Ausgezeichnet vom BDA Baden-Württemberg 1980
– Hugo-Häring-Preis 1981

Fritz Erler School in Pforzheim
– Award of the Baden-Württemberg BDA 1977

August Kayser Foundation Nursing Home in Pforzheim
– Award of the Baden-Württemberg BDA 1983

Old People's and Nursing Home in Reutlingen
– German Architecture Prize 1977
– Award of the Baden-Württemberg BDA 1977
– Hugo Häring Prize 1978
– Award of the Chamber of Architects 1984

Gymnasium at the Hermann Hesse Secondary School in Reutlingen
– Award of the Baden-Württemberg BDA 1983
– Award of the Chamber of Architects 1984
– Short-listed for the Prize of the German Steel Construction Federation 1984

"Bei der Bleiche" school and sports facilities in Rothenburg ob der Tauber
– Prize of the Bavarian BDA 1979

Gymnasium in Sindelfingen
– Award of the Baden-Württemberg BDA 1977
– Hugo Häring Prize 1977

Vogelsang School in Stuttgart
– Paul Bonatz Prize of the City of Stuttgart 1967

Kindergarten in Stuttgart-Neugereut
– Award of the Baden-Württemberg BDA 1977
– Baden-Württemberg Timber Construction Prize 1979
– Paul Bonatz Prize of the City of Stuttgart 1979
– Commendation, German Timber Construction Prize 1982

Schlossplatz underground station in Stuttgart
– Award of the Baden-Württemberg BDA 1980
– Hugo Häring Prize 1981

Studien- und Ausbildungszentrum der evangelischen Landeskirche in Württemberg in Stuttgart-Birkach
– 6. Internationaler Architekturpreis 1980
– Ausgezeichnet vom BDA Baden-Württemberg 1980
– Anerkennung ›Deutscher Architekturpreis‹ 1981
– Paul-Bonatz-Preis der Stadt Stuttgart 1983

Landesgeschäftsstelle des Diakonischen Werkes der evangelischen Landeskirche in Württemberg e. V. in Stuttgart
– Ausgezeichnet vom BDA Baden-Württemberg 1983
– Anerkennung Mies-van-der-Rohe-Preis 1984
– Hugo-Häring-Preis 1984
– ›Deutscher Architekturpreis 1985‹ Auszeichnung
– Architekturpreis Beton 1987

Erweiterung der Fachhochschule Ulm
– Belobigung der Architektenkammer 1986

Sporthalle auf der Korber Höhe in Waiblingen
– Auszeichnung der Architektenkammer 1986

Sporthalle in Sulzbach an der Murr
– Mies-van-der-Rohe-Preis 1986
– Auszeichnung der Architektenkammer 1986

Stand Juli 1987

Study and Training Centre of the Württemberg Lutheran Church in Stuttgart-Birkach
– Sixth International Architecture Prize 1980
– Award of the Baden-Württemberg BDA 1980
– Commendation, "German Architecture Prize" 1981
– Paul Bonatz Prize of the City of Stuttgart 1983

Regional headquarters of the charitable service of the Württemberg Lutheran Church in Stuttgart
– Award of the Baden-Württemberg BDA 1983
– Commendation, Mies van der Rohe Prize 1984
– Hugo Häring Prize 1984
– "German Architecture Prize", award, 1985
– Prize for architecture in concrete 1987

College Addition in Ulm
– Commendation of the Chamber of Architects 1986

Gymnasium on the Korber Höhe in Waiblingen
– Award of the Chamber of Architects 1986

Gymnasium in Sulzbach an der Murr
– Mies van der Rohe Prize 1986
– Award of the Chamber of Architects 1986

List compiled in July 1987

Behnisch & Partner
Bauten und Entwürfe 1952–1974
Werkverzeichnis 1975, 1. Aufl. / 1983, 2. Aufl.
Behnisch & Partners
Buildings and Designs 1952–1974
Catalogue 1975, 1st edn. / 1983, 2nd edn.

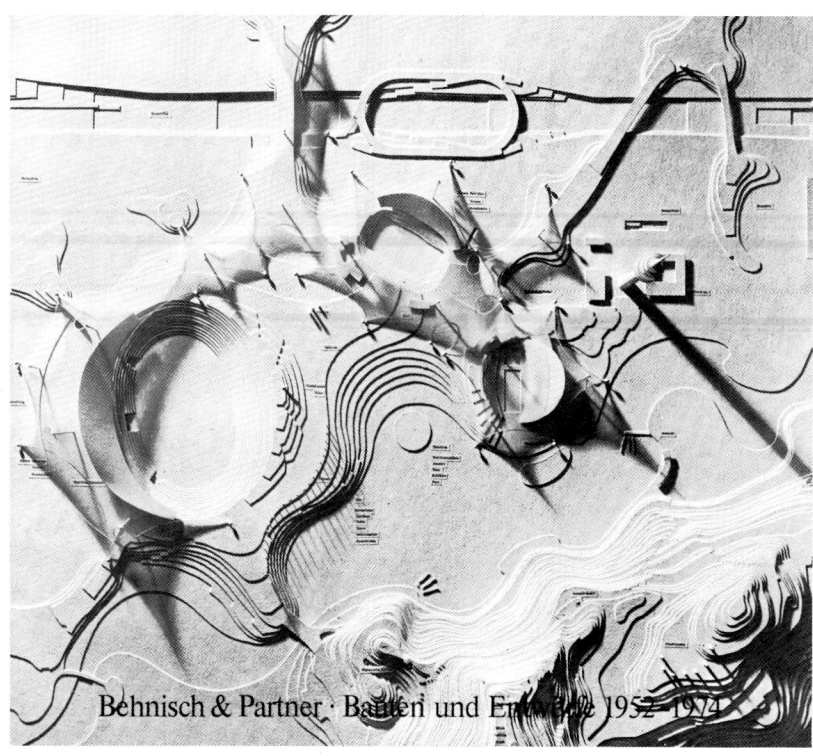

Ausgezeichnet von der Stiftung Buchkunst im Wettbewerb
›Die fünfzig schönsten Bücher 1975‹ Bundesrepublik Deutschland
Award of the Stiftung Buchkunst in the competition "The 50 Most
Beautiful Books 1975", Federal Republic of Germany

Behnisch & Partner · Museum der Deutschen Bundespost am Schaumainkai in Frankfurt am Main

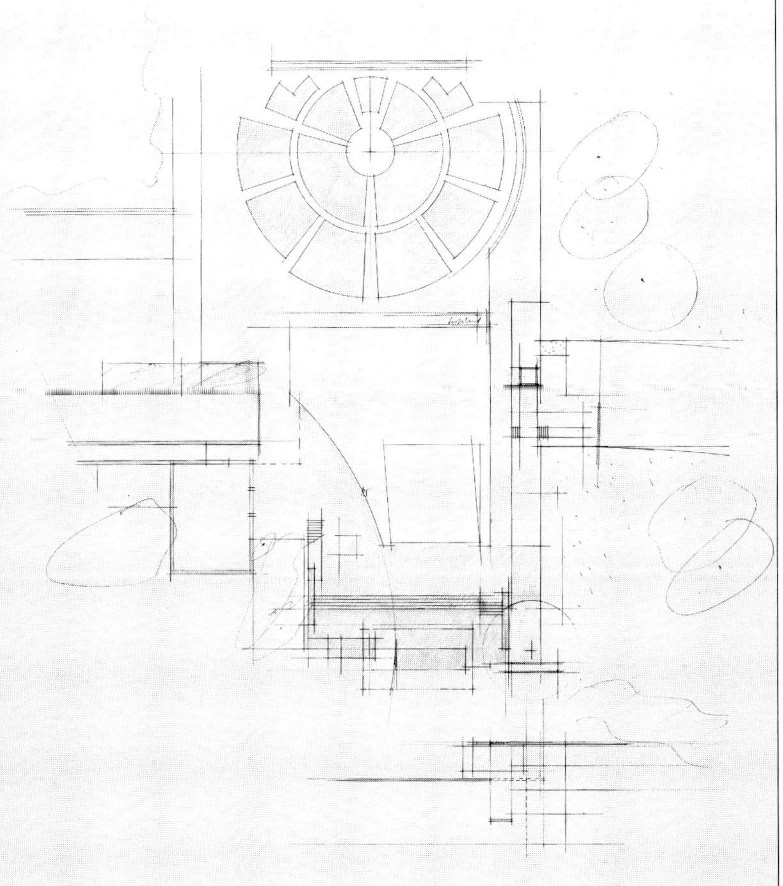

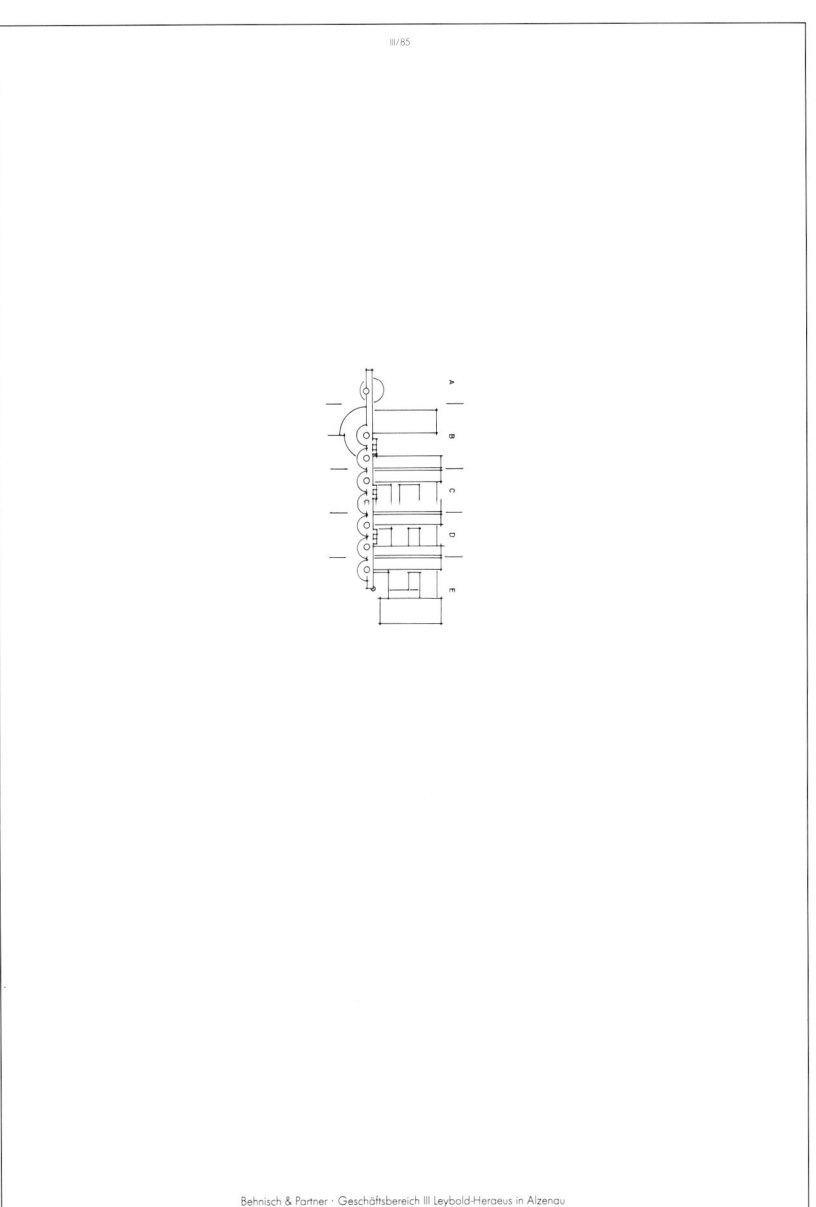

Behnisch & Partner · Plenarsaalbereich des Deutschen Bundestages in Bonn

Behnisch & Partner · Geschäftsbereich III Leybold-Heraeus in Alzenau

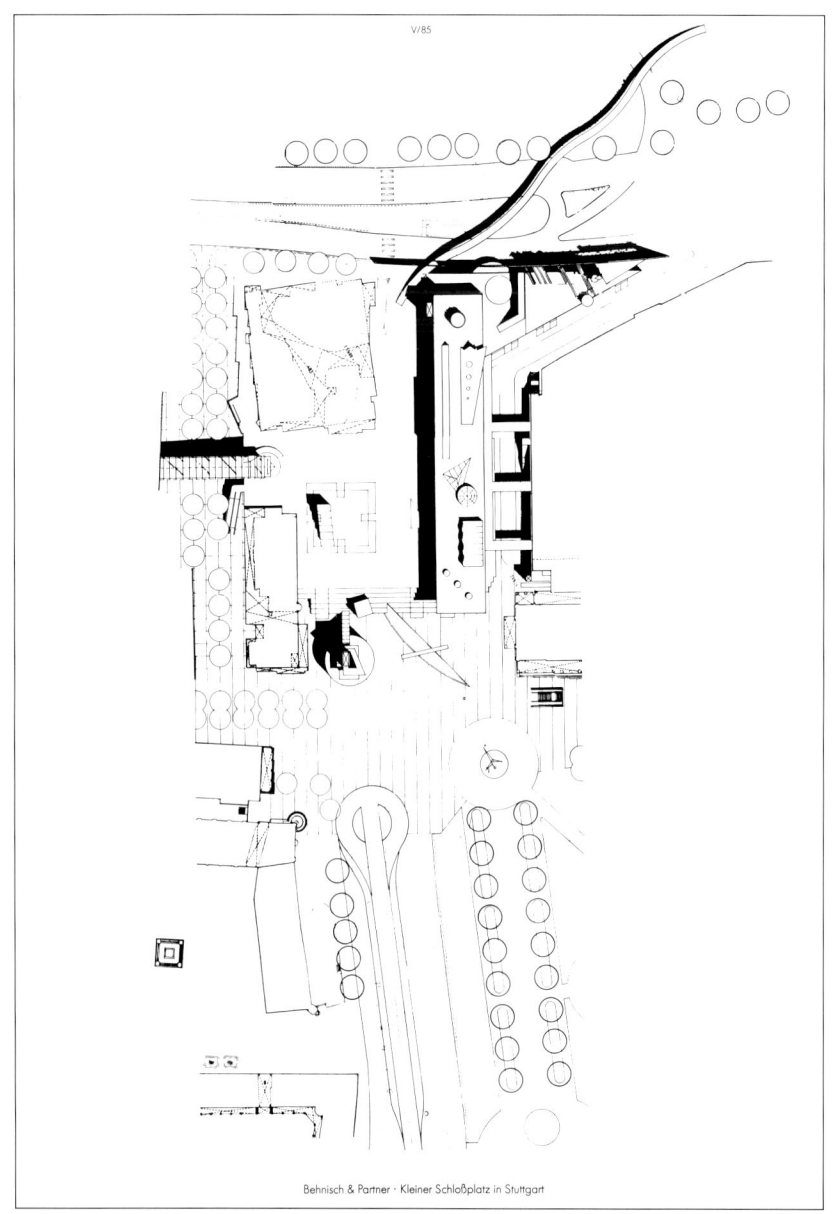

Behnisch & Partner · Kleiner Schloßplatz in Stuttgart

Behnisch & Partner · Plenarsaalbereich des Deutschen Bundestages in Bonn

III/86

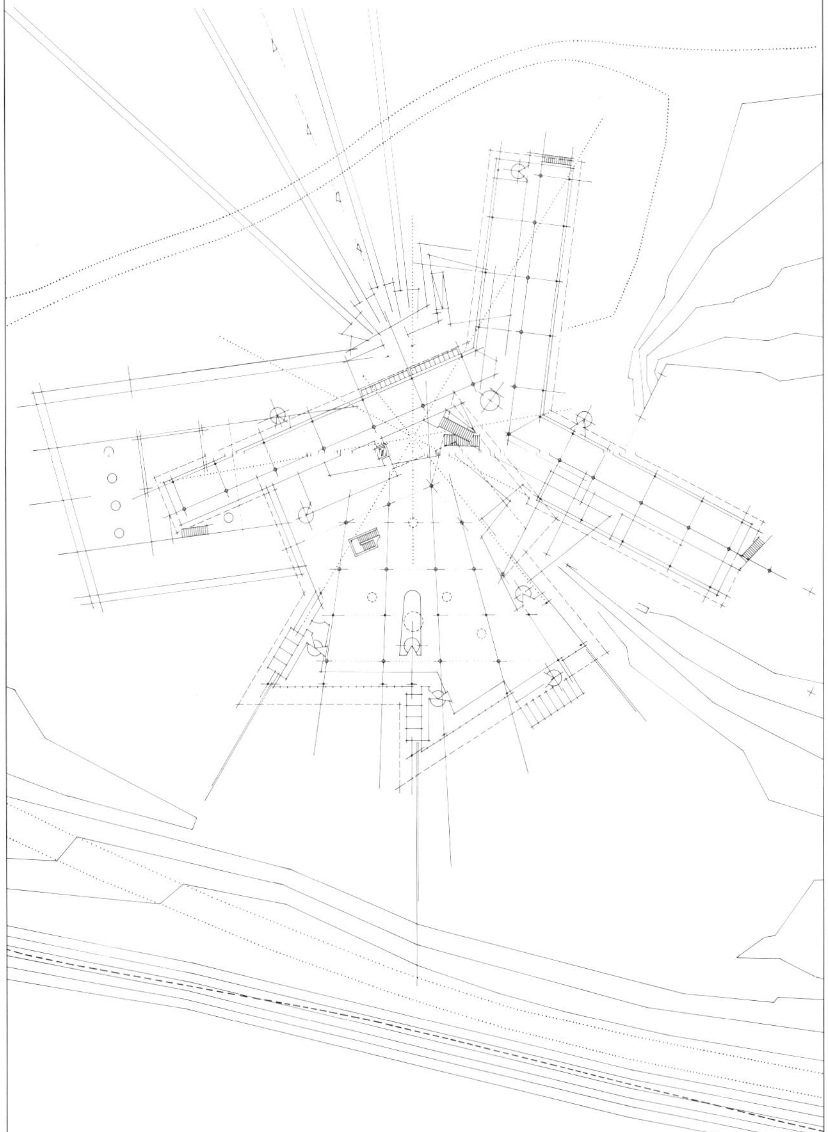

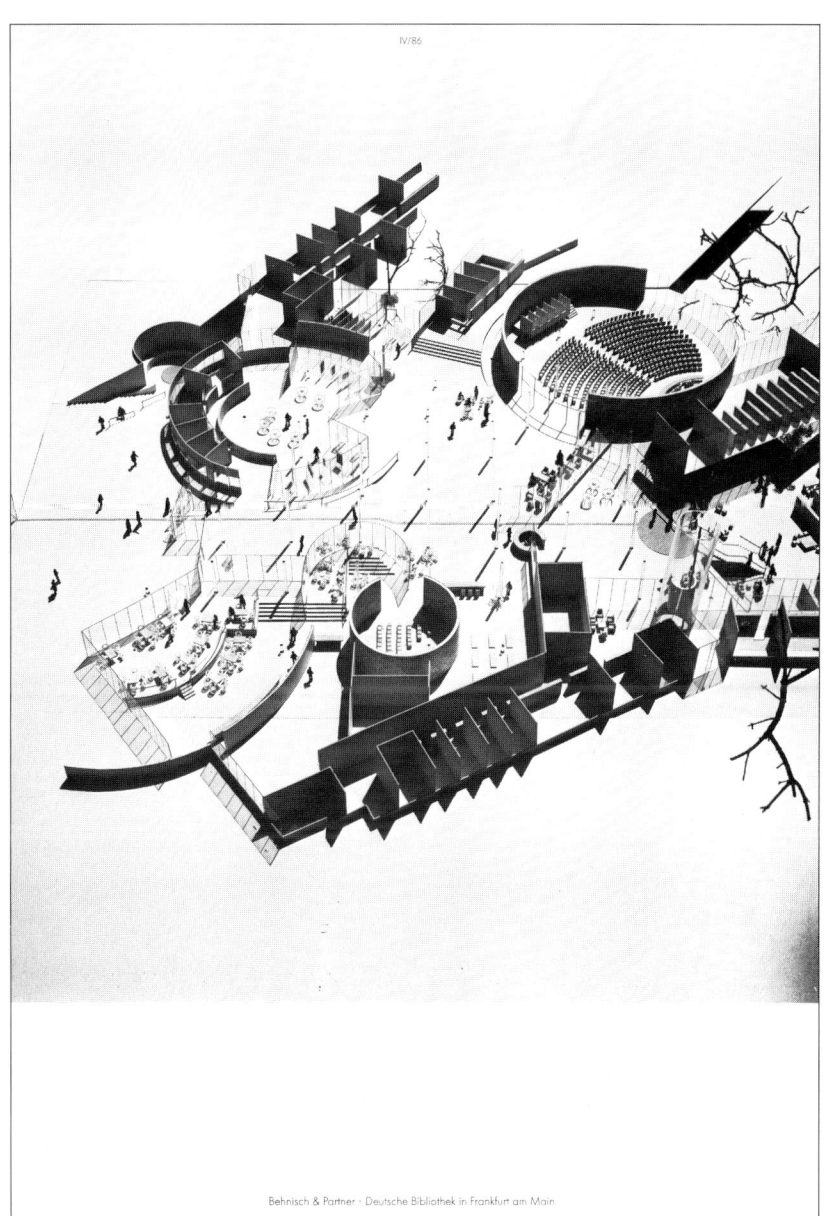

Behnisch & Partner · Zentralbibliothek der Katholischen Universität Eichstätt

IV/86

Behnisch & Partner · Deutsche Bibliothek in Frankfurt am Main

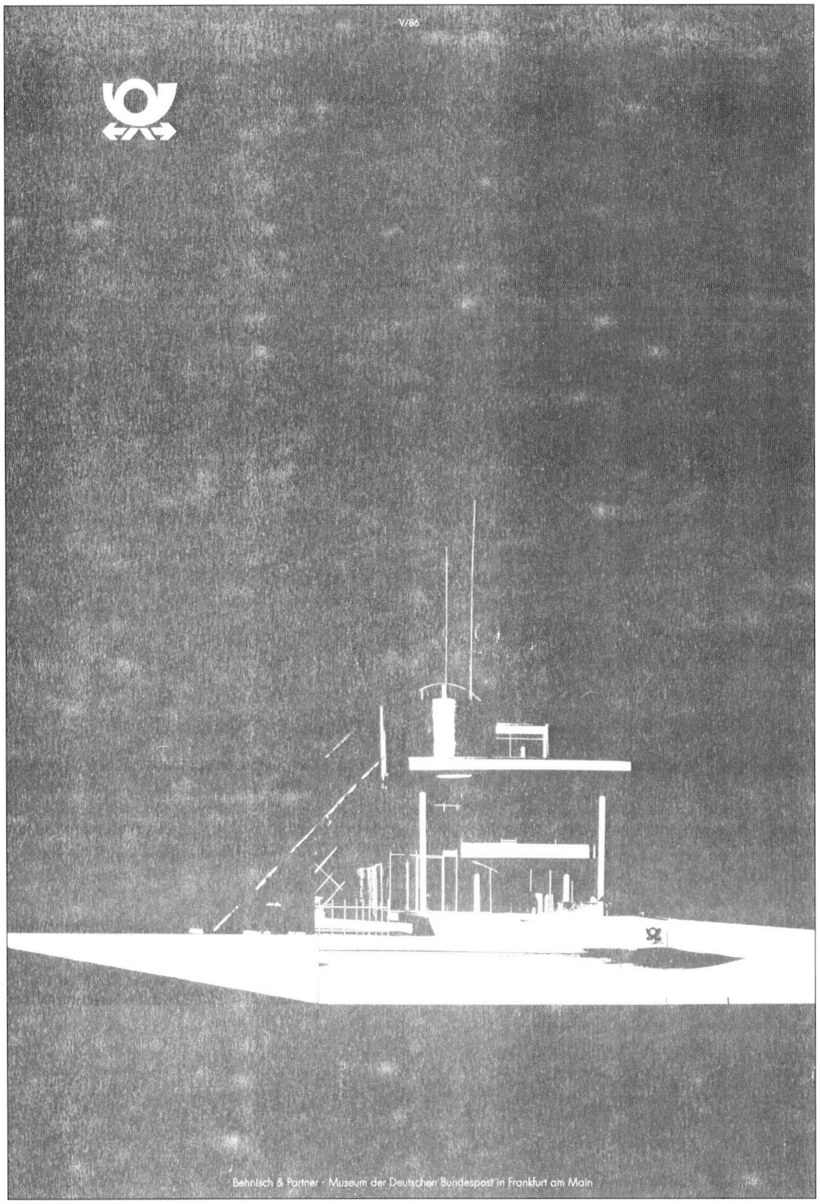
V/86
Behnisch & Partner · Museum der Deutschen Bundespost in Frankfurt am Main

VII/86
HYS
Behnisch & Partner · HYSOLAR Institutsgebäude der Universität Stuttgart · Deutsch-saudiarabisches Forschungsprojekt

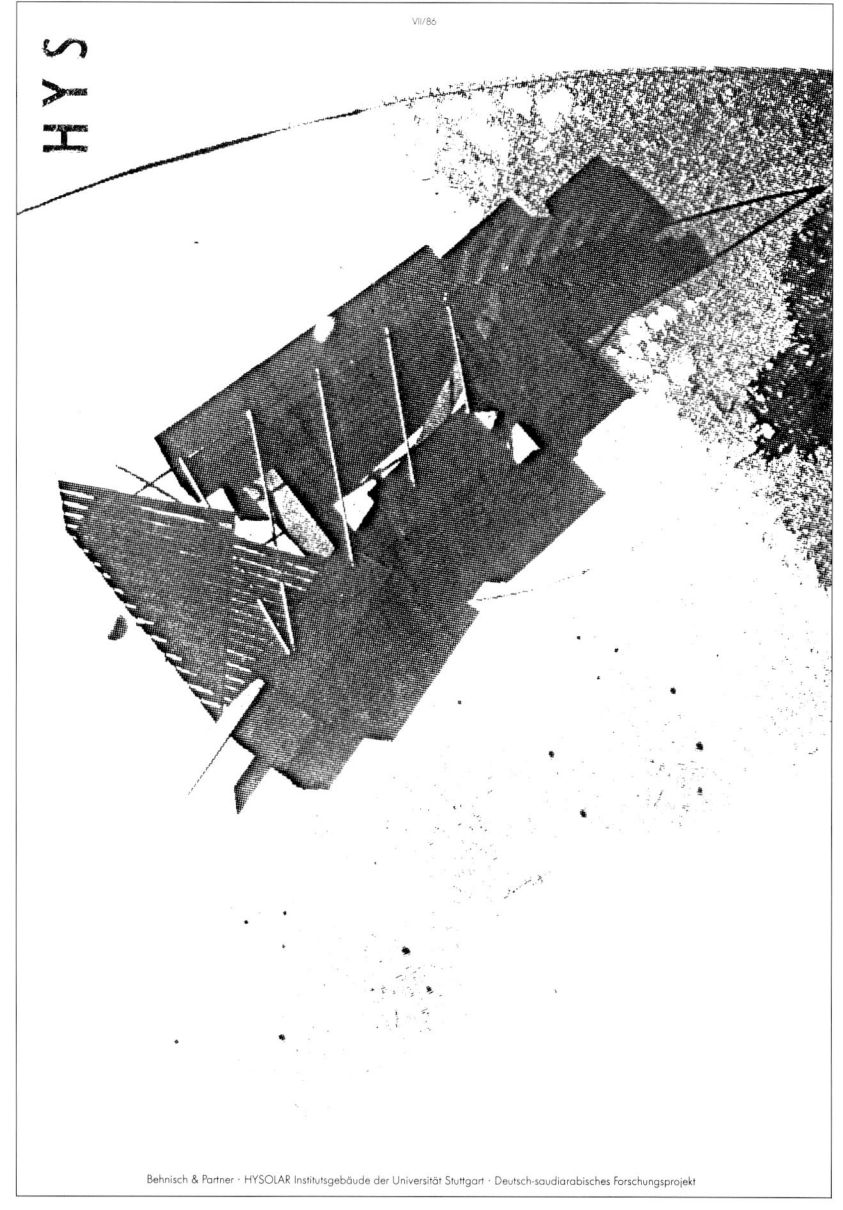

IGN   WERBUNG

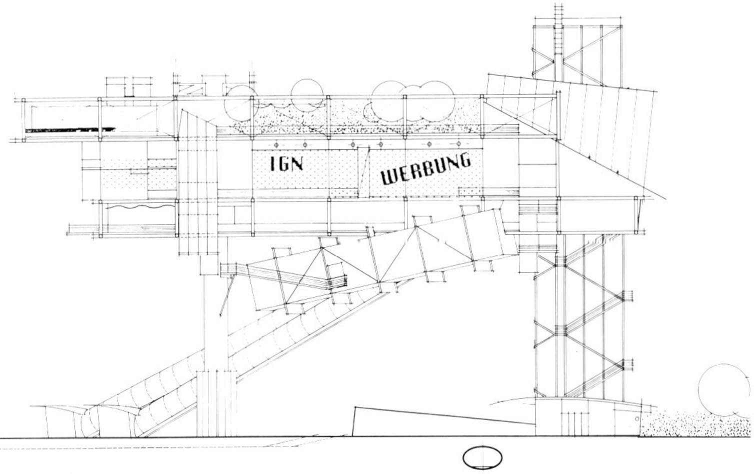

Behnisch & Partner · Kongreßgebäude der Hannover-Messe

Behnisch & Partner · Bahnhofsvorplatz in Stuttgart-Feuerbach

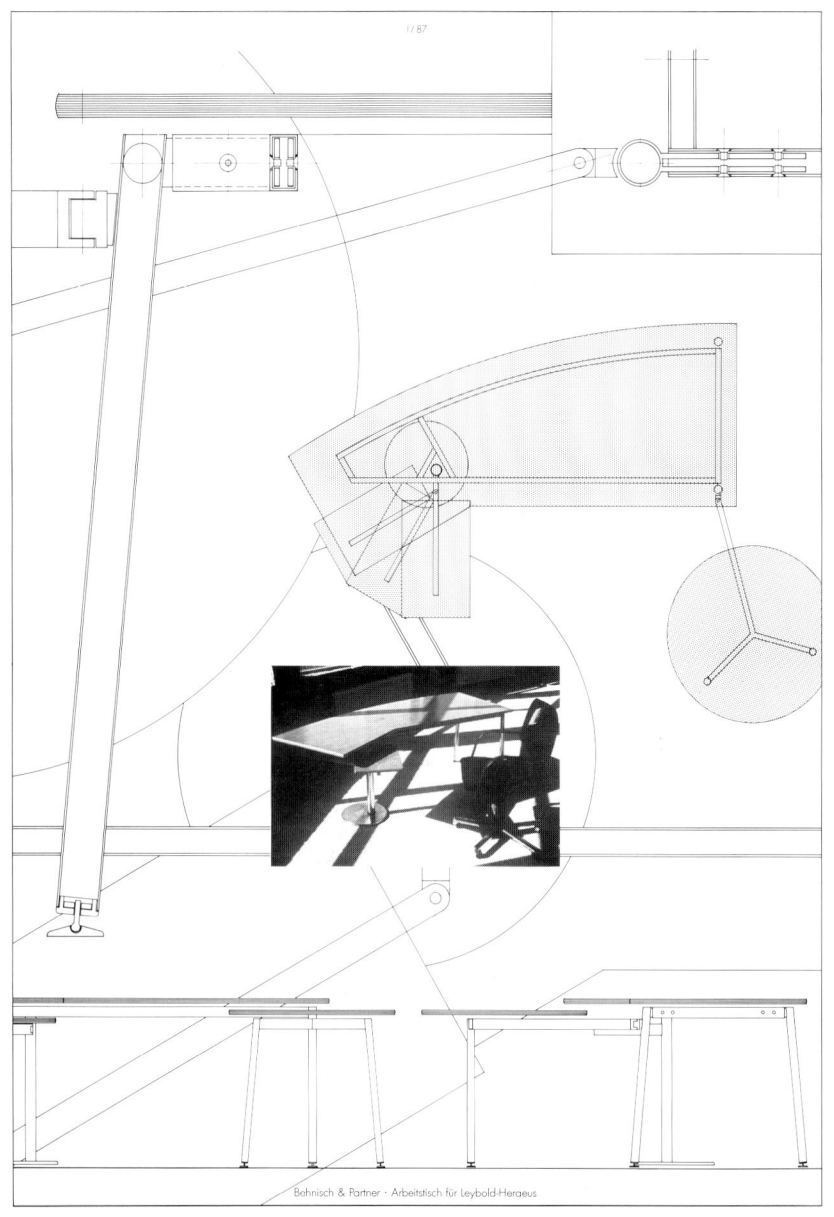

Behnisch & Partner · Arbeitstisch für Leybold-Heraeus

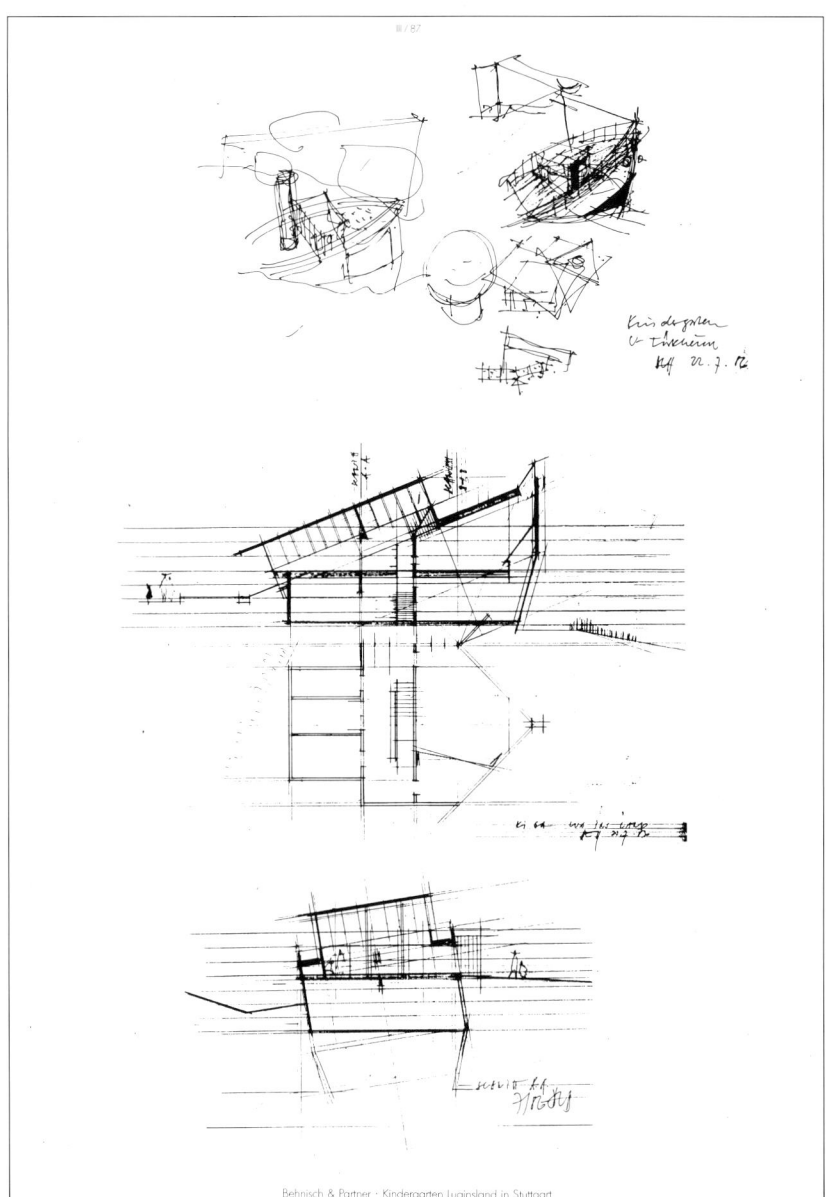

Behnisch & Partner · Kindergarten Luginsland in Stuttgart

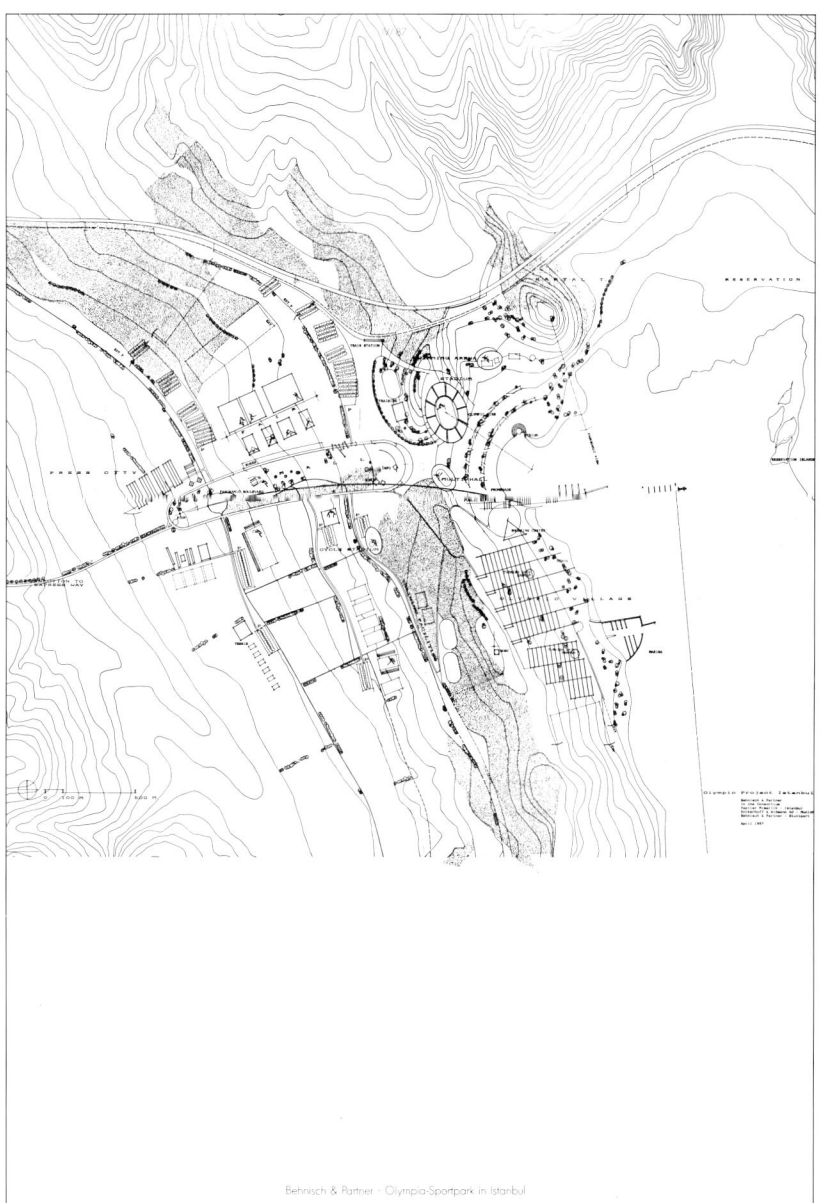

Behnisch & Partner · Zentralbibliothek der Katholischen Universität Eichstätt

Behnisch & Partner · Olympia-Sportpark in Istanbul

Umschlagbild: Modellansicht des Eingangsbereiches der Deutschen Bibliothek in Frankfurt am Main (Wettbewerbsentwurf)

Cover illustration: Model of the entrance area of the German National Library Frankfurt am Main (competition design)

Der Katalog ist erschienen erstmals in deutsch/italienischer Sprache anläßlich von Ausstellungen in den Goethe-Instituten Rom, Mailand, Neapel, Palermo, Triest
Zusammenstellung der Ausstellung: Sibylle Käppel
Katalogbearbeitung und Redaktion: Christian Kandzia
Englische Übersetzung: Rigby Fachübersetzungen, Stuttgart
Gesamtherstellung: Dr. Cantz'sche Druckerei, Stuttgart-Bad Cannstatt
Im Fachbuchhandel erhältlich über:
Edition Cantz, Hallstraße 41, D-7000 Stuttgart 50

ISBN 3-922 608-52-3 (deutsch/italienisch)
ISBN 3-922 608-53-1 (deutsch/englisch)
Printed in West Germany

The catalogue was originally published in a German/Italian edition to accompany an exhibition shown at the Goethe Institutes in Rome, Milan, Naples, Palermo and Trieste
Exhibition prepared by Sibylle Käppel
Catalogue prepared and edited by Christian Kandzia
English translation by Rigby Fachübersetzungen, Stuttgart
Produced by Dr. Cantz'sche Druckerei, Stuttgart-Bad Cannstatt
Available through specialist booksellers from:
Edition Cantz, Hallstrasse 41, 7000 Stuttgart 50, FRG

ISBN 3-922 608-52-3 (German/Italian)
ISBN 3-922 608-53-1 (German/English)
Printed in West Germany